못난이 老子

못난이 老子

송기원

녹색평론사

책머리에

《못난이 노자》를 처음 쓰기 시작한 지 10년 만에 드디어 그 끝을 맺게 되었다. 그만큼 어려웠던가? 아니, 어렵다기보다는 게으른 탓이 우선일 터이다.

돌이켜보면 노자며 《도덕경》에 대하여 자신만이 느낀 뭔가를 쓰고 싶다는 충동에 빠진 것은, 내가 한 5년 남짓 가정이며 사회생활마저 나 몰라라 팽개친 채 계룡산이며 지리산 혹은 인도의 히말라야를 여기저기 헤맨 끝 무렵이기도 했다. 부끄러운 이야기지만 그때 나는 소위 도(道)라는 것이 무엇인지조차 모르면서 바로 그 도를 찾느라고 여기저기 산속을 헤매고 돌아다녔던 것인지도 모른다. 당시 나에게 도라는 것은 무슨 세상을 다스릴 거대한 사상이나 담론 혹은 로망 따위가 아니고, 어디를 보아도 끔찍하고 참담하며 못난 것투성이일 뿐인 자기자신으로부터 조금이나마 도망치는 것이었다. 모름지기 나는 자기자신의 삶으로부터 도망칠 수만 있다면 누구에게든 영혼이라도 팔았을 것이다.

5년 남짓한 방황 끝에 어렴풋하게나마 내가 깨달은 도란, 세상의 가장 훌륭한 스승은 다름 아닌 자기자신이라는 것이었다. 어디를 보아도 끔찍하고 참담하며 못난 것투성이일 뿐인 자기자신이며, 그런 자기자신이 살아낸 똥덩어리 같은 삶이라는 것이었다.

똥덩어리가 스승이라니!

그런 엉터리식으로 도를 깨달은 후에 나는 자신에 대하여 조금은 자유로워진 기분이었다. 그리고 아마 그렇듯 자유로워진 기분이 노자며《도덕경》에 전혀 문외한일뿐더러, 공부하는 학자하고는 하늘과 땅만큼 먼 거리에서 살아온 나로 하여금 팔자에 없는 짓을 벌이게 하였을 것이다. 지금 생각해도 역시 많이 무모하고 생뚱맞은 짓이었지만, 그러나 이렇듯 한권의 책으로까지 버젓이 꾸며지게 된 만큼 후회하거나 부끄러워하지는 않겠다.

《못난이 노자》는 자칫 소설로도 보이고 자칫《도덕경》에 대한 주석으로 보일지도 모른다. 누군가가 못난이 노자가 소설이냐고 묻는다면 나는 소설이라고 고개를 끄덕이기도 할 것이다. 또 누군가가 못난이 노자가《도덕경》에 대한 주석이냐고 묻는다면 나는 주석이라고 고개를 끄덕이기도 할 것이다. 왜냐하면 나도 소설인지 주석인지 헷갈리기 때문이다.

한마디만 덧붙인다면, 이 책에 나오는 제1장이니 제2장이니 하는 장(章)의 나눔은 원래《도덕경》에 나오는 장의 나눔이 아니라 순전히 나의 자의에 따른 새로운 장의 나눔이라는 것이다. 오해 없기를 바란다. 원래 81장에 이르는 노자의《도덕경》중에서 정치나 경제 혹은 치세 따위의 거대담론은 빼고, 애오라지 자신의 못난 것 투성이가 어떻게 자신을 자유롭게 하는가를 밝힐 수 있는 일부분만 가져다가 새롭게 장을 나눈 셈이다.

《못난이 노자》를 가은이와 호은이 두 딸에게 먼저 건네주고 싶다. 세상의 일반 아비들보다 크게 부족한 아비로 하여 지금도 간난을 겪을 두 딸에게 작은 힘이 된다면!

2011년 초여름 송기원

목차

책머리에 _ 4

프롤로그 _ 9

제1장 도를 도라고 말해버리면 이미 도가 아니다 _ 50

제2장 세상사람들이 모두 아름답다고 해서 _ 84

제3장 하늘과 땅은 영원하다 _ 110

제4장 가장 좋은 것은 물과 같다 _ 125

제5장 큰 도가 가려지면 _ 135

제6장 배우기를 그만두면 근심 걱정이 사라진다 _ 142

제7장 발뒤꿈치를 들고서는 오래 서있지 못한다 _ 159

제8장 세상을 지배하려고 욕심부리는 자가 있는데 _ 165

제9장 죽어도 죽지 않는 사람은 영원히 산다 _ 173

제10장 덕이 높은 사람은 _ 186

제11장 큰 그릇은 뒤늦게 채워지고 _ 206

제12장 도를 깨달은 사람은 도에 대하여 말하지 않는다 _ 223

에필로그 _ 254

부록 《도덕경》 원문 _ 260

프롤로그

나는 노자(老子)입니다. 내가 노자라고 하니까, 더군다나 고작 열아홉살밖에 안된 고등학교 3학년이 감히 노자라고 하니까, 사람들은 여러가지로 어리둥절하게 생각할 것입니다. 그렇듯이 여러가지로 나에 대하여 궁금하기도 하겠지요.

그런 궁금증 중에서도 우선 나를 무슨 뛰어난 천재로 생각하는 식이 가장 많을지도 모릅니다. 먼저 밝히고 싶은 것은 나는 절대로 천재가 아니라는 것입니다. 천재는커녕 학교에서 선생님은 물론 친구들의 눈에도 쉽게 뜨이지 않는 그저 평범한 학생입니다.

정확하게 말한다면 평범함에도 못 미쳐 오히려 못난이라고 해야 할, 흔한 말로 왕따당하기 쉬운 별 볼 일 없는 학생입니다. 학교에서 별 볼 일 없듯이 집에서도 사정은 비슷합니다.

어쩐지 겉멋이 든 듯 보이는 아버지와 어머니는 걸핏하면 자랑합니다.

"우리는 자유주의 지식인이야."

아버지와 어머니는 자신들의 자랑처럼 서로의 하는 일에 대해 비교적 자유로운 편인데, 나에 대해서도 마찬가지입니다. 아니, 어쩌면 나에 대해서는 자유롭다 못해, 네 인생 네가 알아서 해라 식으로 아예 무관심하다고 해야 할 것입니다.

　소위 일류대학을 나와 남자는 대학교수가 되고 여자는 무슨 시민운동 단체 같은 곳에서 꽤 이름이 알려진 여류명사가 되어 한껏 자신의 인생을 만끽하는 두사람으로서는 얼마든지 자유주의 지식인이라고 자부할 수 있을 테지요. 그런 자부심 속에서 인생을 자유적으로 살아내기에 바쁘다 보니, 두사람 다 서로에게는 물론 나에게까지 미처 관심을 기울일 여유가 없을 것입니다.

　내가 지금보다 많이 어렸던 초등학교 1학년 때인가, 도화지에 무슨 표어처럼 커다랗게 써서 책상머리에 붙여놓았던 글이 있습니다.

　'나는 스스로 자란다!'

　아무리 어린 나이이지만, 그 무렵부터 나는 학교는 물론 집에서마저 아무도 관심을 기울여주지 않는 처지가 스스로 딱하게 여겨졌던 것인지도 모릅니다.

　언젠가 아버지가 나에게 정도 이상의 관심을 준 적이 있는데, 그것이 우습게도 바로 내가 노자에 대한 책을 보고 있을 때였습니다. 아니, 책을 본다기보다는 하도 심심한 나머지 아버지의 서재를 기웃거리다가 우연하게 노자라는 책을 발견하여, 이건 무슨 강아지 풀 뜯어 먹는 소리인가, 하고 이리저리 뒤적거린 식이었을 것입니다.

　아주 어렸을 때부터 아버지의 서재는 나에게 무슨 학문을 배우는 곳이라기보다는 심심할 때마다 혼자 놀 수 있는 재미난 놀이터였던 셈입니다. 그렇듯이 아버지의 책들도 마찬가지입니다. 무슨 내용인지 알 필요가 없이 그저 모든 책을 뒤적거리다 보면 나도 모르게 빠져드는 책이 있는 것이지요.

내가 그렇게 노자라는 책을 뒤적거리는 모습을 본 아버지가 몇 번인가 기웃거리더니 이윽고 나에게 비아냥거리듯 한마디를 흘렸습니다.

"흐음, 노자란 말이지?"

내가 짐짓 못 들은 척하고 여전히 책을 뒤적거리자 아버지가 다시 한마디를 던졌습니다.

"나도 어려워서 집어치운 걸 네가 읽는단 말이지?"

그러더니 이번에는 정색을 하고 한마디를 덧붙였습니다.

"이런 노자 같은 녀석이 있나, 제 인생은 벌써 종친 주제에!"

내가 노자에게 빠져든 것은 순전히 아버지가 덧붙인 한마디 때문입니다. 인생을 벌써 종쳤다니요? 물론 나의 내신성적이나 수능고사 점수 따위로는 서울은 물론 지방에 있는 대학에 가기도 어렵다는 것을 빤히 아는 아버지로서는 내 인생이야말로 종친 것밖에 안되겠지요. 그렇듯 열아홉살에 벌써 인생을 종친 나를 아버지가 노자에 비유한 것입니다.

'아버지가 나를 노자로 여긴다면 마땅히 노자가 되어야지.'

나로서도 이제 고작 열아홉밖에 안된 나이이지만, 앞으로 내 앞에 펼쳐질 인생의 길이 그다지 평탄하지 않으리라는 것을 모르는 바는 아닙니다. 그러나 그런 인생도 내 딴에는 자랑스럽게 여기는 부분이 없지 않은 것입니다.

내 인생에서 가장 자랑스럽게 여기는 부분은 여자친구입니다. 물론 그런 여자친구마저도 아버지 어머니에게는 전혀 탐탁하게 여겨지지는 않겠지만요.
　서은정이라는 이름인데, 은정이만 보면 나는 어쩔 수 없이 숨이 탁탁 막힙니다. 너무 눈부시고 황홀해서, 그리고 그런 은정이가 바로 나의 여자친구란 것이 너무 자랑스러워서 숨까지 탁탁 막히는 것입니다.
　은정이가 그렇게 눈부시고 황홀한 것은 내가 못 가진 것들을 은정이는 모두 가지고 있기 때문입니다. 평소부터 내가 해보고 싶었지만 단 한번도 못 해본 것들, 이를테면 가출을 하거나, 학교에서 퇴학을 당하거나, 스스로 돈을 벌어보거나, 술 담배를 하거나, 하여튼 내가 단 한번도 해보지 못한 것들을 은정이는 죄다 해본 것입니다.
　은정이가 집에서 나와 편의점이나 패스트푸드점에서 아르바이트를 하며 지낸 것은 고등학교 1학년 때입니다. 물론 그 뒤로는 다시는 학교로 돌아가지 않았겠지요. 그리고 바로 그때부터 은정이는 눈부시고 화려해지는 것입니다. 적어도 내 눈에는요.
　은정이에게 세상에서 붙인 딱지는 여러가지입니다 ― 불량소녀, 가출소녀, 우범소녀. 한번도 은정이를 보지 못한 채 말로만 들어서는 누구나 은정이를 무슨 끔찍하리만큼 흉악한 모습으로 상상하리라는 것을 모르지 않습니다. 나에게는 바로 그런 은정이가 세상에서 다시없이 눈부시고 화려하게 여겨지는 것입니다.
　은정이는 단 한번도 자기 집에 대해서는 나에게 자세하게 이야기한 적이 없습니다. 다만 언젠가 아르바이트가 끝나고 근처 공원에서 만난 은정이는 소주를 병째로 나발을 분 끝에 씨익 웃으며 묻는 것이었습니다.

"이 세상에서 가장 무서운 짐승이 뭔지 알아?"

"무서운 짐승?"

"응."

내가 미처 대답을 못 하자, 은정이는 그럴 줄 알았다는 듯이 다시 한번 씨익, 웃더니 홀리듯 말했습니다.

"개천에서 난 용이야."

하도 엉뚱해서 내가 멀뚱한 눈길로 바라보자, 은정이가 이번에는 깔깔깔, 무슨 폭포수처럼 웃어대더니 그런 깔깔웃음 끝에 말을 이었습니다.

"옛날 시골에서 똥구멍이 찢어지도록 가난한 집안에 머리 하나만 영리하게 타고난 아이가 하나 있었지. 그 아이는 머리만 영리한 아이답게 죽어라고 공부만 했어. 그리고 나중에 뭐가 되었게?"

"…?"

"고등고시에 합격해서 결국 판사도 되고 변호사도 되었지."

"그 아이가 개천에서 난 용이라는 거야?"

"딩동댕, 정답!"

"그렇게 개천에서 난 용이 왜 세상에서 가장 무서운데?"

내가 질문을 하자 은정이는 다시 나에게 반문했습니다.

"개천에서 난 용이 애오라지 찾는 게 뭔지 알아?"

"…?"

"일등이야. 일등만 찾아. 그 용한테는 이 세상에 오로지 일등만 존재해. 이등도 안돼. 공부고 얼굴이고 무조건 일등이라야 해. 하나부터 열까지 일등, 일등, 일등 아니면 안되는 거야. 아니, 일등말고 또 있네. 일류, 일류가 아니면 안돼. 학교고 집이고 가구고 아파트고 하다못해 무슨 메이커고 일류가 아니면 안돼. 내 말을 들으니 너도 무섭지? 크르릉! 나는 용이다아!"

은정이는 나에게 짐짓 용의 울음소리까지 흉내내 보였습니다. 그리고 깔깔 웃으며 덧붙였습니다.

"깔깔, 그렇게 개천에서 난 용이 바로 내 아버지라는 사람이야."

은정이는 여전히 깔깔거리며 말을 이었습니다.

"깔깔, 개천에서 난 용하고 같이 살려니 어디 내 정신이 정상이겠니? 당연히 무슨 우울증이니 정신분열이니 공황이니 하는 것들이 생기기 마련이지. 그렇게 해서 내가 스스로 정신과 의사를 찾아갔는데, 나중에 그걸 안 용이 나한테 한 첫마디가 뭔 줄 알아?"

"…?"

"깔깔, 정신과 의사가 어느 대학 나왔냐는 거야. 물론 일류냐, 아니냐는 거지. 그리고 그 의사가 일류대학 출신이 아니라는 이유만으로 나는 결국 용이 선택한 곳으로 병원까지 옮겨야 했지. 정신이 분열된 자식이 오랜만에 정신을 가다듬어 제대로 마음을 털어놓을 의사를 만났는데도 개천에서 난 용은 기어이 병원을 옮기는 거야."

나는 은정이가 왜 집을 나왔는지 어렴풋하게 짐작이 되는 기분이었습니다. 그러자 은정이는 그런 내 기분에 쐐기라도 박듯이 한 마디 덧붙였습니다.

"깔깔, 만일 내가 집을 나오지 않았다면 나는 그 용을 죽이고 말앉을지도 몰라."

은정이의 말을 들으면서 나는 은정이라면 충분히 그 용을 죽일 수 있을 것 같은 마음이었습니다. 왜냐하면 은정이는 나에게는 없는 어떤 엄청난 힘이 있으니까요.

은정이에게는 가령 인생이란 것도 중국집 밀가루반죽처럼 얼마든지 주물락주물락 자기 마음대로 하는 것 같아서 나까지 상쾌할 때가 많습니다. 아아, 자기 인생마저 이렇게도 해보고 저렇게도 해보며 그렇게 내치거나 받아들일 수 있는 힘 ─ 심약한 나로서는 그저 꿈이나 꾸었지 실제로는 한번도 지녀보지 못한 그 힘을 은정이는 얼마든지 넘쳐나게 지니고 있는 것입니다.

남자? 절대로 드러내놓고 물어보지는 않았지만, 은정이는 남자에 대해서도 어쩌면 어떤 경험을 했을지도 모릅니다. 물론 미루어 짐작하는 것이지만요. 그러면서도 이상한 것은 내가 그런 은정이를 전혀 더럽다거나 추하다고 느끼지 않는다는 것입니다.

이를테면 세상에서 흔히 더럽다거나 추악하게 여기는 행위들이라도 은정이가 저지르면 전혀 더럽거나 추악하게 여겨지지 않는다는 것이지요. 그리고 나야말로 그 점이 바로 은정이의 힘이라는 것을 알게 된 최초의 사람일지도 모릅니다.

언젠가 은정이가 나에게 키스하는 법을 가르쳐주면서 은근히 물어본 적이 있습니다.

"너, 나랑 자고 싶어?"

물론 그때 나는 은정이가 첫 키스 상대였습니다. 그런 은정이는 내가 아무 말도 못하고 얼굴이 홍당무가 되어있자 깔깔 웃었습니다.

"맹꽁이 같은 녀석. 그래가지고 언제 철들래?"

물론 나도 은정이하고 자고 싶습니다. 그러나 나도 내 인생에 나름대로 계획이 없는 것은 아닙니다. 나는 은정이하고 자는 날을 이미 마음속에 결정해놓고 있는 상태입니다. 그날은 바로 내가 고등학교를 졸업하는 날입니다.

지금 이 자리에서 고백하지만, 나는 대학에 가고 싶은 마음은 눈곱만큼도 없습니다. 다만 내가 고등학교나마 졸업하려는 것은 그것을 나름대로 나를 길러준 아버지 어머니에 대한 최소한의 의무라고 생각하기 때문입니다.

노자에 대한 아버지와의 이야기 끝에 엉뚱하게도 여자친구 자랑까지 나왔군요. 어쨌든 나 같은 못난이에게도 나름대로의 인생이 있다는 것을 무시한 채 드러내놓고 깔보는 아버지의 한마디는 어쩔 수 없이 귀에 거슬렸다고나 할까요.

'좋아, 아버지가 그렇다면, 인생 종친 주제에 까짓것, 감히 노자나 한번 되어보지 뭐.'

그런 식으로 나는 나이에 어울리지 않게 노자 전문가가 되었습니다. 그리고 어느 날 나는 노자 전문가를 넘어서 정말로 노자가 되었습니다. 그리하여 지금까지 나는 감히 스스로를 노자라고 주장합니다. 아니, 정확하게 표현하자면 못난이 노자인 셈입니다.

여기에서 이왕 못난이 노자라는 말이 나왔으니 앞으로는 나를 못난이 노자라고 부를까 합니다. 만일 내가 감히 노자 운운한다는 것을 알면, 아버지 어머니는 어쩌면 입안에 가득히 거품을 물고 뒤로 벌렁 나자빠질지도 모릅니다. 그렇게 나자빠지며 한마디 안할 수가 없겠지요.

"이런 건방진 녀석, 감히 노자를 모독하다니…."

물론 아버지 어머니를 이해합니다. 아버지에게는 '이런 노자 같은 녀석이 있나'나 '감히 노자를 모독하다니'나 결국 마찬가지 의미일 테니까요. 아버지 어머니뿐만이 아니라, 어른들 대부분이 내가 노자라고 우기고 나서면 마치 진짜 노자를 모독이나 한 듯이 눈살을 찌푸릴 테지요. 물론 그런 어른들도 충분히 이해합니다.

참, 어른들에게 이왕 건방을 떨었으니 한마디만 더 건방을 떨고 싶습니다. 만일 이 글을 읽는 어른들이 있다면, 스스로 못난이 노자인 나를 더이상 열아홉살로 보지 말아달라는 부탁입니다.

만일 어른들이 이 글을 읽는다면, 그 어른들에게는 나의 나이는 더이상 열아홉살이 아닙니다. 만일 이 글을 읽는 어른들이 서른살이라면 나의 나이도 서른살이 되는 거지요. 만일 마흔살이라면 나도 마흔살이지요. 그렇게 쉰살이라면 나도 쉰살, 예순살이면 나도 예순살….

이게 무슨 늙은 고양이 방귀 뀌는 소리냐 싶겠지만, 이 글을 읽는 어른들에 따라 나의 나이도 변하는 것은 결코 나의 뜻이 아닙니다. 그것은 바로 내가 아닌, 진짜 노자할아버지의 뜻이지요.

기실 진짜 노자할아버지에게는 열아홉살이니 스무살이니 마흔살이니 쉰살이니 하는 신체적인 나이 따위는 이 넓은 우주공간에 떠다니는 먼지 한알만큼의 존재감도 없을 것입니다. 그렇듯이 나의 신체적인 실제 나이를 따져 내 글에 대해 이러쿵저러쿵 가치를 매기려 한다면 노자할아버지의 참다운 뜻과는 전혀 거리가 먼 것입니다.

영원히 열아홉에 머물겠다는 것은 못난이 노자의 별로 많지 않은 꿈 중의 하나입니다. 열아홉이 넘어 스물이 되고, 어느 날 소위 성년식이라는 것을 치르며 어른이 되는 일은 정말 생각만 해도 끔찍합니다. 생물적 나이야 어쩔 수 없다지만, 정신적 나이는 영원히 열아홉살에서 머물고 싶은 것입니다.

못난이 노자.

내가 작명하여놓고도, 어쩌면 이렇게 나하고 딱 맞아떨어지나 하고 스스로 놀랄 지경입니다. 사회과학자들이 좋아하는 표현대로 하자면, 못난이 노자야말로 열아홉살에 이미 종친 내 인생의 이데올로기인 것입니다.

노자란 고유명사는 바로 나 같은 못난이라는 말에 숨겨진 보통명사이기도 한 것입니다. 좀 황당할지도 모르지만, 노자라는 이름의 숨겨진 뜻에는 약하고 모자라고 못생기고 별 볼 일 없어 왕따 당하는 것들이, 강하고 늠름하고 잘생기고 어디에서나 '짱'으로 노는 것들보다 훨씬 아름답고 눈부신 힘을 지녔다는 것을 강조하고 있습니다.

내가 그렇게 못난이 노자가 되었지만, 스스로 노자라고 자칭하는 나보다는 은정이가 정말로 살아있는 노자라고 느낀 적이 많습니다. 내가 노자를 알기 전까지만 해도 그저 눈부시고 화려하게만 생각했던 은정이의 어떤 힘, 바로 못난이의 힘이야말로 진짜 노자만이 갖는 힘이었던 것입니다.

아니, 만일 여자친구 은정이가 없었더라면, 나는 절대로 노자가 될 수가 없었을 것입니다. 나는 그냥 평범한 노자 전문가가 되어, 남들 앞에 노자에 대한 해박한 지식이나 자랑하고 말았을 것이 분명합니다.

그러나 바로 내 옆에 은정이가 있어서, 아니 살아있는 노자가 있어서, 나 또한 분명한 자각 아래 노자가 될 수 있었습니다. 우리가 흔히 못난이라고 여기는 것들을 뒤집어 그 안을 들여다보면, 거기에는 얼마나 아름답고 눈부신 보물이 있는가를 은정이가 나에게 실제로 보여준 것입니다.

잘난 사람들보다 못난 사람들이 훨씬더 아름답고 눈부실 수 있다는 노자의 이 뒤집기가 정말 궁금하지요? 나 같은 못난이에게 노자란 바로 이 뒤집기에 다름 아닙니다.

못난이들의 이 눈부신 뒤집기는 어쩌면 노자할아버지가 쓴《도덕경(道德經)》이라는 글의 전부라 해도 과언이 아닙니다. 기실 따지고 보면 은정이는 물론 나 스스로를 노자라고 여길 수 있는 것도 이《도덕경》덕분인 것입니다.

노자할아버지의《도덕경》에 관한 한, 어른들을 위한 글들은 미처 수를 헤아릴 수 없이 많이 나와있습니다. 어쩌면 너무 많아서 탈일 지경입니다. 많아서 탈일 수도 있다고 하니 좀 이상합니다만, 나로서는 그렇게밖에는 달리 말할 수가 없습니다.

그런데 더 이상한 것은, 많아서 탈일 정도로 노자할아버지에 대한 글들은 많이 나와있지만, 나온 글들마다 노자할아버지에 대한 해석이나 평가가 모두 다르다는 점입니다. 나 또한 어른들이 쓴 노자할아버지에 대한 글을 읽으면 읽을수록 더욱 헷갈리고 어렵게만 여겨지는 것이었습니다.

노자할아버지가 쓴 《도덕경》은 실제 글자는 5,000자 정도밖에 안되지만 그 내용은 까다롭고 어렵기로 유명하기는 합니다. 그래서 옛날부터 많은 사람들이 '내가 아는 노자는 이렇다', '내가 본 도덕경은 이런 내용이다' 하고 나름대로 자신의 잣대를 가지고 재어 보았지만, 저마다 그야말로 '귀에 걸면 귀걸이, 코에 걸면 코걸이' 식이 되고 말았습니다.

도교(道敎)의 사람들은 《도덕경》을 일종의 경전(經典)으로 모시고 종교적으로 신비화시키는가 하면, 어떤 사람은 도를 깨우치기 위한 구도서로 보고, 어떤 사람들은 단순한 정치사상서로 보고, 또다른 사람은 살아가는 데 있어서 소중한 가르침을 주는 잠언집이나 무슨 인생지침서로까지 보기도 합니다. 그야말로 귀걸이 코걸이지요.

못난이 노자가 선보이고자 하는 노자할아버지의 도덕경 또한 열아홉살짜리식의 귀걸이나 코걸이일 것이 틀림없습니다. 그러나 나는 여기에서 감히 단언합니다. 어른들이 노자에 대하여 쓴 어떤 글들보다 열아홉살에 벌써 인생을 종친 못난이가 쓴 글을 노자할아버지는 제일 좋아할 것입니다.

못난이 노자가 감히 단언하는 것은 내가 아직은 어른이 아닌 열아홉살짜리 애매모호한 나이이기 때문인지도 모릅니다. 그리고 무엇보다도 노자할아버지는 어른보다는 어른이 아닌 사람들이 바라보는 자신의 모습을 가장 자기의 모습에 가깝다고 여길 것이기 때문입니다.

노자는 공부를 잘하거나 힘이 세거나 마음이 착하거나 얼굴이 잘생겼거나 하는 잘난 '짱'들이 될 수 있는 것이 아닙니다. 오히려 반대로 그런 잘난 짱들은 절대로 흉내조차 낼 수 없는 것이 노자입니다.

노자가 될 수 있는 사람은 바로 지지리 공부를 못해서 걸핏하면 선생님이나 부모님에게 혼쭐나고, 공부만 못하는 것이 아니라 틈만 나면 말썽이나 피우는 말썽쟁이 노릇은 혼자서 다 해치우고, 거기다가 힘이 세기를 하나, 싸움을 잘하기나 하나, 얼굴이 잘생기기를 했나 ─ 이렇게 어느 하나 남들 앞에 내세울 것이 없는 못난이입니다.

만일 못난이가 가장 큰 힘이라는 내 주장을 어떠한 의심도 없이, "아, 그렇구나" 하고 믿게 된다면 바로 그 자리에서 누구나 나처럼 열아홉살에 노자가 되는 것입니다. 정확하게 표현한다면 못난이 노자입니다.

내가 무슨 노자 전문가가 아니라 바로 못난이 노자가 되는 데 가장 큰 힘을 준 것은 내 여자친구 은정이라는 것은 이미 밝힌 바가 있습니다. 그러나 은정이 못지않게 나에게 영향을 끼친 것은 일본의 노자 연구가인 후쿠나가(福永光司) 박사입니다.

후쿠나가 박사의 도덕경 해석에는 무엇보다도 바로 나 같은 못난이의 힘에 대해 자세하게 설명되어 있었습니다. 그분의 글을 읽는 순간 나는 무슨 심봉사라도 된 것처럼 그동안 멀었던 두눈이 번쩍 뜨이는 느낌이었으니까요.

이 글은 꽤 까다롭고 어려워서 자칫 머리에 쥐가 날 것 같지만, 또한 대단히 중요하므로 어쩔 수 없이 한부분만 인용해보겠습니다.

(…) 노자철학은 빛보다는 어둠을, 모양이 드러나 있는 것보다는 모양이 드러나 있지 않은 것을, 있는 것보다는 없는 것을 바탕으로 하고자 한다. 밝고 화려한 세계보다는 어둡고 가라앉은 세계를, 날카로운 것보다는 둔한 것을, 과격한 변화보다는 차분한 안정을, 시끄러운 것보다는 조용한 것을, 문명보다는 소박한 자연을, 앞으로 나아가는 것보다는 뒤로 물러서는 것을 강조한다.
노자철학은 말하자면 중국역사의 진흙탕 속에 뿌리를 내린 철학이며, 그것은 짓밟히고 버림당한 자의 강인함, 땅바닥에 달라붙은 끈기, 무게를 아래로 내려뜨린 자만이 지닐 수 있는 어떤 힘으로 세상을 살아나가겠다는 철학이다. 그러므로 더이상 쓰러지지도 무너지지도 않는 철학, 즉 인간의 모든 작위가 통하지 않는 밑바닥에서 자신의 진정한 힘을 찾는 천하무적의 난세 철학이다.

머리에 쥐가 나는 것을 무릅쓰고 이 글을 이해하려 하는 친구들을 위해서 못난이 노자식으로 쉽게 설명해보겠습니다.
천하무적(天下無敵)이란 바로 이 세상에 어떠한 적도 있을 수 없는 가장 강한 사람을 가리키는 말입니다. 또 난세란 전쟁이며 굶주림이며 갖은 질병으로 많은 사람들이 죽어가는 어지러운 시대를 가리킵니다.
그리고 보면 노자할아버지의 사상은 무슨 평화로운 시절이 아니라 한껏 어지러운 시대를 이겨내는 가장 강한 사람을 만드는 철학인 셈입니다. 그것도 잘난 사람이 아니라 나처럼 못난이가, 어른보다는 어린이가, 돈과 권력을 잡고 남들 위에 올라선 사람보다는 짓밟혀 진흙탕 속에 쓰러진 사람이 바로 그런 밑바닥에서 자신의 참다운 힘을 찾아 천하무적이 되는 한판 뒤집기인 것입니다.

내가 읽었던 책 중에 문득 《꼴찌에게 보내는 갈채》가 기억납니다. 그리고 또다른 이의 책 중에 《작은 것이 아름답다》는 것도 있고, 《느리게 살기》라는 것도 있습니다. 그런 책들도 내가 어떤 자각을 가지고 못난이 노자가 되게 하는 데 분명히 적잖은 영향을 끼쳤을 것입니다. 또한 후쿠나가 박사의 천하무적과도 어떤 끈이 맺어져 있을 것입니다.

얼핏 또 한편의 소설이 생각나는군요. 독일의 유명한 작가 헤르만 헤세의 작품 중에, 구도자(求道者)를 주인공으로 한 《싯다르타》라는 소설입니다. 구도자란 예수님이나 석가모니 부처님, 혹은 공자, 노자 같은 성인이 되기 위한 공부를 하는 사람을 일컫기도 하지만, 한편으로는 참다운 자신의 모습을 찾아서 헤매는 평범한 사람을 일컫기도 합니다.

《싯다르타》라는 소설의 주인공이 바로 싯다르타인데, 수도원에서 깨달음의 길을 걷던 수행자인 그는 더이상 스승이 필요없는 단계에 이르자, 마침내 사람들이 들끓는 속세의 세계로 내려옵니다. 이를테면 그가 다다른 단계란, 참다운 수행은 고요하고 맑은 수도원이 아니라 저 어지럽고 혼란한 속세의 사람들과 어울리는 속에서 나온다는 식의 단계였는지도 모르지요.

세속의 도시로 내려온 싯다르타는 수도원에서와는 달리 도시에서 살기 위해서는 무엇보다도 돈이 필요하다는 것을 알게 됩니다.

물론 그는 지금까지 먹고살기 위해서 자신의 힘으로 돈이라는 것을 벌어본 적이 단 한번도 없었습니다.

싯다르타는 전혀 망설이지 않고 도시에서 가장 돈이 많은 상인을 찾아갑니다. 그런 그가 지닌 것이라고는 달랑 입은 옷 한벌뿐이어서, 남들의 눈에는 영락없이 거지처럼 보였을 것입니다.

싯다르타를 본 상인이 묻습니다.

"당신은 손에 가진 것이 아무것도 없으면서 남에게 무엇을 줄 수가 있소?"

싯다르타가 대답합니다.

"누구나 자기가 갖고 있는 것을 주게 마련이지요. 이를테면 무사는 힘을 주고, 상인은 상품을 주며, 교사는 가르침을 주고, 농부는 곡식을, 어부는 생선을 주게 마련이지요."

"옳은 말이요. 그런데 당신은 무엇을 주겠소? 당신이 수도원에서 배운 것은 무엇이며, 또 할 수 있는 것은 무엇이오?"

"저는 깊은 명상에 잠기고, 끈기있게 기다릴 수 있습니다. 또 단식할 수도 있지요."

"그것이 전부인가요?"

"예."

"그런 것이 장사하는 데 무슨 소용이 있소? 장사에 단식이며 명상 같은 것이 어디 당하기나 하오?"

"단식은 매우 중요합니다. 가령 먹을 것이 없을 때, 그가 취할 수 있는 가장 현명한 방법은 굶는 일입니다. 만일 내가 단식할 줄을 모른다면 당장 한끼를 위하여 무슨 일이라도 저지를 것입니다.

때에 따라서는 도둑질까지도 서슴지 않겠지요. 배고픈 사람에게는 염치란 없으니까요. 그러나 저는 굶주림 때문에 무슨 일을 저지르지 않습니다. 저는 어떤 초조함이나 절박함도 없이 느긋이 기다릴 수 있습니다. 그렇게 오랫동안 굶어도 기꺼이 웃어넘길 수 있습니다. 저는 장사 또한 그런 식으로 해야 한다고 생각합니다."

싯다르타의 말에 상인은 크게 고개를 끄덕입니다.

"좋소. 함께 의논할 일이 많은데, 오늘은 우선 손님으로서 머물러주시오."

싯다르타는 상인에게서 일을 배우자마자, 상인보다 더 크게 돈을 벌게 되지요. 물론 그런 밑바탕이 된 것은 다름 아닌, 그가 지금껏 수행해온 명상이며 단식이었습니다. 뭐랄까요, 명상과 단식을 통해서 생겨난, 세상을 바라보는 남다른 눈이 장사라는 돈벌이의 핵심을 꿰뚫었다고나 할까요?

노자할아버지의 천하무적은 싯다르타의 이런 명상이며 단식과도 어떤 끈이 이어져 있을 것이 분명합니다. 세상을 살아가는 데 아무런 필요도 없을 것 같은 명상이며 단식이 뜻밖에도 싯다르타를 도시에서 가장 부유한 상인으로 만들어주듯이, 나나 여러분들의 못생긴 얼굴이며 허약한 몸이며 반에서 밑바닥을 맴도는 성적이며 둔한 기억력 따위가 어느 날 느닷없이 못난 우리를 천하무적으로 만들어줄지도 모릅니다.

세상사람들은 흔히 눈에 보이는 것만을 귀하게 여기고, 거기에서 무슨 가치를 따집니다. 저 사람은 돈이 얼마나 많은가, 무슨 대학교를 나왔는가, 직업이 무엇인가, 심지어 무슨 메이커의 옷을 입고 구두를 신었는가, 하고 우선 겉으로 드러난 모양에만 중점을 두는 거지요.

노자할아버지는 그런 모든 것들을 한마디로 무시합니다. 오히려 반대로 눈에 보이지 않는 어떤 것, 그리하여 아무도 귀하게 여기지 않는 것들에서 그 가치를 따지는 것입니다. 그리고 바로 그렇게 눈에 보이지 않는 어떤 것에서 천하무적의 가치를 찾아내는 것입니다.

어떻게 보면 인류가 시작된 이래 지금과 같은 난세는 다시없을지도 모릅니다. 어쩌면 노자할아버지가 살았던 시대는 지금에 비하면 차라리 순진한 난세였을 것입니다. 이를테면 지금은 난세 중의 난세인 셈입니다.

어느 날 아버지의 서재를 기웃거리다가 우연히 읽은 잡지에서 본 무슨 환경운동가라는 사람이 쓴 한구절이 기억납니다.

"지금은 인류역사상 가장 파괴적이고 어리석은 시대다."

환경운동가의 글에 의하면, 지구 전체 인구의 10퍼센트도 못되는 부유한 나라는 더욱 부유해지기 위하여 나머지 90퍼센트 인구가 살고 있는 가난한 나라를 핍박하고, 그리하여 가난한 나라 사람들은 더욱 가난해진 채 먹고 입을 것이 없어서 추위와 굶주림에 시달리며 죽어가고 있다는 것입니다.

더군다나 부유한 나라 사람들이 더욱 잘살기 위하여 석유며 나무 같은 에너지의 대부분을 써서 지구를 황폐화시킨 나머지 마침내 환경오염이 심각한 문제가 되었습니다. 부유한 나라의 자동차며 공장에서 나온 나쁜 가스가 하늘을 뒤덮어 급기야 오존층이 파괴되면 머지않은 장래에 인류를 위시한 모든 생명체들이 숨쉬는 것마저 걱정해야 할 지경에 이른 것입니다.

환경운동가는 그 모든 것이 바로 돈이라는 것을 상품으로 만들고 거기에 곁들여 사람의 노동마저 사고 팔 수 있는 상품으로 만든 자본주의의 결과라는 것입니다. 자본주의는 스스로의 성장 속도에 의하여 미친 질주를 해대며, 사람이며 자연이며 온갖 생명들마저 파괴하고 마침내 지구마저 파괴할 것이라고 주장합니다.

역시 환경운동가의 글에 의하면, 얼마 전부터 시작된 세계의 경제위기는 더 많은 이익을 위해 실제로는 존재하지도 않는 더 많은 금융상품을 마치 비누거품처럼 마구마구 만들어낸 세계 투자은행들의 부도덕에서 시작되었다는 것입니다. 결국 금융상품의 이익은 몇명 안되는 부자들이 독차지했지만, 그 부담은 먹을 것이 없어 굶주려 죽는 저 에티오피아의 한 어린이처럼 못사는 나라의 가난한 사람들이 집니다.

그렇게 수많은 아이들이 굶주려 죽는 에티오피아에서는 지금도 무슨 일이 일어나는 줄 아세요? 에티오피아에서 생산된 쇠고기며 양고기 같은 모든 고기는 미국이며 유럽 같은 잘사는 나라에서 빌린 빚의 이자를 갚기 위해 거의 전부를 수출하고 있는 것입니다. 말하자면 한쪽에서는 자신의 나라 사람들이 굶어 죽는데도 불구하고, 잘사는 나라가 더 잘살게 하기 위해 자신들이 먹어야 할 고기를 모두 수출하도록 강요받는 것입니다.

노자할아버지 입장에서 보자면, 이 모든 것들이 잘못된 문명이며 문화의 결과입니다. 노자할아버지는 지금부터 2,500년 전에 이미 지금 인류가 맞게 된 위기의 원인을 깨달았던 것입니다.

노자할아버지에게 있어서 문명이며 문화란 고작해야 눈에 보이는 것만을 귀하게 여기고 겉모습만으로 가치를 따지는 것으로, 문명이며 문화가 발달하면 발달할수록 바로 그 때문에 인류는 물론이며 지구라는 푸른 별 자체가 파멸을 맞으리라는 것을 미리 헤아렸던 셈이지요.

그런 난세를 이겨낼 수 있는 천하무적에 대한 노자할아버지의 주장은 뜻밖에도 매우 쉽고 간단합니다.

다름 아닌 도(道)입니다. 도가 무엇인가만 안다면 바로 천하무적인 것입니다. 우리는 앞으로 이 도에 대해서 애오라지 공부해나가겠지만, 그에 앞서 우선 간단하게나마 도를 풀이한다면, 그 내용은 무위자연(無爲自然)이라고 해도 무방할 것입니다.

무위자연(無爲自然).

한자가 네자나 되니까 꽤 어려워 보이지만, 둘로 나누어 보면 그렇게 어려운 단어도 아닙니다.

무위(無爲)와 자연(自然).

구태여 낱낱이 한자를 풀어보자면 없을 무(無), 꾸밀 위(爲), 저절로 자(自), 그럴 연(然)이 됩니다. 그중에서 무위란 단어는 '꾸밈이 없이'가 되고, 자연이란 단어는 '저절로 그러하게'가 됩니다. 그렇게 합쳐서 읽으면 '꾸밈이 없이 저절로 그러하게'가 됩니다.

"꾸밈이 없이 저절로 그러하게!"

결코 어렵지 않지요? 아니, 못난이 노자나 은정이가 하는 식으로 표현하면 더 쉽습니다.

"생긴 대로 살자!"

무위자연이란 바로 '생긴 대로 살자'라는 뜻인 것입니다. 이 말이 나오자마자 대뜸 실망하는 사람도 없지 않을 것입니다.

"에이, 생긴 대로 사는 것이 어떻게 천하무적이 된다는 거야?"

남보다 잘생긴 것도 아니고, 남보다 공부를 잘하는 것도 아니고, 남보다 힘이 센 것도 아닌 사람더러 생긴 대로 살라니요? 그러면 영원히 못난이로 살라는 말이 아닌가요? 그렇게 영원한 못난이가 되어 생긴 대로 살면 천하무적이 된다니요?

솔직하게 말하면, 전혀 엉터리처럼 여겨지지요?

그러나 그렇게 엉터리만이 아닐지도 모릅니다. 생긴 대로 산다는 것은 억지로 뭘 하지 않는다는 말과도 같습니다. 하기 싫은 공부를 억지로 하지 않고, 친하지도 않은 친구를 억지로 친한 척하지도 않고, 하기 싫은 착한 짓도 억지로는 하지 않고, 일부러 힘센 척하지도 않는 것입니다.

사람들은 왜 일부러 하기 싫은 것들을 억지로 할까요? 그것은 단 한가지입니다. 남들에게 잘 보이고 싶어서이지요. 선생님에게 잘 보이고 싶고, 친구들에게 잘 보이고 싶고, 부모님에게 잘 보이고 싶어서이지요.

못난이 노자도 한때는 남들에게 잘 보이고 싶었던 시절이 있지요. 그런데 이상하게도 남들에게 잘 보이려 들면 들수록 점점더 못난이가 되어가는 것이었습니다. 그런 식으로 못난이가 되는 것에 거의 절망한 나머지 더이상 남들에게 잘 보이려 드는 것을 포기할 무렵에, 나는 우연하게도 노자할아버지를 만나 자신의 못난이야말로 가장 눈부시고 화려한 힘이라는 것을 깨닫게 된 것입니다. 아버지의 표현대로라면 열아홉살에 이미 종친 내 인생이야말로 내가 지닌 가장 눈부시고 화려한 힘이라는 것을 깨달은 것이지요.

생긴 대로 산다는 것은, 한마디로, 어느 모로 보나 못난이일 뿐인 자신을 믿는다는 것에 다름 아닙니다. 남들의 눈이 아닌 바로 자기의 눈으로 못난 자신을 보고, 그렇게 자기의 눈으로 못난 자신의 안에 있는 어떤 소중한 값어치를 발견할 수 있다면, 남들에게는 여전히 못난이일 뿐이지만 바로 그 순간에 천하무적이 되는 것입니다.

노자할아버지의 도를 깨우치는 첫걸음은 우선 못난이일 뿐인 자신을 믿는 일입니다. 만일 무슨 일이든 억지로 하지 않고 생긴 대로의 자신만 믿는다면, 누구든지 반드시 천하무적이 될 것입니다.

겉으로 드러난 자신은 비록 공부도 못하고 잘생기지도 못했고 힘도 없지만, 그렇게 남들에게서 어느 하나 칭찬받을 것이 없는 못난이일 뿐이지만, 그러나 안으로 들어가면 아무도 돌아보지 않는 곳에 뜻밖에도 이 세상에서 가장 눈부신 보석이 있는 것입니다.

자신도 미처 몰랐던 그 눈부신 보석은 바로 우리가 지닌 가장 소중한 값어치이자 또한 노자할아버지의 도이기도 한 것입니다.

우리가 존경하는 인물 중에 아인슈타인이 있지요? 일찍이 상대성이론을 세운 세계적인 과학자 아인슈타인 말입니다. 그 아인슈타인이야말로 눈에 보이는 것이 아닌 보이지 않는 어떤 것, 그리고 아무도 귀하게 여기지 않는 자기 안의 소중한 값어치를 발견한 사람입니다.

아인슈타인은 자신의 안에 있는 소중한 값어치를 '신비함'이라고 표현합니다. 좀 어렵지만 아인슈타인의 말을 직접 인용해볼까요?

"인간이 경험할 수 있는 가장 아름다운 감정은 신비적인 것이며, 그것이야말로 모든 참다운 예술과 과학의 원천이 된다."

이 신비함은 우리가 겉이 아닌 자신의 안으로 들어가지 않으면 절대로 발견할 수 없는 그 무엇인 것입니다. 그리고 이런 신비함은 공부를 잘하든 못하든, 얼굴이 잘생겼든 못생겼든, 힘이 세거나 약하거나 따위에 상관없이 누구나 간직하고 있는 기본적인 천품인 것입니다.

다만 여기에서 못난이 노자가 공부를 잘하고 얼굴이 잘생기고 힘이 센 사람이 자신의 안에 있는 신비한 값어치를 발견하기가 어렵다는 것은, 그만큼 자칫 겉으로 드러난 모습에만 매달려 남에게 잘 보이려 들기 때문입니다.

열아홉살짜리 못난이 노자는 이 글을 될 수 있으면 공부를 잘하는 친구보다는 못하는 친구가, 힘이 센 친구보다는 힘이 없는 친구가, 얼굴이 잘생긴 친구보다는 못생긴 친구가, 착한 친구보다는 말썽꾸러기가, 그렇게 못난 것투성이인 못난이가 보게 되기를 바랍니다. 못난이 노자가 그렇게 바라는 이유를 여러분은 벌써 알았겠지요?

바로 못난이가 힘이기 때문입니다.

만일 어른 중에서 이 글을 읽는 이가 있다면, 다시 한번 엉뚱한 부탁을 드립니다. 우선 이 글을 읽기 전에 시간을 거슬러 저마다 어른이 아닌, 못난이 노자처럼 열아홉살 무렵의 못난이로 돌아가

달라는 것이지요. 그런 못난이의 시절이 없이 어른의 눈길이며 생각으로 이 글을 읽는다면, 그야말로 헛수고일 뿐이거든요.

무엇보다도 못난 시절이 없는 강한 그대로의 눈길로 이 글을 읽는다는 것은 마치 공부를 잘하거나 힘이 세거나 얼굴이 잘생겼거나 한 짱들이 이 글을 읽는 것과 마찬가지이기 때문입니다. 어른이란 세상을 보는 눈이나 생각이 이미 눈에 보이는 것만을 귀하게 여기고 거기서 가치를 따지는 일에 너무 깊이 빠져있기 마련입니다.

이것은 절대로 못난이 노자 혼자만의 부탁이 아닙니다. 이미 노자할아버지도 몇번이고 강조하고 있습니다. 노자할아버지의 눈으로 보자면 강한 것보다는 약한 것이, 그리고 굳은 것보다는 부드러운 것이, 산꼭대기보다는 골짜기가, 세련된 것보다는 투박한 것이, 남자보다는 여자가, 어른보다는 어린이가 훨씬 도에 가깝게 여겨지는 것입니다.

만일 어른이라면, 정말로 세상살이에 지쳐 이미 딱딱하게 굳어버린 마음을 좀더 부드럽게 만들고, 자신의 잘난 점보다는 못난 점을 찾아서, 바로 그렇게 부드럽고 못난 마음으로 자신의 안에 있는 눈부신 보석, 자신의 못난이 노자를 만나기 바랍니다.

노자할아버지는 누구인가

노자할아버지에 대해서는 그의 가르침만큼이나 참으로 이러쿵저러쿵 말이 많습니다. 심지어는 노자할아버지가 실제로 생존했던 인물인지 아니면 후세의 누군가가 지어낸 인물인지 의심스럽다고 말하는 학자도 없지 않습니다.

  그런 한편으로 도교(道敎)에서는 노자할아버지를 제1대 교주로 삼아 태상노군(太上老君)이라는 칭호로 높여 부르며, 옛날이야기에도 자주 나오는 하늘나라의 옥황상제에 버금가는 신으로 받들어 모시기도 합니다. 도덕경 또한 기독교의 성경이나 불교의 불경처럼 당연히 도교의 경전으로 받들지요.

  도교에는 또 신선도(神仙道)라는 일파도 있는데, 신선이란 한마디로 영원히 죽지 않고 살아있는 분들을 가리킵니다. 이 신선도에서는 노자할아버지는 물론 언제까지나 죽지 않고 살아있는 신선이기도 합니다.

  중국에서 가장 뛰어난 역사가로 평가받는 사마천(司馬遷)의 《사기(史記)》에 의하면, 역사상의 노자할아버지는 중국 춘추전국시대의 초나라 고현의 여항 지방에 있는 곡인리 사람이라고 합니다. 성은 이(李)씨며 이름은 이(耳)인데, 귀가 매우 커서 시호를 큰 귀라는 담(聃)이라고 불렸습니다.

  한편 순자나 장자의 책이며 《여씨춘추》 같은 기록에는 노자할아버지의 성이 노씨이며 이름은 담으로, 노담(老聃)이 되어있기도 합니다. 그렇게 성을 노씨로 보는 이들은 한자의 이(李)와 노(老)가 비슷하여 후대의 사람들이 착각을 했을 것이라고 주장하기도 합니다. 성이야 어쨌든 노자는 제자 같은 이들이 공경하여 부른 이름으로, 우리는 그냥 노자할아버지로 부르면 되겠지요.

  역시 사마천의 《사기》에 의하면, 노자할아버지는 주나라의 황실에 붙어있는 도서관에서 사(史)라는 직책을 지냈는데, 요즘식으로 말하자면 도서관장 정도 되는 모양입니다. 이 사라는 직책이 노자할아버지가 평생 해본 벼슬의 전부입니다.

《사기》에는 공자(孔子)할아버지가 찾아와 노자할아버지와 서로 문답을 나누는 이야기도 나옵니다.

우리 중에는 벌써부터 공자할아버지에 대하여 잘 알고 있는 사람도 있을 것입니다. 사람에 따라서는 공자할아버지를 노자할아버지보다도 더 높이 평가할 수도 있을 것입니다. 도교가 노자할아버지의 가르침을 따르는 종교라면 공자할아버지의 가르침을 따르는 종교는 유교(儒敎)인데, 이 유교는 한마디로 군자(君子)가 되기 위한 공부입니다.

군자가 누구냐구요? 어쩌면 노자할아버지의 천하무적과는 반대되는 사람인지도 모릅니다. 우리식으로 설명한다면 바로 착하고 올바르고 힘센 사람입니다. 그렇습니다. 학교에서는 공부도 잘하고, 집에서는 부모님 말씀도 잘 듣고, 동무들과 사이좋게 놀며 언제나 예절이 발라서 어느 것 하나 흠잡을 데가 없는 착한 짱 출신이 바로 군자로, 나중에 크면 높은 관리가 되어 나라를 다스리며 유명한 사람이 되지요.

그러나 이런 군자는 학교에서 고작 한두명에 불과하지요? 그래서 언제나 뒷자리로 처질 수밖에 없는 나같이 못난 대부분은 이 군자를 가리켜 '짱'이라거나 '범생이'라거나 아니면 '밥맛'이라고까지 내려 부르기도 하지요?

공자할아버지가 노자할아버지에게 묻습니다.

"예(禮)에 대해서 어떻게 생각하시는지요?"

여기에서 예란 물론 예절 바르다 할 때의 예이겠지요. 그리고 군자란 다름 아닌, 이 예절을 누구보다도 올바르게 잘 지키는 사람인 것입니다.

노자할아버지가 대답합니다.

"그대가 예로써 우러러 받드는 사람들은 이미 죽어 뼈조차 썩어 없어졌으며, 이제 그들의 흔적이라고는 오직 쓸데없는 말만 남아 있을 뿐이오. 군자는 때를 만나면 벼슬길에 오르지만, 때를 만나지 못하면 시골에 숨어 살아야 하오.

좋은 상인이란 어떠하오? 자신이 지닌 재산의 어느 하나 자랑하지 않고, 그저 아무것도 없는 것처럼 숨기는 이가 좋은 상인이오. 군자도 마찬가지요. 설혹 속에 많은 덕을 지니고 있더라도 밖으로 드러나는 표정은 바보처럼 어리석게 보여야 하오. 그런데 그대는 어떠하오? 만일 그대가 진정한 군자가 되려면, 당장에 잘난 척 뽐내는 짓과 욕심과 남에게 잘 보이려고 얌전떠는 표정과 가슴에 품고 있는 포부까지도 다 버리시오. 그 모든 것들은 그대에게 하등 이로울 것이 없소. 그대가 나에게 물은 예에 대해서 내가 해줄 말은 이게 다요."

노자할아버지가 공자할아버지를 다그치는 모습이, 어쩐지 우리가 범생이들을 밥맛으로 여기며 역겨워하는 것과 비슷하지 않나요?

문답을 끝내고 돌아간 공자할아버지는 제자들에게 말합니다.

"새는 공중을 날고, 물고기는 물에서 놀며, 짐승은 들판을 뛰어다닌다. 뛰어다니는 짐승은 그물로 잡을 수 있고, 물고기는 낚시로

낚을 수 있고, 날아다니는 새는 화살로 떨어뜨릴 수 있다. 그러나 용은 바람이나 구름을 타고 하늘 높이 올라가기 때문에 아무도 그 정체를 알 수가 없다. 내가 오늘 만난 노자가 바로 그 용과 같은 분이다."

어쩌면 이 이야기는 훗날 노자할아버지의 제자들이 지어낸 이야기인지도 모릅니다. 그러나 노자할아버지의 대답에는 겉이 아니라 안에서 어떤 신비한 값어치를 발견해야 한다는 무위자연의 사상이 그대로 드러나 있으며, 반대로 안을 무시하고 자칫 겉만 추종하려 드는 공자할아버지 가르침의 맹점이 그대로 드러나 있기도 합니다.

물론 공자할아버지의 가르침은 나름대로 소중하고 위대합니다. 그렇듯이 중국을 위시하여 우리나라며 일본 같은 동아시아 전체에 커다란 영향을 끼친 것도 사실입니다.

옛날부터 나라에 나아가 출세를 하고 벼슬을 하기 위해서는 누구나 반드시 공자할아버지의 가르침을 배워야 했던 것입니다. 왜냐하면 나라에 나아가 벼슬아치가 되는 첫 관문인 과거시험에는 공자의 가르침이 중요한 시험문제로 나왔으니까요.

이를테면 공자할아버지의 가르침은 세속의 생활에 필요한 갖가지 제도며 규범이며 예절 따위를 중요시하여, 그런 제도나 규범이나 예절이 훌륭하게 이루어지면 모든 백성들이 편하게 잘 사는 세상이 된다는 것이지요. 그런 공자할아버지의 가르침은 백성들을 다스리려는 임금이며 정승 같은 벼슬아치들에게는 더없는 교과서가 되었겠지요.

이에 반하여 노자할아버지의 가르침은 백성들을 위한다는 갖가지 제도며 규범이며 예절 따위를 오히려 백성들의 살림살이를 해치고, 인간이 지닌 기본 품성마저 파괴시키는 허섭스레기로 보는 것입니다. 사람으로서의 가장 높은 가치인 도의 경지는 바로 꾸밈이 없는 상태에서 나오는데, 공자할아버지가 주장하는 갖가지 제도며 규범이며 예절은 억지로 꾸며낸 것이라는 것입니다.

노자할아버지는 이렇듯 억지로 꾸며내는 것을 꾸밈이 없는 무위(無爲)와 견주어 유위(有爲)라고 불렀습니다. 물론 유위는 자연스럽지 못하게 꾸며낸 어떤 것이라는 뜻입니다.

노자할아버지의 무위자연의 사상을 이어받아 한층더 발전시킨 제자로, 장자(莊子)라는 분이 있습니다. 이 장자할아버지 또한 노자할아버지 못지않은 위대한 사상가입니다. 이 장자할아버지가 쓴 책에, 역시 노자할아버지와 공자할아버지의 문답이 나옵니다.

공자할아버지가 노자할아버지에게 인의(仁義)에 대해서 묻습니다.

"인의에 대해서 어떻게 생각하는지요?"

이 인의의 뜻은 어질고 올바르다는 것으로, 공자할아버지 가르침인 인의예지신(仁義禮智信) 다섯가지 중에서 으뜸으로 치는 것입니다. 사람이 말과 행동에 있어서 어짊과 올바름만 지킬 수 있다면 그대로 군자가 된다는 것이지요.

공자할아버지의 물음에 노자할아버지가 대답합니다.

"눈에 먼지가 들어가면 눈을 뜨지 못해 그만 사방을 분간하지 못할 것이요, 모기가 살을 물면 가려운 나머지 밤새도록 잠을 이루지 못할 것이오. 그와 마찬가지로 그대는 어짊과 올바름이라는 먼지며 모기로 자칫 사람의 마음을 흥분시켜 세상을 어지럽힐 뿐이오.

부디 그대는 어짊과 올바름 때문에 세상사람들이 순박한 본성을 잃게 하지 마오. 어디 세상사람들뿐이겠소. 그대 또한 마찬가지요. 그대도 더이상 어짊이나 올바름 따위는 따지지 말고, 꾸밈이 없는 그대 본래의 바탕에 따라 마음이 움직이는 대로 살아가시오.

원래 고니란 새는 날마다 목욕하지 않아도 타고난 바탕 그대로 빛깔이 하얗고, 까마귀는 검게 칠하지 않아도 타고난 그대로 빛깔이 검은 것이니, 희니 검니 하는 것의 본질은 좋거나 나쁘다고 시비를 가릴 것이 아니오. 그와 마찬가지로 어짊과 올바름은 어짊과 올바름일 뿐, 그것이 사람의 명예하고는 하등의 관계가 없는 것이오.

사람이 본성에 따라 어질면 어질고 올바르면 올바른 것이지 그것이 어찌 억지로 시켜서 되는 일이며, 한편 사람의 좋고 나쁨을 가리는 시비며 분별의 대상이 될 수 있겠소?"

물론 이 이야기 또한 실제로 있었던 일은 아닐 것입니다.

다만 장자할아버지가 노자할아버지와 공자할아버지 두사람을 빗대어, 자신의 사상을 밝힌 것이겠지요. 그러나 여기에서도 우리는 진정한 자신의 값어치는 결코 어짊이나 올바름 따위의 밖에 있지 않고 남들의 눈에는 보이지 않는 안에 있다는 노자할아버지의 가르침을 만날 수 있습니다.

역시 사마천의 《사기》에 의하면, 주나라가 망해가자 노자할아버지는 마침내 도서관장 자리를 그만두고 어디론가 훌쩍 떠나버립니다. 그렇게 정처 없는 나그네가 되어 세상을 이리저리 떠돌아다니던 끝에 노자할아버지는 함곡관(函谷關, 한구관)이라는 데에 이르렀습니다.

함곡관은 나라와 나라 사이를 넘나드는 국경지대에 있는 관문의 하나로, 함곡관만 벗어나면 새외(塞外)라고 하여 거기서부터는 전혀 중국의 힘이 미치지 않는 지역인 것입니다. 이를테면 중국이라는 문명의 여파가 아직은 닿지 않은 채로, 무슨 나라니 제도니 하는 것이 없이 부족끼리 단순하고 소박하게 살아가는 원시사회만이 있는 셈이지요.

어쩌면 노자할아버지는 세상에서 몸을 숨길 은신처를 찾아서 머나먼 함곡관까지 갔을 것이 틀림없습니다. 그러나 훗날 어떤 이들은 노자가 바로 신선이 되기 위하여 함곡관을 찾아갔다고 주장하기도 합니다.

옛날부터 도를 중요하게 여기는 이들은 흔히 깊은 산으로 들어가 몸을 숨긴 채 조용하게 명상에 들어 자신의 내면을 바라보며 단전호흡을 하고 도인술(導引術)이라는 특별한 체조를 하는 수행방법이 있었는데, 이를 일러 흔히 신선사상이라고 불렀습니다. 쉬운 말로 하자면 신선이 되기 위한 공부이지요.

여러분은 옛날이야기에서 흔히 구름을 불러 타고 하늘을 날아다니고, 투명인간처럼 몸을 감추기도 하는가 하면, 영원히 죽지 않는 몸이 되는 신선 이야기를 들어본 적이 있지요? 이런 신선이 되기 위한 공부를 일러 우리나라에서는 일찍이 신라시대부터 풍류도니 신선도니 혹은 화랑도니 하고 불렀습니다. 이 모든 공부가 바로 신선사상에서 나온 것입니다.

신선이 정말로 있는 것인지 아니면 단순한 옛날이야기 속의 꾸며낸 말인지에 대하여 여기에서 시비를 따지는 것은 전혀 무의미할 것입니다. 그렇듯이 노자할아버지가 신선이 되기 위하여 함곡관에 간 것인지 아니면 얼마 남지 않은 자신의 인생을 보낼 은신처를 찾아서 함곡관에 간 것인지를 따진다는 것도 전혀 무의미할 것입니다.

함곡관을 지키는 병졸들의 우두머리로 윤희(尹喜)라는 이가 있었는데, 이 사람이 뜻밖에도 노자할아버지를 알아보았습니다. 평소부터 노자할아버지를 존경하던 윤희는 대번에 노자할아버지가 머나먼 함곡관까지 온 뜻을 알아차릴 수가 있었습니다.

"선생님을 여기서 저 함곡관 밖으로 보내드리면, 이제 제 살아생전에는 다시 뵈옵지 못할 것입니다. 부디 저같이 어리석은 백성들을 위하여 마지막으로 가르침을 주십시오."

윤희의 간곡한 부탁에 마음이 움직인 노자할아버지는 기꺼이 붓을 들어 지금까지 사람들에게 밝힌 하늘과 땅 그리고 사람을 위시한 세상살이의 이치며 지켜야 할 일을 모두 5,000자에 이르는 상하 두권의 책에 남겼으니, 이를 일러 《도덕경(道德經)》이라고 부릅니다.

《도덕경》을 남기고 함곡관을 넘어 원시사회로 들어간 뒤로, 노자할아버지는 영영 소식이 끊겼습니다.

노자할아버지의 뒷소식을 두고 사람들은 다시 한번 이러쿵저러쿵 많은 말들을 하였습니다. 역시 신선이 되어 하늘로 날아올라갔다는 이도 있고, 200살까지 살다가 죽었다는 이도 있고, 아니면 지금까지도 살아있다는 등의 소문들이 바로 그것입니다.

그런 뒷소식 역시 우리가 구태여 정말인가 아닌가 따지는 것은 무의미한 일이겠지요. 중요한 것은 참다운 도의 의미를 깨달아 천하무적이 되는 것일 테니까요.

도덕경(道德經)이란 무엇인가

노자할아버지의 가르침을 일컫는《도덕경》은 모두 81장으로 되어있으며, 이 81장을 상편과 하편 두편으로 나누었는데, 이 중에 1장부터 37장까지가 상편(上篇)이 되고, 나머지 38장부터 81장까지가 하편(下篇)이 됩니다.

여기에서 상편이 바로 도경(道經)이며 하편이 덕경(德經)이고, 도덕경이란 다름 아닌 도경과 덕경을 합하여 부르는 이름인 셈입니다. 그러나 내용에 있어서는 도경이나 덕경에 따른 이렇다 할 엄격한 구분이 있는 것은 아닙니다.

다만 도경에는 이름 그대로 도, 즉 우리식으로 말한다면 천하무적이 되기 위해 깨우쳐야 할 도의 원리에 대해 설명했고, 덕경에는 그런 도의 원리에 따른 행동이나 실천에 대하여 설명했습니다.

아무튼《도덕경》이란 노자할아버지가 바로 도에 대해서 이야기해놓은 책인 것입니다. 그러면 과연 도란 무엇이냐? 앞의 머리말에 간단하게나마 '꾸밈이 없이 저절로 그러하게' 사는 소위 무위자연이 도의 내용이라고 했지만, 그러나 이런 무위자연이라는 내용 역시 도의 정확한 뜻은 아닙니다.

그 유명한 제1장에서 노자할아버지는 말합니다.

"도를 도라고 말해버리면 이미 도가 아니다!"

맙소사! 도를 도라고 말해버리면 이미 도가 아닌 것이 되어버리다니요? 도를 설명하는 맨 첫 문장부터 우리는 그만 어리둥절해지기 마련입니다.

노자할아버지에 대한 모든 해석이나 평가가 어차피 저마다 귀걸이 코걸이식이지만, 특히 이 도에 대한 해석에 있어선 누가 과연 무슨 주장을 하는지도 모를 정도로 그야말로 중구난방이어서 거의 정신을 차리지 못할 지경이 되어버리는 것은, 어쩌면 이 첫 문장 때문인지도 모릅니다.

노자할아버지의 도에 대한 설명이 아리송하기는 비단 첫 문장만이 아닙니다. 그러면 노자할아버지의 도에 대한 설명이 얼마나 아리송한지 대충 살펴볼까요?

"도란 무엇인가요?"

제자들이 물으면, 노자할아버지가 대답합니다.

"깊고 아득한 것이다."

"황홀한 것이다."

"본래 하나인 것이다."

"형체가 없는 형체이며, 소리가 없는 소리이다."

"만물을 낳은 이 세계의 어머니이다."

"있는 그대로의 것이다."

"아직 다듬지 않은 통나무다."

"물들여지지 않은 하얀 비단이다."

"영원히 차지 않는 커다란 무엇이다."

이 정도만 들어도 누군가는 벌써부터 머리에 쥐가 나는 기분이지요? 아이쿠, 어지러워. 이게 도대체 무슨 강아지가 풀 뜯어 먹는 소리냐 — 아니, 무슨 늙은 고양이가 방귀 뀌는 소리냐, 하고 말입니다. 그리고 성급한 사람은 그만 여기에서 아예 책을 덮을지도 모릅니다.

그러나 너무 성급하게 생각하지 맙시다. 못난이 노자는 적어도 그런 식으로 어지럽게 도에 들고 싶은 생각은 없으니까요.

"도란 무엇이냐?"

못난이 노자가 대답합니다.

"천하무적이 되기 위한 공부다!"

못난이 노자식으로는 도란 바로 천하무적이 되기 위한 공부입니다. 도만 깨우치면 바로 그 자리에서 천하무적이 되는 것입니다.

"그러면 과연 어떻게 해야 그 도란 것을 깨우칠 수 있냐?"

여기에서 못난이 노자가 무슨 구호처럼 외칩니다.

"생긴 대로 살자!"

못난이 노자가 다시 덧붙입니다.

"못난이가 힘이다!"

노자할아버지의 도덕경이란 다름 아닌, 생긴 대로 살아가는 못난이가 어떻게 도를 깨우쳐서 천하무적이 되는가를 자세하게 밝혀 놓은 글인 것입니다.

노자할아버지는 이렇듯 도를 깨우치고 천하무적이 되어 세상이며 백성들을 슬기롭게 다스리는 이를 일러 성인(聖人)이라고 부르고 있습니다. 노자할아버지의 그런 성인이란, 이를테면 이 세상의 누구보다도 가장 낮은 곳에 있는 사람입니다.

"강이나 바다가 모든 골짜기의 임금이 될 수 있는 것은 스스로 골짜기의 밑에 있기 때문이다. 이런 까닭에 성인은 백성들의 위에 오르고자 할 때는 반드시 말로써 자기를 낮추고, 백성들 앞에 있고자 할 때는 반드시 백성들 뒤에 몸을 두어야 한다.

그렇게 해야 성인이 백성들의 위에 있어도 백성들이 부담을 느끼지 않고, 또 백성들의 앞에 있어도 백성들이 거추장스러워 하지 않는다. 그런 까닭에 온 세상이 성인을 기꺼이 받들어 모시되 싫어하지 않거니와, 아무하고도 다투지 않으므로 세상에 성인을 대적하여 싸울 자가 없다."

노자할아버지에 의하면, 이런 성인에 의해서 다스려지는 나라가 세상에서 가장 살기 좋고 아름다운 나라인 셈입니다. 따라서 성인이 다스리는 나라에서는 누가 이래라저래라 명령하는 이가 없어도 저절로 다스려지며, 어떤 범죄도 일어나지 않고 사람을 죽이는 살상의 무기도 필요없게 됩니다.

결국 노자할아버지의 성인이란, 세상에 흔히 있는 무슨 대통령이나 왕이나 총리 같은 실질적인 정치인이라기보다는 어쩌면 예수님이나 부처님 같은 분에 가까운지도 모릅니다.

우리가 흔히 예수님을 부를 때는 예수 그리스도라고 합니다. 여기에서 예수는 그야말로 예수님의 이름이고, 그리스도란 '거룩하신 분' 혹은 '성스러운 분'이란 뜻에 가깝습니다.

이 그리스도의 원래의 말뜻은 '기름 부어짐을 받은 이'라는 고대 그리스어에서 왔다고 합니다. 일찍이 고대 그리스나 로마에서는 하늘이나 신에게 제사지낼 때에는 양을 잡아서 그 기름으로 불을 태워 하늘 높이 연기를 올리는 풍습이 있었는데, 그 제사에서 양의 기름을 사람의 머리 위에 부어주면, 그 사람이 지은 모든 죄가 사라진다는 식입니다.

이를테면 사람이 받아야 할 죄의 값을 양이 대신 받는 것입니다. 그리고 그런 양을 가리켜 속죄양(贖罪羊)이라고 부르는데, 훗날 그리스도교에서는 바로 인간의 죄를 대신해서 십자가를 짊어진 예수님을 일컫는 말로도 쓰였습니다.

결국 이렇듯 '기름 부어짐을 받은 이'란 뜻으로서의 그리스도란 원래 타고난 사람으로서의 여러가지 힘든 조건들로부터 자유로워진 이를 뜻하기도 합니다. 여러가지 힘든 조건들이라고 했지만, 이 말은 다시 우리식으로 쉽게 바꾸면, 못난이라는 말과 하등 다르지 않습니다.

예수님은 그렇게 자신의 힘든 조건들로부터 자유로워지자, 이스라엘 사람들 앞에 나서서 소리칩니다.

"나는 하느님의 아들이오."

못난이 노자의 생각으로는 예수님에게 하느님의 아들이라는 것은 인간으로서의 여러가지 힘든 조건들로부터 자유로워진 천하무적이라는 것과 똑같은 말입니다. 만약에 평소에 고작해야 자신을 자학하던 못난이로서의 우리가 어느 날 못난이로부터 자유롭게 되고 또한 그 못난이가 힘이 되어 천하무적으로 만든다면, 우리는 무엇이라고 불릴까요?

예수님에게 어쩐지 죄송스러운 마음을 무릅쓰고 못난이 노자가 감히 단언한다면, 우리는 바로 그 순간 예수님과 똑같이 '기름 부어짐을 받은 이'이며 또한 그리스도가 되는 것입니다. 아니, 또 있습니다. 우리도 예수님처럼 역시 하느님의 아들이 되는 거지요.

어디 예수님뿐이겠어요?

부처님의 정식 명칭은 '석가모니 부처님'입니다. 여기에서 석가란 인도의 동북부 지방에서 살고 있는 부족의 이름입니다. 원래의 발음은 '샤카'인데 한자로 번역하다보니 석가로 바뀐 것이지요. 그리고 모니란 '성스러운 이'란 뜻으로, 둘을 합치면 결국 '석가족의 성스러운 이'라는 뜻입니다. 끝에 붙은 부처님까지 합쳐서 '석가모니 부처님'이라고 부르면, 이것은 '석가족 출신의 성스러운 부처님'이라는 뜻이 됩니다.

우리가 흔히 부르는 부처님은 '석가모니 부처님'에서 석가모니를 빼고 나머지 부처님만 부르는 것으로, 바로 석가모니 부처님을 가리키는 것입니다. 결국 부처님이란 예수 그리스도에서 예수라는 말을 빼고 그냥 그리스도라고 부르는 것과 마찬가지인 셈입니다.

그러면 부처님은 과연 무슨 뜻일까요?

부처님이란 한마디로 예수님을 가리키는 그리스도라는 말과 그 뜻이 똑같습니다. 그렇습니다. 부처님 또한 '기름 부어짐을 받은 이'이며, 사람이 원래 타고난 사람으로서의 여러가지 힘든 조건들로부터 자유로워진 이를 뜻하는 것입니다.

부처님은 여러가지 힘든 조건으로부터 자유로워지는 것을 해탈이라고 합니다. 그렇게 해탈한 부처님을 못난이 노자식으로 좀더 쉽게 말하자면, 못난이로서 그 못난이가 얼마나 보석같이 소중한 값어치가 되는가를 깨닫는 것입니다.

못난이 노자는 부처님이나 예수님이 서로 똑같은 말을 한 것 자체가 너무 신기합니다. 부처님과 예수님은 시간적으로는 각자 태어났던 시대가 500년을 건너뛸 만큼 크게 차이가 지고, 공간적으로는 인도와 이스라엘이라는 서로 다른 지역에서 살았던 이들인데, 깨달음에 대한 내용은 전혀 차이가 없는 것입니다.

부처님은 사람이 지닌 힘든 조건, 즉 못난이를 예수님보다 좀더 구체적으로 밝혔습니다.

생로병사(生老病死).

생로병사란 '태어나서 늙고 병들어 마침내 죽는' 사람이 지닌 것 중에서도 가장 힘든 네가지 조건인 것입니다. 아니, 못난이 노자식으로 표현하자면 '태어나서 늙고 병들어 죽는' 생로병사 네가지 못난이인 것입니다.

어떻게 보면 사실 못난이 노자의 못난이란 것은 부처님의 못난이에 비하면 아무것도 아닐 수 있습니다. 못난이 노자처럼 우리들 대부분의 못난이야 고작해야 남들보다 얼굴이 못생겼다거나 남들보다 공부를 못한다거나 남들보다 힘이 약하다거나 남들보다 부자 아버지를 만나지 못해 돈을 마음대로 못 쓴다거나 하는 따위일 테니까요.

그런데 부처님은 대뜸 이 생로병사라는 '태어나 늙어서 병들어 죽는' 네가지를 못난이로 만드는 가장 큰 조건으로 꼽고서, 바로 그 못난이로부터 자유로워야 된다는 것입니다. 이렇듯 생로병사라는 못난이로부터 자유로워지기만 하면, 누구나 해탈을 하여 부처님이 되는 것이지요.

정말이지 우리가 태어나고 싶어서 태어났나요?

아니지요.

우리가 늙고 싶어서 늙는 것일까요?

아니지요.

우리가 병들고 싶어서 병드나요?

아니지요.

우리가 죽고 싶어서 죽나요?

아니지요.

따지고 보면 이 생로병사 중에 어느 하나 우리 마음대로 할 수 있는 것이 없어요. 그런데 부처님은 만일 깨달아서 해탈에 이르기만 하면, 누구든지 생로병사를 마음대로 할 수가 있을 뿐만이 아니라 또한 누구든지 당장에 자신과 같은 부처님이 된다는 것입니다.

이쯤에서 우리 중의 누군가는 이미 짐작했겠지만, 결국 노자할아버지 또한 예수님이나 부처님과 똑같은 주장을 하고 있습니다. 바로 노자할아버지의 성인이란 그리스도처럼 '기름 부어짐을 받은 이'이며 부처님처럼 해탈을 얻은 이이기도 합니다.

못난이 노자식으로 말한다면 지지리 못난 못난이를 뒤집어서 천하무적이 되는 것이지요.

여기에서 못난이 노자는 도덕경의 상편, 하편 81장 전체를 다룰 생각은 전혀 없습니다. 그리고 노자할아버지의 가르침에 대해서도 문장 하나하나를 섬세하게 따져서 미주알고주알 밝힐 생각도 전혀 없습니다.

 못난이 노자로서는 어떻게 해서 우리 같은 못난이들이 이 글을 읽고 천하무적이 되나, 하는 것에만 매달리고 싶은 것입니다. 그렇습니다. 못난이 노자는 못난이를 힘으로 삼아 천하무적이 될 수 있는 부분만 다룰 것입니다.

 한편으로 정직하게 고백하자면, 무엇보다도 못난이 노자가 한문을 거의 모르는 바로 열아홉살짜리 고등학교 3학년이기 때문이기도 합니다. 그러나 딱히 한문을 모르기 때문만은 아닙니다. 어떻게 생각하면 노자할아버지의 가르침에 대해서 이러쿵저러쿵 글자 하나하나 따져가며 한문학자식으로 논하는 식의 해설방법은 이미 헤아릴 수 없이 많이 나왔기 때문에, 못난이 노자까지 그런 식으로 글을 쓰는 것은 거의 무의미할 뿐입니다.

 못난이 노자가 바라는 것은 역시 단 하나입니다. 원래부터 어렵다고 이름난 도덕경을, 그리하여 잘못하면 머리에 쥐가 나서 뒤로 나자빠지기 십상인 도덕경을, 나 같은 못난이들 누구든지 쉽게 이해하고 재미있게 풀어주는 것입니다.

 우선 무슨 내용인지 알아야 노자할아버지의 높은 뜻을 받아들여 누구나 천하무적이 될 것 아닙니까? 아아, 우리 같은 못난이가 저마다 모두 천하무적만 된다면?

 생각만으로도 가슴이 벅차지 않습니까? 우리 못난이들은 그렇게 천하무적이 되어 예수님과 부처님과 노자할아버지와 함께 어깨를 나란히 한 채 그야말로 자유롭게 세상이며 자기자신을 바라봅시다.

제1장

도를 도라고 말해버리면 이미 도가 아니다

도덕경의 제1장을 해설하기 전에 못난이 노자가 우선 어려운 부탁을 하나 드려야겠습니다. 그것은 제1장을 원문 그대로 옮겨볼 테니까, 무슨 말인지 몰라서 혹시 머리에 쥐가 날 만큼 헷갈리더라도 조금만 참아달라는 것입니다.

될 수 있으면 쉽게 옮겨보겠지만, 역시 어렵고 헷갈릴 것은 마찬가지일 것입니다. 그렇게 어렵고 헷갈릴 것을 각오하고 끝까지 읽어주기 바랍니다.

    도를 도라고 말해버리면 이미 도가 아니다.
    물건에 이름을 붙여 이름을 부른다고 그 물건이 곧 이름은 아니다.
    이름이 없는 자리가 하늘과 땅의 시작이고,
    이름이 있는 자리에서 만물이 비롯된다.
    언제나 보고자 하는 마음이 없이 물건을 보면 보이지 않는 속을 보고,
    보고자 하는 마음으로 물건을 보면 보이는 겉만을 본다.
    없고 있음은 원래 같은 뿌리에서 나왔지만 오직 이름만을 달리

할 뿐이다.
　이 없고 있음 둘 다 일컬어 신비롭다고 하니,
　이 신비로움이야말로 온갖 묘한 것들이 들고 나는 문이로구나.

　이 글은 제1장의 전부입니다. 거듭 말하지만 이 글을 모두 이해하라고 여기에 전부 옮겨놓은 것은 아닙니다.
　어떻습니까? 머리에 쥐가 나는 듯한 기분이지요? 뭔가 아리송하고 헷갈리는 나머지 도대체 이런 강아지 풀 뜯어 먹는 것 같은 글이 어떻게 해서 우리를 천하무적으로 만든단 말인가, 하고 벌써부터 쯧쯧, 혀를 차는 누군가가 눈에 보이는 듯합니다.
　하지만 너무 성급하지는 맙시다. 이 글을 한문장 한문장 낱낱이 쉽게 풀어가다 보면 그 뜻이 저절로 풀릴 것입니다. 사실 제1장만 제대로 이해하면 도덕경 전체를 다 이해한다는 말이 있을 정도로 깊은 뜻을 가진 글이기도 합니다.
　못난이 노자로서도 제1장에 가장 힘을 들여 도덕경을 이야기하려고 합니다. 정말이지 제1장만 제대로 알아버린다면 나머지는 그다지 어렵게 여겨지지 않거든요.
　어떻게 보면 우리뿐만이 아니라 평생을 노자에만 애오라지 매달린 노자 전문가들도 이 제1장에서는 너나없이 뭔가 아리송하고 헷갈릴지도 모릅니다. 아마 그럴 것입니다. 그렇기 때문에 이 사람은 이런 식으로 해석하고, 저 사람은 저런 식으로 해석하다가 결국 귀걸이 코걸이 타령이 나왔겠지요.
　그러면 도대체 이렇듯 제1장에서부터 아리송하게 헷갈려서 머리에 쥐가 나게 만드는 그 이유는 어디에 있을까요? 못난이 노자가 다른 노자 전문가들의 커다란 비난을 무릅쓰고 감히 말한다면, 여태까지 그이들은 도라는 것이 우리 안에 있는 소중한 보물을 만나러 안으로 들어가는 길이라는 사실을 지나쳤기 때문입니다.

못난이 노자가 앞에서 몇번이고 강조했지요? 사람들은 흔히 눈에 보이는 것만을 귀하게 여기고, 거기에서 무슨 가치를 따진다고요. 저 사람은 돈이 얼마나 많은가, 무슨 대학교를 나왔는가, 직업이 무엇인가, 심지어 무슨 메이커의 옷을 입고 구두를 신었는가, 하고 우선 겉으로 드러난 모양에만 중점을 두는 거지요.

노자할아버지는 그런 모든 것들을 한마디로 무시합니다. 오히려 반대로 눈에 보이지 않는 어떤 것, 그리하여 아무도 귀하게 여기지 않아 버려져 있는 쓸모없는 것들에서 그 가치를 따지는 것입니다.

못난이 노자를 따라서 우리의 바깥이 아닌, 안으로 들어가 봅시다. 그렇게 안으로 들어가는 길을 따라서 우리 모두가 안으로 들어갔다고 칩시다.

과연 우리의 안에는 무엇이 있을까요?

당연히 보물이 있지요. 그러나 한번도 안으로 들어가 보지 못한 어른들은 그 보물을 발견하고서도 그것이 보물이라는 사실을 전혀 알지 못합니다. 왜냐하면 그 어른들의 눈은 죄다 겉으로 드러난 것만을 보는 일에 익숙해져서 단 한번도 안에 있는 것을 본 적이 없기 때문입니다.

그런 어른들은 안에 있는 것들을 보는 일에 있어서는 그야말로 까막눈인 것입니다. '낫 놓고 기역자도 모른다'는 옛 속담을 아시지요? 그렇습니다. 그런 어른들은 안에 있는 보물에 대해서 바로 낯 놓고 기역자도 모르는 까막눈인 것입니다.

그런 까막눈에게 안에 있는 보물을 보여준들 그 어른들이 보물이란 사실을 알까요? 천만에요, 전혀 알지 못할 뿐더러, 오히려 무섭고 더러운 똥덩이로 알지도 모릅니다. 그리하여 자신도 모르는 사이에 비탄의 소리를 지를 것입니다.

"아아, 내 안에 저렇듯 흉하고 더러운 똥덩이가 넘쳐나고 있다니!"

이를테면 바깥만 보고 살아온 까막눈이들에게는 안에 있는 보물이 흔히 누구를 죽이고 싶은 살기나 분노, 질투, 혹은 이성만 대하면 자기도 모르는 사이에 일어나는 성적인 욕망 따위로밖에는 보이지 않는 것입니다.

아니, 또 있습니다. 자신이 세상에서 가장 못생겼다고 여기는 자기비하, 자신을 미워하는 자기혐오, 자신을 스스로 할퀴는 자기학대, 그리하여 자신을 세상사람들로부터 완벽하게 차단하려 드는 자의식 과잉…. 그런 식이라면 누가 보기에도 자신의 안에 있는 것들이란 당연히 똥덩이처럼 흉측하고 더럽게 보일 수밖에요.

그러나 바깥을 보는 일보다는 안을 보는 일에 익숙해져 있는 이들은 그런 자신의 똥덩이들이 다름 아닌, 사람이 지닌 신비한 생명력과 연결되어 있으며 그 생명력에 바로 예술이며 과학의 바탕이 되는 신비한 에너지가 꿈틀거리고 있는 것을 볼 수가 있는 것입니다.

내 친구 은정이가 패스트푸드점에서 아르바이트를 할 때, 마침 일을 끝내고 둘이서 가까이에 있는 공원을 산책하던 중에 무심코 나에게 물었습니다.

"사람에게 가장 소중한 것이 뭐라고 생각해?"

너무 돌연한 질문에 내가 미처 대답을 못하고 은정이의 눈치를 살피자, 은정이는 피식 웃으며 말했습니다.

"상처가 아닐까?"

"사, 상처?"

너무 돌연한 질문에 이어 너무 엉뚱한 대답에 나는 말까지 더듬거렸고, 은정이는 이번에는 마치 내 속이라도 들여다보듯 깊은 시선으로 빤히 나를 바라보았습니다.

"응. 나는 상처가 가장 소중해."

나는 불현듯 목 안이 타는 것 같은 갈증을 느끼며 허덕이듯 되물었습니다.

"왜 하필이면 상처지?"

"바보, 상처야말로 나를 성장시키니까."

"아아."

나는 자신도 모르는 사이에 어쩔 수 없이 비명을 질렀습니다. 은정이는 나의 비명을 못 들은 체하며 덧붙였습니다.

"상처라는 것은 남들과 부딪칠 때 오는 고통이야. 이를테면 개천에서 난 용인 우리 아빠와 부딪치면 당연히 나만 고통을 받고 결국 나에게 상처가 되는 식이지. 그렇게 상처를 입으면서도 나는 매번 아빠와 부딪칠 수밖에 없는 거야. 그렇게 부딪쳐서 고통을 받고 상처를 입으면서도 바로 그 상처 때문에 나는 성장하는 거니까. 내가 그렇게 상처의 소중함을 깨달았을 때 나는 과감히 집을 뛰쳐

나올 수 있었지. 만일 내가 아빠와 부딪치는 것을 두려워하고, 그렇게 고통이나 상처도 두려워한다면, 나는 아빠에게서 절대로 벗어날 수가 없었을 거야. 일찍이 내 자신의 삶을 포기한 채 아빠와도 부딪치지 않고, 아빠의 착한 딸 노릇을 하면서 나는 즐겨 아빠의 노예로 길들여졌겠지. 그렇게 아빠의 노예로 길들여져 나 또한 개천에서 난 새끼용이 되었을 게 뻔해. 정작 그렇게 아빠의 집에서 나오니까 그 순간 우리 아빠의 참모습이 보이더라. 더이상 어떻게 해볼 수가 없이 세상에서 가장 불쌍한 사람이 바로 우리 아빠였어. 너무 불쌍해서 눈물이 날 정도로."

은정이는 내가 미처 노자할아버지의 안에 가닿기도 전에 벌써부터 상처가 지닌 바깥 모습이 아니라 상처의 안에 들어가 상처의 소중한 보물을 발견한 것입니다. 바깥만을 바라보는 까막눈이에게는 상처가 지닌 고통이나 아픔 따위만이 흡사 똥덩이처럼 여겨질 것이지만, 언제부터인가 은정이는 자신의 상처의 안으로 들어가 벌써 상처가 자신을 성장시킨다는 사실을 깨달은 것이지요.

못난이 노자에게는 은정이의 상처마저 당연히 보물인 것입니다. 자신이 상처를 받아야 남의 상처를 알고, 바로 그 상처를 통해서 상대방과 나는 서로 하나가 되는 마음의 통로를 발견하는 상처. 나는 그렇게 은정이의 상처를 통해서 은정이와 하나가 되었습니다. 그리고 은정이 또한 나의 상처를 통해서 나와 하나가 되었습니다.

못난이 노자는 그렇게 사람들 저마다의 상처가 자신이 아닌 다른 사람들과 하나로 통할 수 있는 일종의 문이라고 믿습니다. 그런 상처가 어떻게 보물이 아니겠어요?

보물을 똥덩이로 아는 까막눈이에게 노자할아버지가 넌지시 말합니다.

"도를 도라고 말해버리면 이미 도가 아니다."

그리고 덧붙입니다.

"물건에 이름을 붙여 이름을 부른다고 그 물건이 곧 이름은 아니다."

한번도 자기의 안에 들어가지 못한 채 자기의 바깥에만 몰두해 있는 까막눈이들은 노자할아버지가 보여주는 안의 세계도 바깥의 모양새로만 파악할 것입니다. 바로 그런 노파심 때문에, 노자할아버지는 도를 밝히기에 앞서 미리 부탁합니다.

"제발 바깥을 보는 눈으로 안까지 보려 하지 말아라, 안을 보는 데에는 안을 보는 눈이 따로 있다. 안을 보는 눈으로 도를 보면 도이지만, 바깥을 보는 눈으로 도를 보면 더이상 도가 아니다."

바로 제1장은 안과 밖을 구별할 줄 모르는 까막눈에 대한 노자할아버지의 간절한 부탁에 다름 아닌 것입니다.

안과 밖은 도대체 어떻게 구분해야 할까요? 노자할아버지식이라면 물건 그 자체는 안이고, 물건에 이름을 붙이는 것이 밖인 셈입니다. 또한 도를 도라고 말해버리면 이미 밖이고, 도를 도라고 말하기 전이 안인 셈입니다.

안과 밖에 대한 구별은 비단 노자할아버지뿐만이 아닙니다.

기독교의 성경에서도 바깥을 보는 눈으로 안까지 보려 드는 이들에게, 천국은 하늘나라에 있는 것이 아니라 저마다의 마음속에 있다고 가르칩니다. 이를테면 실제로 하늘의 어딘가에 천국이 있는 것으로 여기는 이들은 바깥을 보는 눈으로 안을 보고, 천국이 마음속에 있다고 보는 눈은 바로 안을 보는 눈으로 안을 보는 것이지요.

불교 또한 마찬가지입니다. 모든 것은 애오라지 마음에서 만들어진다고 가르칩니다. 극락이며 지옥 또한 다른 곳이 아닌 마음속에 있다는 것입니다. 그렇게 극락이며 지옥이 다른 어떤 곳이 아닌 마음속에 있다는 것은 역시 안을 보는 눈으로 안을 보는 것입니다.

도란 바로 이 마음에서 안을 발견하고, 그렇게 안을 보는 눈으로 제대로 안을 보는 일인 것입니다. 그러나 이 마음도 누군가가 이것이 바로 안이다 하고 말하면, 말하는 순간에 바깥이 되어버립니다.

왜냐하면 안이란 안에 있어야 하는 것으로서, 누군가에게 보여주기 위하여 뭐라고 말을 붙이면, 그렇게 말을 붙이는 순간에 이미 안이 아니라 바깥에 드러나버리기 때문입니다. 안이 사라지면 도도 함께 사라져버립니다.

안과 밖에 대한 못난이 노자의 설명도 어쩔 수 없이 조금 어렵지요? 흡사 코끼리가 하품하는 소리같이 들리나요? 그러나 지금까지의 못난이 노자의 설명을 되새기면서 다시 한번 도덕경 제1장의 앞 구절을 읽어봅시다.

도를 도라고 말해버리면 이미 도가 아니다.
물건에 이름을 붙여 이름을 부른다고 그 물건이 곧 이름은 아니다.

어떻습니까? 뭔지 모르지만 노자할아버지의 도를 얼마쯤은 알

것도 같은 그런 느낌이 들지는 않나요?

노자할아버지의 도나 혹은 안을 보는 눈으로 자신의 안을 바라보기 위하여, 좀 엉뚱하지만, 여기에서 몇해 전에 베스트셀러가 되었던 《뇌내혁명(腦內革命)》이라는 책을 잠깐 이야기하고자 합니다.

혹시 식구들이 읽다 접어둔 《뇌내혁명》이라는 책이 있다면, 한번 읽어볼 것을 권합니다. 우리가 읽기에는 다소 어려울지도 모르지만, 이 책만 이해하고 나면 내가 이야기하려는 뜻을 쉽게 짐작할 테니까요.

《뇌내혁명》을 지은 사람은 일본의 하루야마 시게오(春山茂雄)라는 의사 아저씨인데, 그 아저씨의 발상은 한마디로 "즐겁게 생각하자"입니다. 하루야마 아저씨의 표현을 따르자면 '플러스 발상'이라고 부르는데, 모든 일을 좋게 그리고 즐겁게 생각하면 저절로 건강이 좋아진다는 식입니다.

이를테면 즐겁게 생각하는 가운데 자신도 모르게 뇌에서 마약성분인 모르핀 비슷한 호르몬을 분비하여 건강한 사람뿐만이 아니라 암 환자까지도 스스로 낫게 하는 능력을 지닌다는 것입니다. 하루야마 아저씨는 이 호르몬에 '뇌내 모르핀'이라고 이름을 붙였는데, 이 뇌내 모르핀은 실제 마약으로 쓰는 모르핀보다 성분이 다섯배가 강하면서도 전혀 독성이 없어 몸에 어떠한 나쁜 영향도 끼치지 않는다는 것입니다.

하루야마 아저씨의 말대로라면 우리 인간은 그 어떤 약보다도 우수한 제약공장을 우리 몸 속에 지니고 있으며, 이 제약공장만 잘

이용하면 어떠한 병도 모두 낫게 할 수가 있다는 것입니다. 우리의 몸 안에 있는 이 제약공장이 놀랍지 않으세요?

여기에서 못난이 노자는 하루야마 아저씨의 뇌내혁명이나 플러스 발상에 대해서 옳거니 그르거니 시비를 걸 생각은 전혀 없습니다. 정작 하루야마 아저씨의 책을 읽다가 눈을 번쩍 뜬 것은 전혀 엉뚱하게도 그 아저씨가 플러스 발상을 설명하기 위해 사람의 뇌의 구조를 설명하는 구절에서였습니다.

좀 어렵겠지만, 역시 머리에 쥐가 나는 것을 참으면서라도 뇌의 구조를 공부합시다. 이 뇌의 구조 중에서 우뇌라는 부분을 공부하지 않으면, 우리는 어쩌면 노자할아버지의 도를 깨우치는 일이, 그 중에서도 안으로 들어가서 천하무적이 되는 일은 더욱 어려울지도 모릅니다.

반대로 우리가 만일 우뇌에 대해서만 완전히 이해할 수가 있다면, 그 순간에 우리는 노자할아버지의 도에 대해서 절반 이상을 이해한다고 할 수도 있습니다. 그만큼 우뇌는 노자할아버지의 도를 알기 위해서 꼭 필요한 공부입니다.

하루야마 아저씨의 설명에 따르면 인간의 뇌는 3중 구조로 되어 있다고 합니다. 첫번째가 머리의 가장 중심에 있는 원뇌(原腦)인데, 쉽게 바탕뇌라고 하면 되겠지요. 이 원뇌는 뱀 같은 파충류들도 지니고 있는 뇌로, 주로 먹이를 보면 덤벼들고, 발정기가 되면 서로 짝을 찾아 생식활동을 하는 그야말로 본능적인 뇌입니다.

두번째 뇌는 동물뇌라고 하여 약간 지능동물인 개나 고양이 정도 이상이 지닌 뇌인데, 주인을 보면 알아보고 자기 집을 찾아오며 이름을 부르면 알아듣는 정도의 반응을 보이는 것도 동물뇌의 역할인 것입니다. 또한 이 동물뇌는 유쾌하거나 불쾌한 감정도 느낄 수 있어, 사람이 지닌 감정의 여러 활동도 바로 여기에서 비롯됩니다.

세번째 뇌는 머리의 가장 바깥쪽에 있는 대뇌피질(大腦皮質)인데, 인간을 '만물의 영장'이라고 자부할 수 있는 이유가 바로 이 대뇌피질이 다른 동물과는 달리 매우 발달해 있기 때문입니다.

이 대뇌피질은 쉽게 큰골이라고 부를 수도 있습니다. 그리고 이 큰골은 왼쪽과 오른쪽으로 나누어져 있는데, 그렇게 양쪽으로 나누어져 있는 것을 따라 좌뇌와 우뇌로 부릅니다. 다시 말하면 큰골의 왼쪽에 있는 뇌가 왼쪽뇌인 좌뇌이고, 오른쪽에 있는 뇌가 오른쪽뇌인 우뇌인 셈이지요.

좌뇌와 우뇌는 서로 다른 일을 맡고 있는데, 좌뇌는 말이나 계산, 논리 등을 맡고, 우뇌는 감정이나 직감 등을 맡습니다. 이를테면 좌뇌와 우뇌는 마치 두개의 톱니바퀴처럼 서로 할 일을 분담을 하여 끊임없이 연락을 취하면서 모든 일을 슬기롭게 처리해나가는 것이지요.

두개의 뇌 중에서 우리는 주로 좌뇌를 소중히 여겨 좌뇌 중심으로 살아왔다고 말할 수 있습니다. 일반적으로 좌뇌는 이성적이고 우뇌는 감정적이라고 여기다 보니, 좌뇌가 인간다운 뇌인데 반해 우뇌는 동물적인 뇌라는 식이 되어, 결국 좌뇌 중심으로 살아야 한다는 생각에까지 이르게 된 것이지요.

"저 사람은 머리가 좋다"고 하면 바로 좌뇌를 좋다고 하는 것이고, 어떤 감정에도 잘 이끌리지 않고 냉정한 판단을 내리는 것도 좌뇌의 역할이라고 여겨왔습니다. 확실히 좌뇌는 친구를 사귀는 데 있어서도 우선 "저 사람을 사귀면 나에게 손해가 될까, 아니면 이익이 될까" 부터 먼저 계산하고 듭니다.

하루야마 아저씨는 좌뇌를 자기뇌(自己腦)로 그리고 우뇌를 선천뇌(先天腦)로 나누기도 합니다. 좌뇌에는 태어나서 현재까지 살아온 정보가 입력되어 있어서 자기뇌라고 부르고, 우뇌는 부모로부터 태어날 때 미리 가지고 있는 정보가 입력되어 있어서 선천뇌라고 부르는 것이지요. 이 선천뇌는 '선천성 심장병'이라든가 '선천성 면역결핍증'이라고 하는, 태어날 때부터 몸에 지닌 병을 말할 때의 선천과 같은 단어입니다.

자기뇌며 선천뇌까지 나오니 어쩔 수 없이 머리에 쥐가 나지요? 못난이 노자가 부탁하거니와 쥐가 나더라도 조금만 더 참읍시다. 여기에서 만약에 우리가 선천뇌라는 우뇌의 유전자정보에 대해 모두 알 수 있다면, 바로 그 순간에 우리는 천하무적이 됩니다.

도대체 우뇌인 선천뇌의 유전자정보에는 어떤 비밀이 숨어있을까요?

놀라지 마세요. 우뇌에는 500만년 전 원숭이에서 조금 발달한 유인원(類人猿)이 나타나서 지금의 인류가 되기까지 모든 진화과정을 거친 유전자정보가 들어있는 것입니다. 따라서 사람이 살아가는 데 가장 중요한 본능이나 지혜, 나아가 생명의 신비한 법칙까지도 모두 우뇌에 들어있는 것이지요.

아니, 비단 500만년 정도가 아닙니다. 좀더 거슬러 올라가다 보면, 유인원이 생겨나기 훨씬 전의 까마득한 46억년이라는 시간 저 멀리에서 이제 막 태양계에 지구라는 푸른 별이 탄생하고, 거기에 단세포 생물 하나가 생겨나던 무렵의 유전자정보도 들어있을 것입니다.

어떤 산부인과 의사의 주장에 의하면 우리가 어머니의 뱃속에 들어있을 10개월의 태아 시절에, 우리는 우리도 모르는 사이에 이미 46억년에 걸친 모든 진화의 과정을 겪는다고 합니다. 단세포인 아버지의 정자 하나가 어머니의 난자를 만나 세포분열을 하여 어머니의 자궁에 있는 양수 속에서 수생동물처럼 지내며 허파도 되고 눈도 되고 입도 되고 얼굴이 되고 팔다리까지 되어 마침내 인간의 모습이 되는 10개월의 과정이 바로 46억년의 진화과정과 똑같다는 것이지요.

좌뇌인 자기뇌, 그리고 우뇌인 선천뇌의 유전자정보에 대해서는 그 엄청난 차이를 대충이나마 이해를 하겠지요?

우선 좌뇌의 경우, 못난이 노자 같은 열아홉살짜리 좌뇌에는 고작해야 태어나서 지금까지 19년 동안의 정보가 담겨있겠지요. 아버지 어머니의 경우 한 40~50년 동안의 정보일 거구요. 그리고 나이가 많은 할아버지라고 해봤자 기껏해서 60에서 100년이겠지요.

이에 반해 우뇌에 담긴 유전자정보는? 인류가 생겨나기 시작한 500만년으로만 잡아도 정보의 총량은 우뇌가 좌뇌에 비하여 10만 배가 넘는 엄청난 정보가 쌓여있는 셈입니다. 만약에 지구에서 단세포 생물 하나가 태어나던 무렵인 46억년 전으로 우뇌의 유전자정보를 늘려 잡는다면?

아아, 우뇌에 담긴 유전자정보는 그 양이 얼마나 될까요? 그렇듯이 우뇌와 좌뇌의 정보의 차이는 또 얼마나 될까요?

못난이 노자는 너무 엄청난 차이 때문에 숫제 비교대상으로마저 삼을 수가 없습니다. 수천만? 수억? 수조? 에이, 그런 식의 어설픈 숫자로는 따지지 못합니다.

우뇌에 비해 좌뇌란 그야말로 이 넓은 우주에 떠다니는 먼지 한 알만큼의 존재감도 못되는 거지요. 그런데도 우리는 지금까지 좌뇌만을 중요시하고 살아온 것입니다. 마찬가지로 학교에서 공부하는 내용의 대부분이 좌뇌 위주인 셈이고, 거기에 따라 성적을 매긴 것입니다.

우뇌에 좌뇌를 비교하다 보니까, 못난이 노자는 기껏해야 좌뇌에만 의존하는 암기 위주의 학교공부와 거기에 따른 성적 따위에 지금까지 시달렸다는 사실이 어쩔 수 없이 분하게 여겨집니다. 지금에 와서 새삼스럽게 돌이켜보면, 못난이 노자가 모의고사, 수능시험, 일제고사 식으로 끊임없이 반복되는 시험을 거부하고, 그렇게 공부를 포기해버린 것도 어쩌면 좌뇌 위주의 교육이 무의미해 보였기 때문일 것입니다.

우리 주변에는 드물게 전생이라고 해서 아직 태어나기 전에 겪었던 일을 기억하는 사람이 있습니다. 또한 자신이 아닌 남들의 과거에 일어났거나 혹은 미래에 일어날 일을 미리 알고 있는 사람들도 있습니다. 그런 사람들을 일러 초능력자라고 부르는데, 그들이 지닌 초능력 또한 바로 우뇌에서 나온 능력인 것입니다. 우뇌의 유전자정보 속에 담겨있는 것들이 우연하게 좌뇌, 즉 우리 의식의 표면에 나타난 것이지요.

아인슈타인이나 뉴튼 같은 과학자들도 이런 우뇌의 능력이 순간적으로 번뜩여서 우주의 위대한 법칙을 발견한 것입니다. 또한 모든 훌륭한 예술가들이 역사에 남는 위대한 작품을 만들어내는 것도 영감(靈感)이라고 부르는 우뇌의 순간적인 번뜩임 때문인 것입니다.

그러나 흔히 그렇듯이 바깥을 보는 눈으로 안을 보면서 살아온 좌뇌적인 사람들에게는 이런 현상은 전혀 나타나지 않습니다. 그러면 우리 주변에서 좌뇌적인 사람들이란 도대체 어떤 사람들일까요?

학교에서나 집에서 착한 학생으로 칭찬받는 소위 짱이나 범생이들은 이상하게도 모두 좌뇌적인 학생뿐입니다. 정말 이상하지요? 선생님이 일러준 방법대로 열심히 공부하여 성적이 뛰어나고, 게다가 얼굴이 잘생겨서 인기도 좋고, 집안환경도 좋고, 무엇 하나 부족할 것이 없는 소위 '얼짱'이나 '몸짱', '머리짱'들은 거의 대부분 좌뇌적인 학생인 것입니다.

도대체 이유가 뭘까요?

그 이유는 바로 도덕경 안에 다 있습니다. 노자할아버지는 소위 좌뇌적인 사람, 그리하여 사회적으로나 가정적으로나 권력이며 돈의 중심에 앉아있는 사람들이 안으로 들어가 보면 얼마나 형편없는 사람인가를 도덕경의 처음부터 시작하여 끝날 때까지 되풀이하여 설명하고 있습니다.

노자할아버지의 설명에 따르면, 결국 지지리 공부를 못해서 걸핏하면 선생님이나 부모님에게 혼쭐나고, 공부만 못하는 것이 아니라 틈만 나면 말썽이나 피우는 개구쟁이 노릇은 혼자서 다 해치우고, 거기다가 힘이 세기를 하나, 싸움을 잘하기나 하나, 얼굴이 잘생기기를 했나 — 이렇게 어느 하나 남들 앞에 내세울 것이 없는 못난이가 우뇌적인 사람인 것입니다.

이제 얼마쯤 노자할아버지의 도를 이해할 것 같지 않나요? 노자할아버지의 도란 바로 우뇌적인 사람이 되는 것입니다. 그리고 결국 우뇌적인 사람이란 겉으로 보기에는 못난이에 다름 아닙니다.

그러면 보다 구체적으로는 어떻게 해야 우뇌적인 사람이 될 수 있을까요? 그것도 그렇게 어려운 일은 아닙니다. 못난이 노자가 이미 말했지요? 도의 내용은 '꾸밈이 없이 저절로 그러하게' 살아가는 무위자연에 있다고요. 그리고 이 무위자연을 못난이 노자식으로 가장 쉽게 풀이하자면 '생긴 대로 살자!'라고요. 또한 생긴 대로 산다는 것은 한마디로 어느 모로 보나 못난이일 뿐인 자신을 믿는다는 것이라고요.

결국 못난이인 자신의 바로 못난 힘을 믿는 일이 도이며, 또한 우뇌적인 사람이 되는 길입니다. 그리하여 못난이일 뿐인 자신의 안에서 아인슈타인처럼 신비한 보물을 발견하는 것입니다.

겉으로 드러난 자신은 비록 공부도 못하고 잘생기지도 못했고 힘도 없지만, 그렇게 남들에게서 어느 하나 칭찬받을 것이 없는 못난이일 뿐이지만, 그러나 안으로 들어가면 아무도 돌아보지 않는 곳에 신비한 보물이 있는 것입니다. 그것도 잘난 사람들은 고작해야 흉측하고 더러운 똥덩이로밖에 여기지 않는 못난 것투성이 속에 이 세상에서 가장 눈부신 보석이 있는 것입니다.

못난이 노자의 친구 은정이식으로 말한다면, 저마다 가슴 깊이 감춰두고 있는 상처 안에 가장 눈부신 보물이 있는 셈입니다.

자꾸 똥덩이, 똥덩이 하니까 똥덩이가 구체적으로 무엇인지 궁금해지나요? 그거야말로 아주 간단해요.

못난이 노자식으로 말한다면, 도를 도라고 말해버리면 이 도도 어느새 도가 아닌 똥덩이가 되어버리는 거예요. 물건에 이름을 붙여 그것에 이름을 부른다고 그 이름을 물건이라고 여긴다면 바로 그 이름도 똥덩이가 되어버립니다.

다시 말하면 흔히 범생이들이 그렇듯이 바깥 세상만 바라보던 좌뇌적인 눈으로 안 세상, 즉 우뇌를 해석하려 들면 바로 그 순간에 안 세상인 우뇌의 모든 것들이 똥덩이가 되어버립니다.

이를테면 우뇌에 있는 무한한 잠재력이나 신비한 생명력이라는 보물마저도 좌뇌적인 눈으로 본다면 무슨 살기나 집착이나 분노나 질투나 성적인 욕망 따위로밖에는 안 보이는 것이지요. 바로 그렇게 살기나 집착이나 분노나 질투나 성적인 욕망 따위로밖에는 안 보이는 현상이 똥덩이인 셈입니다.

그렇다고 좌뇌를 너무 무시하지는 맙시다. 좌뇌는 얼마든지 좌뇌로서의 값어치가 있으니까요. 좌뇌와 우뇌에 있어서 좌뇌가 어떠한 역할도 하지 못하는 것은 아닙니다. 우뇌에 제아무리 좌뇌의 백만배, 천만배, 아니, 수억배가 넘는 정보가 담겨있다고 해도 좌뇌와 우뇌가 힘을 합치지 못하면 우뇌의 무궁무진한 정보는 그야말로 아무런 쓸모도 없는 한줌 물거품에 불과하게 됩니다.

좌뇌는 어떤 사물이든지 금방 의식해내어 언어로 표현할 수 있는 의식뇌이며 언어뇌입니다. 이를테면 태어나서 사회적 인간으로 살아가는 데 필요한 모든 정보는 좌뇌 안에 완벽하게 갖춘 셈입니다. 이에 반하여 우뇌는 우뇌 자체만으로는 아무것도 의식할 수 없는 무의식뇌입니다. 그래서 사회적 인간으로 살아가는 데 필요한 정보는 거의 전무하다시피 합니다. 이를테면 우뇌는 그림이나 환상, 혹은 꿈이나 이미지 같은 식으로 정보를 나타낼 뿐이어서 그것을 좌뇌가 해석해주지 않으면 전혀 정보가 전달되지 않는 것입니다.

여기에 연필이 있다고 합시다. 이 연필에 대한 정보가 좌뇌에 전달되면 금방 연필인 것을 알고 연필이라고 발음하지만, 우뇌에 전달되면 연필이라는 단어 자체를 모릅니다. 대신에 우뇌는 연필에 대한 정확한 그림을 그려내는 것입니다. 물론 좌뇌는 연필이라는 단어만 알지 실제로 연필의 정확한 모양을 그릴 수는 없습니다.

우뇌의 엄청난 유전자정보 중에서도 가장 소중한 보물은 도대체 무엇일까요?

지금까지의 진보적인 뇌연구학자들의 의견을 종합하면, 우뇌에 새겨진 유전자정보에는 어떤 목적을 가지고 행동하는 신비한 방향성이 있다는 것입니다. 유명한 물리학자 스티븐 호킹 박사도 우뇌에 잠재되어 있는 이 신비한 방향성을 인정합니다.

사람은 누구나 마음속 깊은 곳에 무엇인가를 이루고자 하는 이상적이고 완전한 상상의 세계를 지니고 있습니다. 바로 그 이상적이고 완전한 상상의 세계가 우뇌의 유전자가 가고자 하는 신비한 방향성인 것입니다.

물론 그 신비한 방향성은 평소에 좌뇌로만 살아가는 사람들로서는 자기 마음속에 그런 것들이 있으리라고는 꿈에도 생각하지 못한 채, 죽을 때까지 단 한번도 느끼지 못하는 세계일 것입니다.

우리가 자칫 그 존재 자체마저도 느끼지 못하는 우리 안의 신비한 방향성은 일찍이 종교나 명상의 세계에서 가장 높은 목적으로 삼는 세계이기도 합니다.

인도의 힌두 명상가들은 "나는 누구인가?" 하는 끝없는 질문 끝에 거짓된 나를 벗어버리고 참된 나를 찾아 마침내 도달하는 세계를 '우주적 감각'이라고 부릅니다. 이 우주적 감각이 바로 신비한 방향성이지요. 그리고 바로 이 우주적 감각에 이르면 마침내 인간은 신비한 방향성과 한몸이 되어 브라만이라는 신의 경지에 다다르는 것입니다.

기독교에서도 좁고 거짓된 나를 버리고 보다 크고 진실된 하느님의 아들로서의 나를 찾다 보면, 마침내 하느님의 나라에 이른다는 식입니다. 이 하늘나라가 바로 신비한 방향성이지요. 예수 그리스도가 바로 크고 진실된 하느님의 아들이 되어 자신의 안에 있는 하늘나라에 다다른 분입니다.

불교에서도 세상살이의 알음알이로 더럽혀진 나가 아니라 부모에게서 태어나기 전부터 미리 갖추어져 있는 순수한 나가 참된 나이며, 그 참된 나가 다름 아닌 부처라고 가르칩니다.

스님들은 크게 깨우치기 위한 수행의 방법으로 흔히 참선을 합니다. 그렇게 참선을 할 때 스님들은 대개 화두(話頭)라는 것을 듭니다. 화두란 원래는 '말머리'라는 뜻이지만 불교에서는 참선을 하는 스님들에게 도를 깨우치게 하기 위하여 내는 문제를 말합니다. 이 화두 중에 '부모로부터 태어나기 전'이라는 화두가 있습니다.

한자로는 '부모미생전(父母未生前)'이라고 하지요. "과연 깨달음을 얻은 부처님이란 어떤 경지에 다다라야 부처님인 것입니까" 하는 제자의 질문에 스승은 문제를 냅니다.

"부모로부터 태어나기 전!"

부모님으로부터 아직 태어나기 전의 어떤 순수한 상태를 가리키는 이 '부모미생전'만 제대로 깨달으면 누구나 부처님이 된다는 것이지요.

'부모로부터 태어나기 전'이라니요!

그렇게 아직 과학이니 전자현미경 따위는 꿈에도 꿀 수 없는 2,500년 전의 부처님의 가르침이 우리 우뇌 속에 깃든 유전자정보의 신비한 방향성을 지적하다니요! 그리하여 그런 신비한 방향성만 찾으면 누구나 깨달음을 얻은 부처님이 된다니요!

결국 부모로부터 태어나기 전의 어떤 순수한 상태를 바로 부처님이라고 부르는 것입니다. 그런 부처님은 결국 부모님으로부터 태어나기 전부터 미리 갖추어져 있던 어떤 신비한 방향성이란 뜻과도 같습니다.

놀랍지 않으세요? 그러나 놀랄 일이 또 한가지 있습니다. 부처님의 경지를 묻는 제자에게 스승은 또 문제를 냅니다.

"참으로 아무것도 없는 허공 속에 들면 아주 묘한 것이 있다."

이 문제는 한자로 '진공묘유(眞空妙有)'라고 합니다. 이 '진공묘유' 중에서 진공, 우리말로 풀면 '참으로 아무것도 없는 허공'이 되는 진공이란 도대체 어떤 상태일까요?

바로 좌뇌의 활동이 정지되고 우뇌의 유전자정보들만이 어떤 신비한 방향성에 따라 왕성하게 활동하는 상태입니다. 또한 의식의 활동이 정지되고 잠재의식을 거쳐 깊이 무의식 상태에 빠질 때 나타나는 순수한 상태이기도 합니다.

이렇듯 우뇌의 유전자정보들만이 신비한 방향성에 따라 왕성하게 활동하는 순수한 상태를 우리는 흔히 명상이라고 부릅니다. 바로 그렇게 명상에 들면 묘유, 우리말로 '묘한 것이 있는' 것을 깨닫게 됩니다.

못난이 노자에게도 이 '진공묘유'는 머리에 쥐가 날 만큼 어려운 경지지만, 이왕에 시작했으니 조금만 더 참고 이 '진공묘유'의 경지를 파고들어봅시다.

진공묘유란 '태어나서부터 받아들인 모든 좌뇌 정보들인 알음알이를 없애고 명상의 상태에 들면, 참으로 아무것도 없는 허공 속에 우뇌 정보들만이 가득하게 되는 아주 묘한 상태'입니다. 그리고 못난이 노자식으로는 이 묘한 상태에서 바로 자신의 안에 깃들어 있는 보물인 '신비한 방향성'을 만나는 것입니다.

정말이지 놀랍지 않습니까? 진보적인 뇌 연구가들이 최첨단 과학의 힘을 빌려 발견해낸 우뇌의 유전자정보와 그 정보의 신비한 방향성을 부처님께서는 이미 2,500년 전에 그것이 바로 깨달음의 경지이며, 그 경지에 들어서면 동시에 누구나 부처님이 되는 길이라고 밝혀내다니요.

이제 여기에서 노자할아버지 도덕경 제1장의 가장 중요한 핵심부분을 이야기할 차례가 되었습니다. 도대체 우리가 지닌 안의 세계로 들어가서 우뇌를 만나기 위해서는 어떻게 해야 할까요?

우리 중에는 명상에 대해서 얼마쯤 알고 있는 사람이 있을 것입니다. 대개는 명상을 힘들고 어지러워진 마음을 차분하게 안정시키기 위한 마음공부 정도로 알고 있을지도 모릅니다. 그러나 그런 마음의 안정 같은 것은 명상의 진정한 공부라고 할 수는 없습니다.

거듭 주장하지만, 못난이 노자에게 있어서 명상의 마지막 단계는 바로 좌뇌의 활동이 완전히 멈추고 우뇌만이 활동하는 상태에서 우뇌의 유전자정보에 깃들어 있는 신비한 방향성을 만나는 순간인 것입니다.

힌두어로는 '삼마디'라고 하고 한자로는 '삼매(三昧)'라고 읽는 삼매경이나 참선의 선정(禪定) 또한 마지막 단계는 마찬가지로 좌뇌의 활동을 멈춘 채 우뇌의 순수한 상태에 들어 마침내 신비한 방향성을 만나는 것입니다.

기독교의 명상기도 또한 다르지 않습니다. 자꾸 세속의 욕심만 부리려는 작은 나를 벗어나기 위해, 그리하여 참다운 하느님의 노예가 되기 위해 끝없는 명상기도 속에 빠져든 어느 순간, 좌뇌의 활동은 완전히 멈춰지고 우뇌의 순수한 상태에서 드디어 신비한 방향성, 즉 자신의 안에 있는 하늘나라에 다다라 하느님을 만나는 것입니다.

노자할아버지의 도(道)도 마찬가지입니다. 결국 부처님의 해탈이나 예수님의 하늘나라, 요가의 참된 자아, 명상이나 참선, 선정에서의 삼매경, 힌두교의 브라만은 바로 노자할아버지의 도와 이 신비한 방향성에서 모두 하나가 되어 만나는 것입니다.

결국 도덕경에서 노자할아버지가 도라고 부르는 것을 다른 종교에서는 부처님, 하느님, 브라만 혹은 신(神)이라고 부른 것인지도 모릅니다. 그렇듯이 어쩌면 신이란 우리 안에서도 가장 깊은 무의식 속에 있는 신비한 방향성과 연결되어 있는 그 어떤 것일지도 모릅니다.

자, 그러면 여기에서 다시 한번 노자할아버지의 제1장 '도를 도라고 말해버리면 이미 도가 아니다'로 돌아가 봅시다.

> 도를 도라고 말해버리면 이미 도가 아니다.
> 물건에 이름을 붙여 이름을 부른다고 그 물건이 곧 이름은 아니다.

우리가 일단 좌뇌의 활동이 완전히 정지되고 우뇌의 활동만이 왕성한 상태에 빠졌다고 상상해봅시다. 그렇게 우뇌의 활동만이 왕성하여 인류가 지닌 신비한 방향성이 나타나고 있습니다.

우리는 그러나 그 누구도 그런 신비한 방향성에 대해서 이것이 다 하고 명쾌하게 드러낼 수는 없습니다. 왜냐하면 바로 그 순간 그것을 해석해서 언어로 전달해줄 수 있는 좌뇌의 정보는 단 한톨도 남아있지 않으니까요. 좌뇌인 의식은 사라져버리고, 해석이 불가능한 우뇌의 무의식들만이 유전자정보들과 함께 왕성히 활동하고 있는 것입니다.

고작해야 아인슈타인 같은 과학의 천재도 우뇌의 신비한 방향성에 대하여 애매모호하게 말할 수 있을 뿐입니다.

"인간이 경험할 수 있는 가장 아름다운 감정은 신비적인 것이며, 그것이야말로 모든 참다운 예술과 과학의 원천이 된다."

그렇습니다. 좌뇌가 사라진 우뇌의 상태란 다만 어떤 이미지, 환상 혹은 꿈결처럼 신비한 순간적인 번뜩임일 뿐입니다.

그런 우뇌의 신비한 방향성에 대하여 만일 누군가가 "우뇌의 신비한 방향성은 바로 이것이다" 하고 들고 나온다면, 그것은 이미 신비한 방향성이 아니라 가짜인 것입니다. 좌뇌가 완전히 활동을 멈추면 우뇌 스스로는 우뇌의 신비한 방향성을 밝혀낼 수 없는 것입니다.

노자할아버지의 도도 마찬가지입니다. 도 또한 우뇌의 신비한 방향성인데, 누군가가 "도란 이런 것이다"고 밝힌다면, 그것은 이미 도가 아니겠지요?

도를 도라고 말해버리면 이미 도가 아닌데, 이름도 마찬가지겠지요. 물건에 이름을 붙여 이름을 부른다고 그 물건이 곧 이름은 아닌 것은 당연합니다.

이름이야 물건에 대한 각 나라 민족들의 약속 같은 것이겠지요. 심지어는 우리나라 안에서도 각 지방의 사투리에 따라 물건은 하나인데 이름은 얼마든지 달라지는 경우가 많지 않습니까. 부추란 채소만 해도 지방에 따라 정구지, 솔 등으로 불리지요.

못난이 노자가 이런 식으로 노자할아버지를 해석하니까 어떻습니까? 머리에 쥐가 나기는커녕, 어어, 이렇게 쉽게 해석할 수도 있네, 하는 기분은 아닌지요. 그런 기분으로 다음 구절로 넘어가봅시다.

> 이름이 없는 자리가 하늘과 땅의 시작이고,

이름이 있는 자리에서 만물이 비롯된다.

원래 지구라는 푸른 별은 나이가 46억년입니다. 46억년 전의 어느 날 우주의 활동 속에서 커다란 별이 죽어서 구름 상태로 우주 공간 속을 떠다니던 수소며 산소, 탄소 따위들이 다시 엉겨 붙어 마침내 지구라는 푸른 별로 새롭게 태어납니다.

그렇게 수소며 탄소 등이 엉겨 붙어 지구가 태어나게 될 때, 놀라워라, 그런 수소와 탄소의 틈바구니에서 단세포 생물 하나가 함께 태어납니다. 그리하여 오랜 우주적인 시간과 공간을 지나는 과정에서 식물과 동물로 나뉘어 지구에 정착합니다.

그렇게 46억년이 흐른 후, 그러니까 지금으로부터 약 500만년 전에 유인원이라는 인류의 조상이 나타납니다. 그리고 그 유인원이 진화하여 문명이며 문화라는 것을 만들어냅니다. 그 문명이며 문화에는 물론 언어며 문자 등이 포함되어 있습니다.

자, 아직 인류가 태어나기 전에도 우주나 지구에는 많은 생물이며 무생물이 있었을 것입니다. 그러나 지금의 인류가 부르는 그런 이름은 아직 없었을 테지요. 그런데도 사람들의 좌뇌적인 사고방식 속에는 인류가 물건에 이름을 붙여주어야만 그것이 물건이 되는 줄로 착각하는 것이 많습니다.

이름에 대한 노자할아버지의 해석 속에도 노자할아버지의 신비한 방향성이 깃들어 있습니다. '이름이 없는 자리'가 하늘과 땅의 시작인 것은 분명하지요. 또한 이름이 없는 자리는 우뇌의 정보만이 활동합니다.

바로 그렇게 이름이 있는 자리에서 만물이 비롯됩니다. 이 만물 속에는 인류의 좌뇌 정보들도 당연히 포함되어 있습니다. 이제 이름이 있는 자리와 이름이 없는 자리가 분명해졌습니다. 그러면 다음으로 넘어가볼까요?

그러므로 언제나 보고자 하는 마음이 없이 물건을 보면 보이지 않는 속을 보고,
보고자 하는 마음으로 물건을 보면 보이는 겉만을 본다.

보고자 하는 마음이 없이 물건을 보는 것과 보고자 하는 마음으로 물건을 본다는 것은 어떤 의미일까요?
제1장은 노자할아버지가 우리에게 안으로 들어가 우뇌의 정보를 만나서 신비한 방향성을 찾으라고, 그 문을 열어주는 장입니다. 이제 무슨 말인지 짐작이 가지요?
보고자 하는 마음이 없이 물건을 보는 것은 안을 바라보는 눈으로 물건을 보는 것이고, 보고자 하는 마음으로 물건을 보는 것은 바깥을 보는 눈으로 안을 보는 것입니다. 말을 바꾸면 우뇌의 정보로만 물건을 보는 것이 보고자 하는 마음이 없이 물건을 보는 것이고, 좌뇌의 정보로만 물건을 보는 것은 보고자 하는 마음으로 물건을 보는 것입니다.
노자할아버지의 표현을 빌리자면, 꾸밈이 없는 마음으로 물건을 보면 보이지 않는 안을 보고, 꾸미고자 하는 마음으로 물건을 보면 바깥만 보는 것입니다. 보고자 하는 마음이 없이 그렇게 어떤 꾸밈

도 없는 눈으로 물건을 보면 물건의 진짜 모습이 보이지만, 보고자 하는 마음이 가득하여 눈에 욕심이나 꾸밈이 생기면 물건 자체의 모습보다는 자기 욕심이나 꾸밈만이 보일 것입니다.

못난이 노자식으로 하나하나 풀이해가다 보니까 그렇게 어렵다는 노자할아버지의 도도 그다지 어렵게 여겨지지 않지요? 자, 이제 마지막 구절로 넘어가봅시다.

> 없고 있음은 원래 같은 뿌리에서 나왔지만 오직 이름만을 달리할 뿐이다.
> 이 없고 있음 둘 다 일컬어 신비롭다고 하니,
> 이 신비로움이야말로 온갖 묘한 것들이 들고 나는 문이로구나.

여러분, 드디어 제1장의 마지막 구절까지 왔군요. 도대체 없고 있음은 무엇일까요? 너무 어렵게 생각하지 맙시다.

이 없고 있음이 어려워서 헷갈린다면, 차라리 이 없고 있음이란 말 자체를 무시해버려도 됩니다. 어쩌면 없고 있음에 매달리는 것 자체가 좌뇌적인 사고방식일 것입니다.

없고 있음은 달리 말하면 안과 밖이 될 수도 있고, 우뇌의 정보나 좌뇌의 정보도 될 수가 있습니다. 그렇습니다. 안과 밖이나 우뇌나 좌뇌도 결국 그 뿌리는 같은 곳에서 나와서 이름만 달리할 뿐입니다.

없고 있음에 매달리지 않고 그대로 따라 읽으면 드디어 노자할아버지가 밝히는 '묘한 것들이 들고 나는 신비로운 문'이라는 뜻을 어렵지 않게 깨닫게 됩니다. 어떻습니까? 노자할아버지의 묘한 것들이 들고 나는 신비로운 문이란 부처님의 "참된 허공 속에 들면 묘한 어떤 것이 있다"는 말과 너무 닮아있지 않습니까?

어떻게 전혀 다른 시대에 다른 나라에 살았던 두 성자가 서로 입이나 맞춘 듯이 똑같은 말을 한 것일까요? 또한 훨씬 후대의 아인슈타인 박사마저도 똑같은 말을 한 것일까요? 못난이 노자로서는 오히려 그것이 신비롭습니다.

제1장의 끝까지 온 기념으로 여기에서 이 글을 읽는 친구들에게 못난이 노자가 우스운 개그 한토막을 선물로 줄까 합니다.

언젠가 나는 은정이에게 명상에 대해서 나름대로 이야기를 한 적이 있습니다. 은정이가 나에게 힘들게 고백한 비밀 중에 하나가 있는데, 아직도 이따금씩 우울증에 사로잡힌다는 것입니다. 그런 고백 끝에 은정이가 무심코 나에게 물었습니다.

"혹시 명상 같은 것을 해보면 어떨까?"

은정이의 명상에 대한 질문에 덩달아 내가 우뇌의 정보며 도덕경 제1장의 '묘한 것들이 들고 나는 신비로운 문' 이야기까지 했을 것입니다. 이 신비로운 문에 대한 이야기 끝에 내가 무심코 은정이에게 물었습니다.

"이 신비로운 문을 노자 전문가들 중에 어떤 사람은 뭐라고 하는 줄 알아?"

"뭐라고 하는데?"

"여자의 성기래."

은정이는 미처 내 말을 이해하지 못하고 다시 물었습니다.

"여자의 성기?"

"응, 여자의 성기."

은정이가 자신의 아랫배 부분을 손가락으로 가리켰습니다.

"바로 여기란 말이야?"

"응, 거기."

은정이가 비로소 두손으로 자신의 배를 껴안고 뒤로 넘어지며 금방이라도 숨이 넘어갈 것처럼 요란스럽게 깔깔거렸습니다. 그렇게 웃고 웃다가 너무 지친 나머지 눈물까지 글썽이며 말했습니다.

"그럼 내 아랫배에도 묘한 것들이 들고 나는 문이 있는 셈이네. 아니, 그 문을 도라고 한다니까, 내 아랫배에 바로 도가 있는 것 아냐? 야, 정말 웃기는 개그다. 그 아저씨들 정말 여러 사람 죽이겠다. 개그 프로에서는 뭐하고 있대? 그런 아저씨들을 픽업해서 개그맨 시키지 않고?"

노자 전문가들 중에 어떤 분들은 아직도 이 '묘한 것들이 들고 나는 신비로운 문'을 여자의 생식기로 해설하고 있습니다. 어쩌면 그분들이 어떻게 해석하거나 역시 그분들의 귀걸이 코걸이니까 못난이 노자로서는 달리 시비 걸 생각은 없습니다. 다만 은정이가 여자의 성기라는 주장을 개그로 여기듯이 나 또한 많이 우스웠던 것은 사실입니다.

못난이 노자로서는 노자할아버지의 도란 '묘한 것들이 들고 나는 신비로운 문'이며, 그 문은 다름 아닌, 좌뇌의 모든 정보가 정지되고 우뇌의 정보만이 왕성할 때 나타나는 신비한 방향성인 것입니다.

그토록 어렵다는 제1장의 끝에 다다라 마침내 '묘한 것들이 들고 나는 신비한 문'까지 오게 되니까 문득 얼마 전에 읽은 소설 속의 한장면이 떠오르는군요. 주인공이 히말라야를 여행하다가 해발 5,000미터의 설산에서 명상 비슷한 상태에 들어, 어렴풋이나마 자기 안에 있는 우주적인 공간을 알아차리는 장면입니다. 노자할아버지식으로 말하면 신비한 문을 알아차리는 장면이겠지요.

못난이 노자로서는 아직까지도 여러분 중에서 신비한 문이며 명상, 혹은 방향성에 대해 구체적인 모습이 떠오르지 않는 친구들에게 도움이 되지 않을까 싶어서 여기에 인용해보겠습니다.

소설이 무엇인지 정확하게 모르는 못난이 노자가 보기에도 어설픈 데가 많았지만, 소설이 잘되고 못되고를 떠나서, 나름대로 명상이나 우주적인 감각 같은 것에 대해서 진실하게 접근한 것 같기는 했습니다. 작가로서도 이 소설말고는 별로 대중들에게 알려진 작가가 아니라서 구태여 여러분에게 작가의 이름까지 밝히고 싶지는 않군요.

··· 나는 하루종일 굶었다는 사실조차 잊어버린 채 그대로 여관 방 침대 위에 몸을 던졌다. 그러자 무슨 홍수라도 진 것처럼 잠이 쏟아졌다. '아아, 사람이 잠들 수 있다는 사실이 얼마나 소중한 것인가. 죽음 또한 이렇듯 한순간에 잠이 드는 일이라면, 이대로 다시는 안 깨어나도 좋다···.' 나는 잠들기 전에 잠깐 이런 생각을 했던 것 같다.

자정 무렵, 나는 어김없이 잠에서 깨었다. 그리고 자동인형처럼 잠자리에서 일어나 앉았다. 이런 상황에서도 깨어나 일어나 결가부좌를 하고 있다는 사실이 차라리 가공스럽기까지 했다. 이제 머지않아 눈앞에 어둠의 스크린이 펼쳐지고, 텅 빈 스크린 앞에서 나는 어디론가 한없이 가라앉아가리라. 그러면 이윽고 제3의 눈길이 언제까지나 잠자코 지켜보리라.

바로 그때였다. 나는 더이상 눈앞에 아무것도 없는 것을 알았다. 육체며 의식도 없다. 어둠의 스크린도 없다. 심지어 그 스크린을 지켜보는 제3의 시선마저도 없다. 그렇게 아무것도 없다. 있는 것은 애오라지, 광대무변(廣大無邊)!

어디에도 끝은 보이지 않는다. 그리고 아무것도 없다. 빛도 없으며 색채도 없으며 형태도 없다. 도대체 이 느닷없는 광대무변은 무엇이란 말인가. 그렇게 아무것도 없으면서, 그러나 한편으로는 바로 이 광대무변 속에 모든 것이 녹아있다. 육체며 의식이며 스크린이며 스크린을 지켜보는 제3의 시선이 바로 광대무변이 되어있다.

광대무변이야말로 바로 모든 것들이 녹아들어 새롭게 만들어진 각성(覺醒) 그 자체이다. 그 각성이 어디에 무엇 하나 걸리지 않는 광대무변이 되어, 보는가 하면 동시에 보여지고, 스크린인가 하면 동시에 스크린에 비쳐지고, 육체인가 하면 동시에 의식이고, 의식인가 하면 동시에 육체이고, 제3의 시선인가 하면 동시에 제3의 시선 안에 들어앉은 대상이 되어, 서로 사통팔달로 무엇 하나 걸리지 않은 채 흡사 우주처럼 끝 간 데 없이 펼쳐져 있다.

얼마나 지났을까, 광대무변의 저 멀리 아득한 곳에서 어떤 빛이 일어나기 시작했다. 그 빛을 맨 먼저 포착한 것은 제3의 시선이었다. 그렇게 제3의 시선이 어떤 빛을 포착하자, 빛은 둥근 원의 형태를 이루면서 보다 밝은 불빛이 되었다. 그렇게 불빛이 밝아오자 광대무변으로 사통팔달 무엇 하나 걸리지 않고 어디에든 넘나들던 각성은 이미 그 존재마저 희미하게 사라지고 말았다.
 이제 불빛은 한층 밝고 둥글게 타오르면서 제3의 시선에 점점 가까워졌다. 그리고 마침내 광대무변의 끝자락이 모습을 드러냈다. 그와 함께 이번에는 의식이 돌아왔다. 그리고 기다렸다는 듯이 제3의 시선이 슬그머니 자리에서 물러났다.
 의식이 처음 밝혀낸 것은 광대무변의 끝자락을 이룬 불빛이 마치 들불 같다는 것이었다. 아득히 먼 곳으로부터 비롯하여 차츰 안으로 타들어오고 있는 들불. 그렇게 의식이 처음으로 포착한 들불이라는 이미지는 이내 어떤 두려움이 되었다. 그렇게 내가 광대무변이 되었다가 의식으로 돌아오면서 느낀 첫 감정은 두려움이었다.
 나는 어쩌면 자신이 겪은 광대무변 그 자체에 두려움을 가졌던 것인지도 몰랐다. 너무 넓고 가없는 세계가, 어디를 둘러보아도 어느 것 하나 걸리는 것이 없는 무한한 세계가 다름 아닌 자신의 안에 숨어있다는 사실 자체가 나에게는 다시없는 두려움이 된 것인지도 몰랐다….

 못난이 노자에게는 이 작가의 '광대무변'과 도덕경 제1장의 신비한 문이며 우주적 감각, 혹은 신비한 방향성 같은 것이 서로 비슷하게 여겨집니다.
 자, 못난이 노자의 제1장에 대한 나름대로의 귀결이 코걸이식의 해설은 이것으로 끝났습니다.
 여기에서 못난이 노자가 다시 한번 강조하거니와 생긴 대로 산다는 것은 한마디로 어느 모로 보나 못난이일 뿐인 자신을 믿는다는 것에 다름 아닙니다. 남들의 눈이 아닌 바로 나의 눈으로 못난 자신을 보는 것이 바로 도를 닦는 것입니다.

어디 도를 닦는 것뿐입니까? 바로 천하무적이 되는 지름길이기도 합니다. 생긴 대로의 자신을 믿는 순간 우리는 이미 마음공부며 수행, 요가, 참선, 기도, 명상을 시작한 것입니다.

아득한 옛날부터 많은 사람들이 도를 깨우치러, 혹은 신선이 되기 위하여, 혹은 그리스도가 되기 위하여, 혹은 브라만이 되기 위하여, 혹은 부처님이 되기 위하여, 혹은 참다운 나를 찾기 위하여 가족이나 가정, 사회를 버리고 산이나 들, 사막, 혹은 동굴 속으로 들어갔습니다. 그런 사람들을 소위 도를 찾는 사람이라고 일러 '구도자'라고 불렀습니다.

만일 생긴 대로의 자신을 믿고 자신의 안으로 들어가면 바로 그 순간 너나없이 구도자인 것입니다. 그렇게 구도자가 되어 자신도 모르는 사이에 좌뇌보다는 우뇌로 사는 삶을 살게 되는 것이지요.

구도자가 되면 언젠가는 조용히 좌뇌의 활동을 멈춘 채 우뇌만이 살아서 움직이는 명상이나 삼마디, 선정의 순간에 도달할 것이 분명합니다. 그리하여 바로 그 순간 우뇌에 숨어있는 보물, 즉 '신비한 방향성'을 찾게 될 것입니다.

자, 생긴 대로 못난이로서의 자신에 대한 믿음을 다시 한번 되새기는 의미에서 제1장을 새롭게 읽어봅시다.

도를 도라고 말해버리면 이미 도가 아니다.

물건에 이름을 붙여 이름을 부른다고 그 물건이 곧 이름은 아니다.
이름이 없는 자리가 하늘과 땅의 시작이고,
이름이 있는 자리에서 만물이 비롯된다.
그러므로 언제나 보고자 하는 마음이 없이 물건을 보면 보이지 않는 속을 보고,
보고자 하는 마음으로 물건을 보면 보이는 겉만을 본다.
없고 있음은 원래 같은 뿌리에서 나왔지만 오직 이름만을 달리 할 뿐이다.
이 없고 있음 둘 다 일컬어 신비롭다고 하니,
이 신비로움이야말로 온갖 묘한 것들이 들고 나는 문이로구나.

道可道 非常道 名可名 非常名(도가도 비상도 명가명 비상명).
無名天地之始 有名萬物之母(무명천지지시 유명만물지모).
故常無欲以觀其妙 常有欲以觀其徼
(고상무욕이관기묘 상유욕이관기요).
此兩者同 出而異名(차양자동 출이이명).
同謂之玄 玄之又玄(동위지현 현지우현).
衆妙之門(중묘지문).

제2장

세상사람들이 모두 아름답다고 해서

 드디어 그렇게도 어렵다는 제1장을 마치고 마침내 제2장으로 넘어왔습니다. 정말로 고생 많았습니다. 어렵사리 제1장을 마친 친구들에게 못난이 노자가 축하박수 보냅니다.
 하지만 누군가는 혹시 어어, 알고 나니까 별로 어렵지 않았는데, 하고 오히려 제1장을 어려워하는 어른들에 대해 이상하게 생각할지도 모릅니다. 그렇습니다. 세상의 어떤 일에 대해서는 어른들보다 우리가 훨씬 잘 이해하는 경우도 없지 않습니다. 그리고 그게 바로 노자할아버지의 도의 세계이기도 합니다.
 그렇듯 어른들을 이상하게 여기는 기분으로 제2장을 시작합시다. 참, 제2장을 시작하기 전에 제1장을 시작할 때처럼 다시 한번 부탁을 드리겠습니다.
 제2장을 원문 그대로 옮겨볼 테니까, 아직 무슨 뜻인지 아리송하게 헷갈리더라도 나름대로 한번 뜻을 새겨보라는 것입니다. 물론 뒤에서 충분히 설명을 하겠지만요.
 사실 제1장을 정확하게 이해한 친구가 있다면 제2장은 그다지 어려운 대목은 없습니다. 제2장은 노자할아버지가 제1장을 좀더 자세히 설명하기 위해 덧붙인 글일 수도 있으니까요.

　세상사람들이 모두 아름다운 것이 아름다운 줄로 알지만
　바로 그것이 더러운 것이다.
　세상사람들이 모두 착한 것이 착한 줄로 알지만
　바로 그것이 착하지 않은 것이다.
　따라서 있고 없음은 서로 원인이 되어 있고 없으며
　쉽고 어려움은 서로 원인이 되어 쉽고 어려우며
　길고 짧음은 서로 원인이 되어 길고 짧으며
　높고 낮음은 서로 원인이 되어 높고 낮으며
　내는 소리와 들리는 소리는 서로 원인이 되어 나고 들리며
　앞과 뒤는 서로 원인이 되어 앞서고 뒤선다.
　그러므로 성인은 모든 일을 꾸밈이 없는 자리에서 해내고
　말없이 가르침을 베푼다. 이에 따라
　만물을 이루어내지만, 그중에 어떤 것을 가려내어 물리치지 않
으며
　낳고는 낳은 것을 가지려 하지 않으며
　무슨 일을 하고서도 그 한 것을 뽐내지 않으며
　애써 공적을 이루고도 그 자리에 머물지 않는다.
　무릇 자신의 공적에 머물지 않으므로 그 공적이 사라지지 않는다.

　제2장이 헷갈리는 나머지 아직도 늙은 고양이가 방귀 뀌는 소리 정도로 들리세요? 그렇더라도 역시 조금만 참으세요.

세상사람들이 모두 아름다운 것이 아름다운 것인 줄로 알지만
바로 그것이 더러운 것이다

노자할아버지의 어법이 어쩐지 제1장의 첫머리와 비슷한 것 같지 않아요?

도를 도라고 말해버리면 이미 도가 아니다.
물건에 이름을 붙여 이름을 부른다고 그 물건이 곧 이름은 아니다.

어쩌면 제2장은 바로 이 구절을 보다 자세하게 설명한 것인지도 모릅니다. 노자할아버지는 정말로 자상하기도 하셔라! 우리가 아직도 그 말에 헷갈릴까 봐서 다시 한번 우리에게 가르침을 주시다니.

제1장에서 못난이 노자는 도란 '우리 안에 있는 소중한 보물을 만나러 안으로 들어가는 길'이라고 밝혔습니다. 혹시 안에 있는 보물을 만나고서도 그런 보물을 고작해야 똥덩이로만 아는 까막눈이 어른들에 대한 노자할아버지의 간절한 부탁이 기억나는지요?

"제발 바깥을 보는 눈으로 안까지 보려 하지 말아라, 안을 보는 데에는 안을 보는 눈이 따로 있다. 안을 보는 눈으로 도를 보면 도이지만, 바깥을 보는 눈으로 도를 보면 더이상 도가 아니다."

여기에서 좌뇌적인 사람과 우뇌적인 사람의 차이점을 떠올려 봅시다. 바깥을 보는 눈으로 도를 보는 사람이 좌뇌적인 사람, 안을 보는 눈으로 도를 보는 사람이 우뇌적인 사람이라는 것은 이제 누구나 알 것입니다.

또 있습니다. 학교에서나 집에서 착한 학생으로 칭찬받는 소위

범생이들, 얼굴이 잘생겨서 인기도 좋고, 집안환경도 좋고, 무엇 하나 부족할 것이 없는 소위 '짱'들은 거의 좌뇌적이라는 것도 알 것입니다.

이에 반해 지지리 공부를 못해서 걸핏하면 선생님이나 부모님께 혼쭐나고, 공부만 못하는 것이 아니라 틈만 나면 말썽이나 피우고, 거기다가 힘이 세기를 하나, 싸움을 잘하기나 하나, 얼굴이 잘생기기를 했나, 돈 많은 부모님을 두기를 했나, 이렇게 어느 하나 남들 앞에 내세울 것이 없는 못난이가 바로 우뇌적이지요.

바로 이렇듯 못난 우뇌적인 사람들이 나중에 노자할아버지의 도를 깨달아 천하무적이 될뿐더러 모든 뛰어난 예술가며 과학자도 되는 것입니다. 그리고 그런 예술가며 과학자들은 한결같이 자신의 안에 있는 소중한 보물을 발견한 이들이기도 합니다.

모든 뛰어난 예술가며 과학자들이 자신의 안에서 발견한 소중한 보물 중에는 영감(靈感)이라고 부르는, 우뇌의 순간적인 번뜩임과 함께 무한한 상상력, 그리고 독창적인 개성이 있습니다. 아니, 비단 예술가며 과학자들뿐만이 아닙니다. 어떤 인류학자는 인류가 소위 만물의 영장이라고 스스로 큰소리를 칠 수 있는 것은 바로 이 세가지 보물이 있기 때문이라고 주장하기도 합니다.

그런데 이상한 점은 바로 이런 세가지 소중한 보물들이 학교나 집에서는 우리를 저마다 못난이로 만들어버린다는 거예요. 왜냐하면 좌뇌적인 어른들 눈에는 그 소중한 보물들이 죄다 무슨 똥덩이로밖에는 보이지 않을 테니까요.

무슨 똥덩이냐구요?

흔히 예술적 영감이라고 부르는 우뇌의 순간적인 번뜩임이 우리들의 머리에 떠올랐다고 한들, 좌뇌적인 어른들에게는, "하라는 공부는 않고 무슨 엉뚱한 생각을 하고 있는 거야, 이 덜떨어진 녀석아" 하는 욕이나 할 엉뚱한 생각이라는 똥덩이가 되기 십상이지요.

무한한 상상력도 마찬가지입니다. 한마디로 상상력이 뒷받침되지 않는 예술이나 과학은 없습니다. 그렇듯 상상력이 풍부해야 그 상상력을 바탕으로 해서 뛰어난 작품을 창조해내는 것입니다.

그런데 이 상상력이야말로 우리 같은 못난이가 가장 풍부하게 가지고 있는 보물인 셈입니다. 왜냐구요? 원래 상상력이란 현실에서 부족하거나 아예 없는 것들을 메우기 위해서 우리가 미처 의식하기도 전에 우뇌가 발동하여 만들어내는 못난이들만의 비밀공간이거든요. 어른들의 어려운 말로는 무슨 결핍감이니 상대적인 빈곤이니 하는 것들이야말로 이 비밀공간을 만드는 가장 훌륭한 재료이며 또한 상상력의 원천인 것입니다.

여기에 비해 소위 범생이나 짱들은 상상력이 거의 없다시피 하지요. 그들은 주로 좌뇌만을 사용하는데, 좌뇌에는 어차피 상상력을 만들 수 있는 기능 자체가 결여되어 있는 것입니다. 설사 그들이 상상력이라는 비밀공간을 만들고 싶어도 만들 수가 없는 것이지요.

한편으로는 범생이며 짱들은 당연히 현실에서 모든 것들이 차고 넘쳐나기 때문에 구태여 상상의 세계라는 비밀공간을 만들 필요성을 못 느끼기도 하겠지요. 부자 아버지에다가 공부를 잘해서 학교나 집에서도 칭찬만 받고, 얼굴도 잘생긴 범생이며 짱들이 뭐가 부족해서 구태여 비밀공간을 만들어 상상의 세계를 드나들겠어요?

우리 같은 못난이들이 미처 자신도 의식하지 못하는 사이에 만들어낸 비밀공간인 이 무한한 상상의 세계도, 어른들에게 들키기만 하면, "넌 도대체 하라는 공부는 안하고 무슨 잡생각을 그렇게 하고 있는 거야, 이 한심한 녀석아?" 하며 고작 알밤이나 얻어맞게 되는 잡생각이라는 똥덩이가 되기 십상이지요.

누구도 뒤따를 수 없는 독창적인 개성은 어떤가요? "이 엉덩이에 뿔 난 녀석아, 넌 왜 그렇게 말을 안 듣는 거니? 뭐야, 너도 이제 다 컸다고 반항하는 거냐? 우리가 그건 네가 틀렸다고 몇번이나 얘기했어? 하여튼 그따위로 모든 걸 네 생각만 쇠고집을 피우니까 친구들한테 왕따나 당하지. 도대체 얘가 누굴 닮았는지 모르겠어. 에구, 이젠 나도 몰라, 어차피 네 인생인 걸" 하고 집에서마저 왕따당하게 만드는 쇠고집이라는 똥덩이가 되기 십상이지요.

지금 와서 고백하거니와, 위의 똥덩이에 대한 사례들은 바로 못난이 노자가 마르고 닳도록 겪었던 것들입니다. 어떻게 보면, 나야말로 이 세상에서 누구 못지않게 똥덩이들을 넘치도록 가졌던 셈입니다.

만약에 노자할아버지를 만나지 못하고, 그리하여 스스로 못난이 노자가 되지 못했더라면, 나야말로 저 넘쳐나는 똥덩이들에 파묻혀 그만 열아홉살 나이에 질식사하고 말았을 것입니다. 오죽하면 스스로 학교공부를 포기했을까요.

못난이 노자가 자신의 똥덩이에서 보물을 발견하고 가장 신기했던 것은 세가지 보물인 영감이며 무한한 상상력, 독창적인 개성은 서로 연결되어 있다는 점이었습니다. 이를테면 그중에 어느 한가지만 따로 있는 것이 아니고, 세가지가 연결되어 있어서 그 보물들의 주인인 자신도 모르는 사이에 서로를 키워가는 거지요.

만약에 우리가 저마다 못난이 노자가 되어 이 세가지 보물의 소중함만 알아내면, 바로 그 순간에 우리는 세상에서 가장 뛰어난 예술가며 과학자, 아니 천하무적이 됩니다.

그러나 현실은요?

아직 도를 알기 전의 못난이인 우리는 하라는 공부는 안한 채 엉덩이에 뿔이 난 한심한 녀석인가 하면, 기껏 잡생각만 하는 쇠고집이라는 똥덩이인 거지요.

흔히 바깥만 보기 좋아하는 좌뇌적인 사람들이 세상을 살면서 가장 으뜸으로 치는 무기로, 상식(常識)이라는 것이 있습니다. 이 상식이란 단어를 국어사전에서는 '보통사람으로서 으레 가지고 있을 일반적인 지식이나 판단력'으로 풀이합니다.

그런 세상사람들이 역시 가장 좋아하고 어여쁘게 여기는 사람은 상식을 가장 잘 지키는 사람이겠지요. 그리고 그런 사람은 당연하게 좌뇌적인데, 사람들이 옳다고 하면 무조건 옳은 것으로만 여기고 거기에 자신의 생각을 맞추는 식입니다.

세상에서는 이 상식을 바탕으로 하여 윤리며 규범이며 제도를 만들고, 더 나아가 사회의 질서를 지키는 법률도 만듭니다. 그리하여 당연히 이 상식은 모든 사물을 재는 잣대가 됩니다. 옳고 그름, 착하고 나쁨, 아름다움과 더러움, 밝고 어두움, 이렇게 모든 사물을 둘로 나누어서 이 잣대로 사물의 값어치를 분별을 하는 것입니다.

불교에서 만약 깨닫기만 한다면 누구나 부처님이 된다고 가르친 다는 사실을 여러분은 이미 알고 있지요? 그렇듯 저마다 부처님이 되기 위하여 열심히 수행을 하는 스님들이 깨달음을 얻는 데 가장 방해가 된다고 여기는 것이 있습니다.

바로 '알음알이'라는 것입니다. 흔히 깨달음을 얻은 큰스님들은 '알음알이만 없애면 누구나 부처님'이라고 한마디로 못을 박습니다. 그렇듯이 이 알음알이를 가장 나쁜 마군(魔軍)으로 여기기도 합니다.

이 알음알이야말로 다른 말로는 분별지(分別智)라고 한다고 합니다. 분별지를 사전적으로 해석하면 '무슨 일을 사리에 맞게 판단하는 지혜' 정도가 되겠지요.

못난이 노자식으로 말한다면, 이 알음알이란 다름 아닌, '태어나서 지금까지 배운 좌뇌 정보'인 것입니다. 만약에 이 좌뇌 정보인 알음알이만 없애면, 아직 태어나기 전의 우뇌 정보들의 순수한 상태인 어떤 신비한 방향성에 도달하여 부처님이 되는 것이지요.

여러분 중에서는 이 알음알이가 바로 좌뇌적인 어른들이 그토록 좋아하는 상식이라는 말과 똑같다는 것을 이미 알아차린 사람도 있겠지요. 그래요. 불교에서는 알음알이나 분별지와 똑같이, 상식이라는 것을 마군으로 여깁니다.

왜냐구요? 이 상식이라는 좌뇌 정보를 없애고 명상에 들어야 '참으로 아무것도 없는 허공 속에서 우뇌 정보들만 가득 찬 아주 묘한 상태'가 되어 신비한 방향성이라는 부처님의 세계를 만날 테니까요.

이렇듯 상식이며 알음알이를 없애야 자신의 참다운 모습에 다다르는 것은 비단 부처님의 세계만이 아닙니다. 지금까지 우리에게 훌륭한 작품이며 발명품을 남긴 모든 예술가며 과학자들 또한 이 상식이라는 알음알이에서 벗어나 자신의 안에 있는 세가지 보물, 영감, 무한한 상상력과 창조력, 독창적인 개성을 만난 것입니다.

자, 제2장의 첫머리로 돌아갑시다.

세상사람들이 모두 아름다운 것이 아름다운 줄로 알지만
바로 그것이 더러운 것이다.

어떻습니까? 뭔지 모르지만, 노자할아버지가 무슨 말을 하고 싶어 하는가, 그 속뜻이 얼핏 짐작되지 않습니까?

만약에 세상사람들이 모두 입을 모아 한결같이 아름답다고 말한다면, 그것은 이미 본연의 아름다움이 아닙니다. 일테면 상식이며 좌뇌적인 정보지요. 그리고 그런 상식이며 좌뇌적인 정보의 아름다움이란 분명히 아름다움의 겉모습에 불과하며 아름다움보다는 차라리 더러움에 가까울 터입니다.

노자할아버지의 아름다움의 참다운 모습은 상식의 너머에 있는, 그리고 알음알이나 분별지 너머에 있는 '신비한 방향성'의 어떤 것입니다. 그리고 그런 참다운 아름다움은 바로 도와 맞닿아 있습니다.

만약에 바깥밖에 볼 줄 모르는 모든 좌뇌적인 사람들이 그저 겉모습만의 도를 일러 "이것이 바로 도다!"라고 한결같이 소리친다면, 그렇게 도가 하나의 상식이 되어버린다면, 그게 도의 참모습일까요?

아닙니다. 도를 도라고 말해버리면 이미 도가 아닌 것입니다. 물건에 이름을 붙여 이름을 부른다고 이름이 물건은 아닌 것입니다. 그렇듯이 아름다움 또한 마찬가지입니다. 세상사람들이 모두 아름다움으로 알아 아름답다고 우긴다고 해서 그것이 아름다움은 아닌 것입니다.

두번째 구절 또한 마찬가지입니다.

> 세상사람들이 모두 착한 것이 착한 줄로 알지만
> 바로 그것이 착하지 않은 것이다.

못난이 노자로서는 두번째 구절은 더이상 설명하고 말고 할 것이 없습니다. 세상사람들이 모두 입을 모아 한결같이 "이게 착한 것이다"라고 말하는 착함이란, 상식이 만든 착함이요, 착함의 참다운 모습과는 정반대에 있는, 차라리 착하지 않은 어떤 것입니다. 여기에서 못난이 노자는 여러분에게 한가지 고백을 할까 합니다. 못난이 노자가 학교공부를 아예 포기해버리고, 그렇게 학교에서나 집에서 왕따를 당하여 하릴없이 더러운 똥덩이 노릇을 한 것이 밖에서 보듯이 그렇게 못 견딜 일만은 아니라는 것입니다. 아니, 못난이 노자식으로 안을 들여다보면 결코 못 견딜 일이 아닐뿐더러, 오히려 아무도 모르게 은밀히 즐길 일들이 많기도 했던 것입니다.

제2장 | 세상사람들이 모두 아름답다고 해서　93

이왕에 버린 몸이라는 식으로, 왕따며 똥덩이 자체를 밀고 나가서 당당하게 맞서기만 하면 학교에서나 집에서나 나만이 은밀하게 즐길 수 있는 것들이 사방에 널려있는 것이었습니다. 그중에서도 가장 큰 즐거움은 혼자서만 만끽할 수 있는 시간이 널널하다는 점입니다.

그렇듯 널널한 시간 중에서도, 집에 오면 아버지의 서재는 온전하게 내 차지가 되는 것이 가장 즐거웠습니다. 아버지의 서가에는 원서들로 된 전문서적들이며 고문헌에서부터 금박이 화려한 사상전집이며 세계문학전집이며 교양서적 따위들이 가득 차있었고, 얼핏 보면 그야말로 한마디로 사람 딱 석죽이기 맞춤이지요. 서가에 넘쳐나는 책들이야말로 무슨 후광처럼 대학교수가 직업인 아버지를 빛나게 해주는 은근한 자랑과 자부심 자체인 것입니다.

아아, 아버지가 이렇게 많은 책을 보다니! 대학교수며 지식인이 되는 것은 뭔가 남달라도 남다른 노력이 있는 것이었군.

못난이 노자도 처음에는 아버지의 서재에만 들어서면 어쩔 수 없이 석죽기 마련이었습니다. 그러나 아버지의 서재에 숨겨진 비밀을 알고 난 후에는 "역시나!"였습니다. 서가에 가득한 원서며 각종 전문서적 그리고 무슨 사상전집 따위들은 무작위로 어떤 책을 들추어보아도, 그 안에서 아버지의 손때는 찾아볼 수가 없었습니다. 서가에 넘쳐나는 책들은 그야말로 장식용이었던 것입니다.

서가에 가득한 사상전집에서부터 세계문학전집이며 교양서적 따위들, 누구의 손때 하나 묻지 않아 그야말로 처녀림처럼 순결하기까지 한 그 많은 책들은 결국 못난이 노자의 차지가 되고 말았습니다. 나로서는 널널하게 널려있는 시간을 즐기며 정말이지 무슨 처녀림이라도 개척하듯이 설레는 기분으로 정신없이 빠져들었습니다.

이 책 저 책, 손에 잡히는 대로 아무것이나 무작정 뒤적이다가 못난이 노자가 문학에, 그중에서도 소설에 눈뜬 것은 고등학교 1학년 무렵이었습니다. 처음에는 국내에도 꽤 알려진 인기 작가들의 소설부터 읽기 시작했는데, 그런 소설들은 얼마 지나지 않아 거의 다 섭렵을 해버렸습니다. 그리하여 할 수 없이 손에 잡은 것이 세계문학전집이었습니다.

못난이 노자로서는 처음 세계문학을 접할 때, 은근히 켕기는 마음도 없지 않았습니다. 문학 중에서도 세계문학이고, 게다가 영원히 남을 불후의 명작이라면, 보다 고차원적이고 형이상학적이며 그렇게 고상하고 존귀하여, 아버지나 어머니가 아닌 나 같은 똥덩이가 읽기에는 어쩐지 주제넘을 것 같은 마음이었던 것입니다.

그런데 한두권 세계문학을 읽어나가는 동안에 너무 놀랐던 것은 소설의 주인공들마다, 못난이 노자식으로 표현한다면, 못난이가 아닌 사람이 없다는 것이었습니다. 아니, 사회나 동시대에서 쓰레기처럼 버림당한 똥덩이라고 해도 무방합니다.

대부분의 주인공들은 여자든 남자든 주로 간통 같은 불륜의 관계를 맺기 일쑤였는데, 간통이 아닌 경우에는 강간이나 살인 같은 보다 흉악한 범죄행위들이었습니다. 그런데 작가들은 그런 주인공들의 행동을 무슨 자랑거리나 되는 듯이 당당하게 중언부언 늘어놓은 것이었습니다.

못난이 노자로서는 처음에는 아무리 생각해도 그런 똥덩이 주인공들을 도무지 이해할 수가 없었습니다. 아니, 그런 주인공을 만들어 소설이랍시고 써낸 작가들이며, 그런 소설을 불후의 명작이라고 하여 세계문학에 뽑아 넣은 문학세계 자체를 이해할 수가 없었습니다.
  못난이 노자는 어쩔 수 없이 충격을 받을 수밖에 없었습니다. 그렇게 충격을 받은 소설들 중에서 얼핏 기억나는 것들만 해도 ─ 스탕달의《적과 흑》, 로렌스의《채털리 부인의 사랑》, 발자크의《사촌누이 베트》, 브론테의《제인 에어》, 졸라의《나나》, 호손의《주홍글씨》, 지드의《좁은 문》 등의 주인공들은 간통을 하거나 몸을 파는가 하면, 카뮈의《이방인》의 주인공은 해변의 햇살이 눈부시다는 이유만으로 사람을 죽이고, 도스토예프스키의《악령》의 주인공은 어린 여자애를 강간하여 끝내 자살하게 만드는 식으로, 예를 손가락으로 헤아릴 수 없습니다.
  못난이 노자가 비로소 세계명작에 나오는 주인공들을 이해하기 시작한 것은, 좀 엉뚱하지만 바로 노자할아버지의 도를 알고 난 후입니다. 못난이 노자식으로는 똥덩이 안으로 들어가서, 그 똥덩이 자체가 보물이라는 것을 알고 난 후이지요.
  노자할아버지의 "세상사람들이 모두 아름다운 것이 아름다운 줄로 알지만 바로 그것이 더러운 것이다"라는 말을 뒤집어, 소설의 주인공들은 "세상사람들이 모두 더러운 것이 더러운 줄로 알지만 바로 그것이 아름다운 것이다"라고 한결같이 주장하고 있었습니다.

또한 노자할아버지의 "세상사람들이 모두 착한 것이 착한 줄로 알지만 바로 그것이 착하지 않은 것이다"라는 말을 뒤집어, 소설의 주인공들은 "세상사람들은 모두 착하지 않은 것이 착하지 않은 줄로 알지만 바로 그것이 착한 것이다"라고 주장하고 있었습니다.

못난이 노자의 생각으로는 이를테면 작가들은 또다른 식으로 노자할아버지의 도를 표현한 것으로 여겨집니다. 작가들은 세상사람들이 상식을 바탕으로 하여 만들어놓은 윤리며 규범이며 제도, 법률 따위에 걸려 간통이나 강간, 살인 같은 흉악한 범죄자가 된 주인공들의 똥덩이 안으로 들어가, 그 간통이며 살인이라는 똥덩이 안에 있는 눈부신 생명의 에너지며 인간 본연의 모습이라는 보물을 찾아내는 식일 것입니다.

작가들은 옳고 그름, 착하고 나쁨, 아름다움과 더러움, 밝고 어두움 — 이런 식으로 사물을 둘로 나누는 상식 따위를 넘어선 어느 지점에서 인간의 심층을 바라보는 것인지도 모릅니다. 못난이 노자가 보기에는 작가들의 바로 그 지점에서 그들은 노자할아버지의 도와 만나고 있는 것이고요.

기왕에 세계문학이며 작가들의 이야기가 나왔으니, 여기에서 못난이 노자는 재미있게 읽었던 소설의 몇대목을 여러분에게 선사하고 싶습니다. 읽는 동안 어찌나 재미있던지 낄낄대며 웃어대다가 나중에는 배를 안고 나뒹굴 뻔했지요.

카잔차키스라는 그리스 작가의 《그리스인 조르바》라는 소설인데요. 물론 소설의 주인공은 조르바입니다.

"결혼은 몇번이나 하였소, 조르바?"

나는 다시 물었다. 조르바는 깜짝 놀라서 큰 손을 휘저으며 대답했다.

"당신은 도대체 뭘 캐내려고 그러슈? 나를 남자가 아니라고 생각하기라도 하는 거요? 다른 모든 사람들과 마찬가지로 나 역시 엄청나게 어리석은 짓을 저질렀수. 결혼을 나는 그렇게 부르오. 결혼한 사람들이여, 부디 나를 용서하구려. 그렇수. 나는 엄청나게 어리석은 짓을 저지르고 말았수."

"몇번이나 어리석은 짓을 저질렀나요?"

조르바는 우악스럽게 머리를 긁적였다.

"몇번이나 했냐굽쇼? 정직하게는 한번밖에 안했수. 반쯤 정직하게는 두번, 거짓말을 하자면 천번, 아니 이천번쯤 될 거요. 도대체 당신은 어떻게 내가 일일이 그걸 다 샐 수 있다고 생각하는 거요?"

"조르바, 당신의 결혼 이야기를 조금만 더 해줘요. 내일은 마침 일요일이니 우리는 수염도 깎고 제일 좋은 옷을 입고서 단골 부불리나네 카페로 가서 한탕 멋지게 놀아봅시다. 당신이 좋아하는 여자들도 실컷 만나고요. 자, 빨리 결혼 이야기를 해봐요."

"대체 뭘 더 이야기하라는 거요, 주인님? 그런 시시껄렁한 이야기를 정말 듣고 싶은 거요? 좋아요, 하지요. 정직한 결혼은 맛이 없기 마련이우. 후추나 고춧가루를 안 친 음식 맛하고 똑같수다. 저기 성당의 벽을 장식하고 있는 성자들이 당신을 내려다보며 추파를 던지고 축복을 준다고 해서 당신은 그걸 키스라고 부릅니까?

우리 고장에는 훔친 고기라야 제맛이 난다는 속담이 있습죠. 만약에 당신에게 아내가 있다면 그건 분명히 훔친 고기라고는 할 수가 없지요. 적어도 나에게 훔친 고기란 그런 거요. 그런데 그런 훔친 고기들을 어떻게 다 일일이 기억한단 말이우? 수탉이 제가 눌른 암탉들을 무슨 장부에 기록이라도 한답디까? 대관절 머리 아프게 왜 그런 짓을 하겠수?

젊어서 한때는 나도 가위를 가지고 다닌 적이 있습죠. 심지어 성당에 갈 때도 호주머니 속에 가위는 품고 다녔으니깐. 나도 사내놈이었단 말입니다. 금방 어떤 여자를 눕히고 아랫도리를 벗길지 모르니까 항상 준비를 하는 거지요. 그렇게 가위를 품고 다니면서 내가 눕힌 여자들 거웃을 모았수다. 왜, 여자들 사타구니에 난 털 있잖수? 금발 거웃, 붉은 거웃, 심지어는 흰 거웃도 있었는데, 얼마나 많이 모았던지 나중에 베개 하나를 그 거웃으로 다 채웠수다. 그러고는 겨울에는 즐겨 그 거웃 베개를 베고 잤지요. 그런데 여름에는 거웃 베개는 너무 더웠수. 냄새도 나구 말입죠. 얼마 지나니까 거웃 모으는 짓도 싫증이 나더구만. 그래서 그만 집어치웠수. 그리고 거웃 베개도 태워버렸수."

조르바는 껄껄 너털웃음을 터뜨렸다.

"일테면 거웃 베개가 내 장부였습죠, 주인님. 그리고 그 장부를 태워버렸단 말이우. 결국 나는 그 짓에 신물이 난 거요. 세상에 설마 그토록 많은 종류의 거웃이 있을 줄 몰랐는데, 끝이 없지 뭐겠수? 그 뒤로는 다시는 가위 따윈 품고 다니지 않았수."

"반쯤 정직한 결혼은 어떤 식이었어요, 조르바?"

"아, 그것들은 그것들대로 또 매력이 있습죠."

조르바는 한숨을 쉬었다.

"아, 기막힌 슬라브 여인이여! 그대에게 천세를 누리는 행운이 있기를! 슬라브 여인은 얼마나 자유로웠던지! 적어도 슬라브 여인은, 어디 갔었어요, 왜 늦었어요, 어디서 잤어요, 하는 따위 소리는 할 줄을 몰랐습죠. 물론 나도 마찬가지굽쇼. 자유 그 자체죠!"

(…)

조르바는 말을 끊었다. 그리고 머리를 들더니 바다 저 먼 곳을 응시했다.

"슬라브 여인 이름은 소핑카였습죠."

조르바는 말을 하고서는 다시 침묵에 잠겼다.

"그래서?"

성급하게 나는 물었다.

"그래서 어떻게 되었어요?"

"그래서라니요? 주인님도 알고 보면 대단히 밝힌단 말씀이야. 그래서 아니면 따라서란 말뿐이지. 사람이 그래서, 그래서, 따라서, 따라서, 그런 말만 한답디까? 여자는 신선한 샘이란 말입니다. 샘 말이우. 당신이 거기에 가서 몸을 엎드리면 당신 모습이 그 샘물에 비치는 거요. 그러면 당신은 갈증이 나서 그 샘물을 마시는 거굽쇼. 당신의 뼈가 으드득 소리가 날 때까지 마시는 거요. 그러면 그 신선한 샘에 또 한 사내가 나타납니다. 그 사내 역시 갈증이 대단하죠. 그래서 그 사내도 샘에 엎드려 거기 비친 자기 모습을 봅니다. 그리고 샘물을 마시굽쇼. 그리고 다시 제3의 사내가 그 신선한 샘을 찾아옵니다. 그게 여자입니다."

"그런데도 결국 조르바, 당신은 그 여자를 버렸어요?"

"나더러 어떻게 하란 말이우? 여자는 내가 말씀드렸듯이 샘물이란 말입니다. 그리고 나는 지나가는 나그네죠. 나는 소핑카와 석달을 함께 지냈수다. 하느님, 그녀를 보살펴주소서! 저는 그녀를 나무랄 단 한마디 말도 없습니다! 그렇게 석달이 지나자 나는 내가 광산을 찾아서 이곳에 왔었다는 것을 기억해냈죠. '소핑카' 하고 어느 날 나는 말을 꺼냈지요. '나는 해야 할 일이 생각났어, 떠나야겠는데.' 그러자 소핑카가 대답했죠. '좋아요, 가보세요. 제가 한달은 기다리지요. 만약에 당신이 한달 안에 돌아오지 않으면 나는 내 마음대로 하겠어요. 당신도 마찬가지예요. 하느님이 당신을 보살필 거예요.' 나는 떠났수다."

"한달 후에 다시 소핑카에게 돌아갔나요?"

"주인님도 참 아둔하셔."

조르바는 외쳤다.

"돌아갔냐굽쇼? 세상의 화냥년들이 사람을 어디 가만히 놔두는 꼴을 봤어요? 열흘 후에 나는 쿠반이라는 곳에서 누사라는 또다른 슬라브 여자를 만났수다."

(…)

"주인님, 우리가 저 돌멩이며 빗방울 그리고 수선화 같은 들꽃들이 하는 말을 알아들을 수만 있다면 얼마나 좋겠수? 저것들은 분명히 사람들에게 뭐라고 말을 하고 있을 거요. 그런데도 사람들은 저것들이 하는 말을 듣지 못하는 거요. 아니, 듣지 않는 거요. 도대체 언제 사람의 귀가 제대로 뚫릴까요? 언제 사람의 눈이 열려 제대로 저것들의 진짜 모습을 볼까요? 언제쯤이나 우리는 두팔을 활짝 벌리고 저 모든 것들을 제대로 껴안을 수 있을까요? 주인님, 당신이 날마다 읽고 있는 책에는 저것들에 대해서 뭐라고 써있습디까?"

"악마의 밥이나 되라!"

나는 조르바가 즐겨 쓰는 말을 빌려 대답했다.

"악마의 밥이나 되라 — 내 책에는 그 말밖에는 없어요."

조르바는 내 팔을 잡았다.

"주인님, 한가지 내 생각을 말하지요. 내 말을 듣고 화를 내지는 마시구려. 당신 책일랑 몽땅 한곳에 쌓아서 불을 질러버리쇼! 그러고 나면 누가 압니까, 당신이 비로소 바보를 면하고 제대로 올바른 사람이 될지. 그래야 저 돌멩이며 비며 갖가지 들꽃들이 당신을 아예 딴 사람으로 만들 거외다."

"옳아요."

나는 소리를 질렀다.

"저것들이 옳아. 하지만 나는 그럴 수가 없어요."

조르바는 머뭇거리며 한동안 생각에 잠겼다. 그리고 얼마 후에 말했다.

"저것들에 대해 내가 아는 것이 한가지 있습죠."

"뭔데요?"

"말로는 잘 못하겠수. 하지만 나는 그걸 그저 보고 느낄 수 있을 뿐이우. 그런데 그걸 당신에게 말을 하려고 하면 그만 잡치고 마는 거요. 언제고 내가 기분이 좋을 때 그걸 한번 춤으로 보여드리겠수."

《그리스인 조르바》에 나오는 주인공 조르바도 얼핏 이 몇구절만 보아도 천하에 없는 난봉꾼에 저질스러운 바람둥이임에 분명합니다. 그런데도 못난이 노자에게는 한편으로는 노자할아버지의 도에 아주 가까운 사람처럼 여겨지기도 합니다.

조르바는 뭔가 세상의 윤리며 도덕, 법률 따위에 얽매이지 않고, 그렇게 옳고 그름과 아름다움과 더러움 같은 이분법의 상식을 넘어선 어떤 지점에서 넘쳐나는 생명력과 보다 큰 자유를 획득한 사람으로 여겨지는 것입니다. 못난이 노자식으로 말한다면 그야말로 '꾸밈이 없이 생긴 대로 사는' 자유인인 것이지요.

소설을 소개하다 보니까 문득 언젠가 읽었던 시도 한편 생각이 나는군요. 〈사랑〉이라는 제목이었는데, 뭔가 다른 시들과는 달리 특이한 느낌이 들어서 기억에 남아있는 시입니다. 그런데 시인의 이름이 아예 기억이 나지를 않는군요. 어쩌면 시를 쓴 사람은 정식으로 데뷔하지 못한 무명 시인이거나 아니면 인터넷카페나 블로그에 떠돌아다니는 습작시들 중의 한편이었는지도 모릅니다.

내 더러운 피가 그대 흰옷을 물들일 때까지.
물들어 더러운 그대가 그대 깨끗한 내장(內臟)을 찢을 때까지.
더러움은 더럽기 때문에 우리의 참혹한 살갗을 빛나게 하고
어둠은 어둡기 때문에 우리를 어둠에서 벗어나게 하는.

못난이 노자가 구태여 이름도 모르는 무명 시인의 시를 인용하는 것은 이 시 또한 왠지 모르게 노자할아버지의 말씀을 뒤집어 "세상사람들이 모두 더러운 것이 더러운 줄로만 알지만 바로 그것이 아름다운 것이다"라고 주장하는 느낌이 오기 때문입니다. '더

러움은 더럽기 때문에 우리의 참혹한 살갗은 빛나게' 한다니요?
 어쨌든 이 시 또한 옳고 그름, 착하고 나쁨, 아름다움과 더러움 같이 사물을 둘로 나누는 것을 넘어서 상식 따위를 넘어선 어느 지점에서 인간의 심층을 그리고 있는 것인지도 모릅니다.
 자, 그러면 다음 구절로 넘어가볼까요.

> 따라서 있고 없음은 서로 원인이 되어 있고 없으며
> 쉽고 어려움은 서로 원인이 되어 쉽고 어려우며
> 길고 짧음은 서로 원인이 되어 길고 짧으며
> 높고 낮음은 서로 원인이 되어 높고 낮으며
> 내는 소리와 들리는 소리는 서로 원인이 되어 나고 들리며
> 앞과 뒤는 서로 원인이 되어 앞서고 뒤선다.

 못난이 노자가 얼핏 들은 불교용어에 '무이(無二)'라는 말이 있습니다. 말 그대로 둘이 아니라 하나라는 뜻이겠지요. 삶과 죽음이 둘이 아니라 하나이며, 낮과 밤이 둘이 아니라 하나이며, 참과 거짓이 둘이 아니라 하나이며, 깨달은 부처님과 깨닫지 못해 마냥 어리석은 중생이 둘이 아니라 하나라는 뜻일 터입니다.
 어쩌면 이 '무이'의 가르침은 안으로 들어갈수록 우리가 넘어설 수 없는 무서운 경지를 만날지도 모릅니다. 그러나 이 '무이'의 가르침을 못난이 노자식으로 쉽게 풀이한다면, 상식이며 알음알이를 혹은 분별지를 하나도 남김없이 없애버리는 것이지요.
 여기에서 앞에 있는 구절의 '원인'이라는 단어를 '분별'이라는

단어로 바꿔봅시다.

> 따라서 있고 없음은 서로 분별이 되어 있고 없으며
> 쉽고 어려움은 서로 분별이 되어 쉽고 어려우며
> 길고 짧음은 서로 분별이 되어 길고 짧으며
> 높고 낮음은 서로 분별이 되어 높고 낮으며
> 내는 소리와 들리는 소리는 서로 분별이 되어 나고 들리며
> 앞과 뒤는 서로 분별이 되어 앞서고 뒤선다.

이번에는 이 구절에서 분별이라는 것을 모두 없애버립시다. 있다는 것과 없다는 것의 분별도 없애버리고, 높고 낮다는 분별도 없애버리고, 내는 소리와 들리는 소리의 분별도 없애버리고, 앞과 뒤의 분별도 없애버립시다.

자, 그렇게 이 구절에서 모든 분별이 사라져버렸다고 칩시다. 그러면 뭐가 남을까요? 또한 그렇게 아름다움이며 더러움의 분별도 없애버린다면요? 그리고 만일에 착함이며 착하지 않은 분별마저도 없애버린다면요?

못난이 노자가 감히 주장하건데, 사물의 참모습이 남습니다. 아름다움이며 더럽다는 분별 이전의 순수무구한 상태인 신비한 방향성, 바로 도가 남습니다. 아니, 아닙니다. 도가 남기 전에 천하무적이 남습니다.

우리는 왜 스스로 못난이로 여길까요? 바로 분별 때문입니다. 나는 왜 다른 아이들보다 못생겼을까? 나는 왜 다른 아이들보다

공부를 못할까? 나는 왜 다른 아이들보다 가난한 아버지를 만났을까? 이런 여러가지 분별이 우리를 스스로 못난이로 여기게 하는 것이지요.

자, 못난이들이 이런 여러가지 분별을 없애버렸습니다. 그리하여 우리들 못난이가 못난이 그대로인 채 못난이 노자가 되었습니다. 그렇게 못난이 노자가 되어 다음 구절로 넘어갑시다.

> 그러므로 성인은 모든 일을 꾸밈이 없는 자리에서 해내고
> 말없이 가르침을 베푼다. 이에 따라
> 만물을 이루어내지만, 그중에 어떤 것을 가려내어 물리치지 않으며
> 낳고는 낳은 것을 가지려 하지 않으며
> 무슨 일을 하고서도 그 한 것을 뽐내지 않으며
> 애써 공적을 이루고도 그 자리에 머물지 않는다.
> 무릇 자신의 공적에 머물지 않으므로 그 공적이 사라지지 않는다.

만일 여러가지 분별만 없애버리면 우리 못난이들은 이미 천하무적이 되는 것입니다. 아니, 노자할아버지의 표현을 따르자면 우리 못난이들은 이미 성인이 되는 것입니다.

그렇게 여러가지 분별을 없애고 성인이 된 우리 못난이들은 모든 일을 할 때도 생긴 그대로 꾸밈이 없는 자리에서 말없이 가르침을 베풉니다. 왜냐하면 우리는 무엇 하나 무서울 것도 두려울 것도 없는 천하무적이니까요. 그리하여 구태여 누구를 향해 꾸미려

들거나 억지로 가르치려고도 하지 않습니다. 그래도 누구인가는 우리를 믿고 저절로 따라옵니다.

또한 안에 있는 소중한 보물, 그중에서도 우뇌가 지닌 무한한 유전자정보를 이용하여 모든 사물을 만들어내지만, 그중에 어떤 것도 가려내어 싫다고 물리치지 않습니다. 왜냐하면 우리는 이미 모든 사물의 아름다움과 더러움, 착함과 악함 따위 분별을 버렸으므로 싫고 좋은 것도 없기 때문입니다.

또한 우리는 무슨 훌륭한 일을 하고도 그것을 뽐내지 않으며, 후세에 길이 빛날 업적을 이루고도 그런 명예 따위에 연연해하지 않습니다. 그러므로 세상사람들은 우리를 더욱더 잊지 못할 것이며 오래도록 우리가 남긴 업적을 기릴 것입니다.

자, 못난이 노자이자 성인이자 천하무적인 우리의 모습을 상상하며 제2장을 다시 한번 소리 내어 읽어봅시다.

> 세상사람들이 모두 아름다운 것이 아름다운 줄로 알지만
> 바로 그것이 더러운 것이다.
> 세상사람들이 모두 착한 것이 착한 줄로 알지만
> 바로 그것이 착하지 않은 것이다.
> 따라서 있고 없음은 서로 원인이 되어 있고 없으며
> 쉽고 어려움은 서로 원인이 되어 쉽고 어려우며
> 길고 짧음은 서로 원인이 되어 길고 짧으며
> 높고 낮음은 서로 원인이 되어 높고 낮으며
> 내는 소리와 들리는 소리는 서로 원인이 되어 나고 들리며

앞과 뒤는 서로 원인이 되어 앞서고 뒤선다.
그러므로 성인은 모든 일을 꾸밈이 없는 자리에서 해내고
말없이 가르침을 베푼다. 이에 따라
만물을 이루어내지만, 그중에 어떤 것을 가려내어 물리치지 않으며
낳고는 낳은 것을 가지려 하지 않으며
무슨 일을 하고서도 그 한 것을 뽐내지 않으며
애써 공적을 이루고도 그 자리에 머물지 않는다.
무릇 자신의 공적에 머물지 않으므로 그 공적이 사라지지 않는다.

天下皆知美之爲美(천하개지미지위미),
斯惡已(사악이).
皆知善之爲善(개지선지위선),
斯不善已(사불선이).
故有無相生(고유무상생),
難易相成(난이상성),
長短相較(장단상교),
高下相傾(고하상경),
音聲相和(음성상화),
前後相隨(전후상수),
是以聖人處無爲之事(시이성인, 처무위지사),
行不言之敎(행불언지교).
萬物作焉而不辭(만물작언이불사),
生而不有(생이불유),

爲而不恃(위이불시),

功成而弗居(공성이불거),

夫唯弗去 是以不去(부유불거 시이불거).

제3장
하늘과 땅은 영원하다

 드디어 제1장이라는 험한 고개와 제2장이라는 고개를 넘어 제3장이라는 고개에 다다랐습니다. 그리고 못난이 노자는 여기에서 여러분에게 단언합니다.
 제3장이라는 고개는 절대로 힘들지 않을 것입니다. 왜냐하면 여러분은 두개의 고개를 넘는 동안 이미 내공(內功)이라는 힘이 생겼으니까요.
 내공이 뭐냐구요? 만일 여러분 중에 무협만화를 본 사람이 있다면 단번에 알 텐데요. 내공이란 무림의 고수가 되기 위하여 단전호흡 같은 수련으로 우주에 가득한 기를 받아들여 누구도 뒤따를 수 없는 엄청난 힘을 기르는 것을 뜻합니다. 그렇게 내공이 쌓이다 보면 결국 저절로 천하제일이 되는 것입니다. 아니 천하무적이 되는 것입니다.
 자, 우리도 무림의 고수처럼 그동안 쌓은 내공으로 가볍게 세번째 고개를 넘어갑시다.

　　하늘과 땅은 영원하다.

하늘과 땅이 영원한 것은
자신의 존재 자체를 자신의 것으로 여기지 않기 때문이다.
그래서 오래도록 살 수 있는 것이다.
성인 또한 자신의 존재를 앞세우지 않으므로 오히려 자신의 존재를 빛내고,
자신의 존재를 아예 돌보지 않으므로 오히려 영원히 존재한다.
이것은 사사로움이 없기 때문이 아닐까?
그런 까닭에 사사로움마저도 참다운 자신이 되는 것이다.

제3장은 '하늘과 땅은 영원하다'라는, 무슨 멋있는 금언처럼 여겨지는 구절부터 시작하는군요. 한자로는 천장지구(天長地久)가 되는데, 만일 영화를 좋아하는 어른들이라면 벌써 몇년 전에 감동 깊게 보았던 같은 제목의 중국 영화가 떠오를 것입니다.

제3장은 별로 어려운 구절은 없지만 어떻게 생각하면 제1장보다 더 깊고 중요한 뜻이 담겨있는지도 모릅니다.

500만년 전 아득한 옛날, 지구상에 원숭이들 중에서 유인원(類人猿)인 오랑우탄, 고릴라, 침팬지와 함께 꼬리가 없는 기이한 원숭이가 나타나게 됩니다. 바로 사람입니다. 돌연변이 비슷하게 나타난 이 기이한 원숭이는 처음에는 이렇다 할 특별한 능력도 없어서 유인원 중에서도 몹시 허약한 원숭이 종류였을 것이 틀림없습니다.

사자나 호랑이 같은 맹수들처럼 힘이 세기를 하나, 치타처럼 잘 달릴 수가 있나, 그렇다고 다른 원숭이들처럼 나무라도 잘 타나, 마냥 허약하기만 한 이 꼬리 없는 유인원은 고작해야 사나운 동물

들의 눈치를 살피며 식물의 열매를 줍고 뿌리를 캐며 주로 무리를 이루어 산속 깊은 곳에 있는 동굴에 숨어 살았습니다. 요즈음 〈동물의왕국〉 같은 TV프로그램에 나오는 하이에나라는 동물처럼 다른 육식동물들이 먹다 남긴 동물의 시체나 주워 먹는 못난 잡식성 동물이었지요.

그런데 이 허약한 유인원이 어느 날 다른 원숭이들과는 달리 차츰 허리를 빳빳이 세우고 걸어다니는 직립원인(直立猿人)이 되더니, 언제부터인가 날카로운 돌멩이를 도구로 사용하고 또 불을 피울 줄도 알게 됩니다. 그렇게 소위 꾀 많은 고등동물이 된 어느 날 스스로를 높이 세워 마침내 만물의 영장(靈長)이라고 큰소리까지 치게 됩니다.

지구상에 존재하는 모든 동물과 식물이며 심지어 무생물까지를 통틀어 만물이라고 일컫는 것이니, 만물의 영장이란 곧 지구상에 존재하는 모든 동식물이며 무생물 중에서도 가장 으뜸이라는 뜻이겠지요. 개구리가 올챙이 시절 생각을 못한다더니 그야말로 이 사람이라는 유인원도 허약했던 원숭이 시절은 까마득히 잊어버리게 됩니다.

시간이 흘러 드디어 사람이라는 유인원은 만물의 영장답게 수렵이며 채취 생활에서 벗어나, 농사를 짓고 개나 소, 말, 닭 같은 순한 동물들을 길들여 집짐승을 기르는 등 농경사회를 이루게 되지요. 이 농경사회는 점차 범위를 넓혀 이윽고 부족국가로 발전하게 됩니다.

이러는 사이에 사람이라는 유인원은 석기시대에서 청동기시대를 거쳐 철기시대에 접어들면서 마침내 화려한 문명시대를 시작합니다. 문명과 함께 문화시대도 시작되구요. 이렇게 문명시대에 접어들면서 사람이라는 유인원은 그야말로 지구상에서 만물의 우두머리가 되지요.

문명과 문화, 그리고 각종 무기로 무장하여 지구상에 군림하게 된 이 사람이라는 꽤 많은 유인원은 옛날 허약했던 원숭이 시절에는 전혀 없었던 욕심이 생겼습니다. 농사를 지어서 곳간 가득히 쌓아놓았겠다, 무기가 있어서 잡아먹을 것도 많겠다, 어떤 사나운 동물도 무섭지 않고 어느 하나 부족한 것이 없는 사람이라는 유인원이 전혀 엉뚱한 것에 욕심을 부리기 시작한 것이지요.

불로불사(不老不死).

늙지 않고 싶다, 죽지 않고 싶다. 아아, 영원히 살고 싶다.

하기는 이제 만물의 영장이 되어 지구의 모든 것들 위에 군림하게 되었는데, 고작해야 몇십년도 못 살고 늙어서 죽게 된다는 것이 사람이라는 유인원에게는 어쩐지 분하게 여겨지는 것이지요. 아무리 만물의 영장이라지만 별로 오래 살지도 못한 채 병이 들어 죽어간다는 것은 공포 그 자체였을 것입니다.

그렇듯 오래오래 죽지 않고 살고 싶은 사람이라는 유인원에게는 지구상에서 애오라지 영원한 것은 하늘과 땅밖에 없는 것처럼 여겨졌습니다. 그리하여 이 영원한 하늘과 땅은 그들에게 거룩하다 못해 숭배의 대상이 되었습니다.

욕심 많은 이 사람이라는 유인원의 후예들에게 노자할아버지가 점잖게 타이릅니다.

하늘과 땅은 영원하다.
하늘과 땅이 영원한 것은
자신의 존재 자체를 자신의 것으로 여기지 않기 때문이다.
그래서 오래도록 살 수 있는 것이다.

노자할아버지가 '자신의 존재 자체를 자신의 것으로 여기지 않는다'는 것은 결단코 삶과 죽음마저도 자신의 것으로 여겨 욕심 부리지 않는다는 말에 다름 아닙니다.

"오래 살고 싶으냐? 그렇게 하늘이며 땅을 닮고 싶으냐? 그렇게 하늘과 땅을 닮아서 오래 살고 싶다면, 우선 너는 오래 살고 싶다는 생각 자체를 버려라. 하늘을 보아라, 그리고 땅을 보아라. 하늘이며 땅이 단 한번이라도 오래 살고 싶다고 욕심을 부리더냐! 그렇게 네가 하늘과 땅을 닮아 오래 살고 싶다는 생각 자체마저 버린다면 너는 스스로 오래 살 수 있느니."

여기에서 못난이 노자가 노자할아버지를 거듭니다.

"제발 바깥을 바라보는 눈으로 죽음을 바라보지 마세요. 그렇듯이 바깥을 바라보는 눈으로 삶도 바라보지 마세요. 바깥을 바라보는 눈으로 도를 바라보면 도마저도 도가 아닌 것이 되어버리지 않나요?"

바깥을 보는 눈, 즉 좌뇌의 눈으로 우리의 생명을 바라보면 우리는 기껏 오래 살아야 1백년 안팎입니다. 그러니까 현재의 생물적 삶만을 우리 생명의 전부로 아는 것이지요.

그러나 안을 보는 눈, 즉 우뇌의 눈으로 우리의 생명을 바라본다면요? 우리는 이미 우리 안에 영원한 생명을 지닌 것을 알 수가 있지요.

만일 우리가 명상이며 참선 같은 수련을 통해 무의식 속으로 깊이 들어가 마침내 우뇌의 유전자정보 속에 살아있는 저 500만년 전의 유인원 시절의 감각을 느낄 수 있다면요? 아니, 그보다 훨씬 까마득한 저편에 있는 46억년 전의 단세포 시절까지 느낄 수 있다면요?

그렇게 우리 안에서 저 넓고 끝 간 데 없는 우주를 느낀다면, 그 순간 우리는 우리의 안에 벌써부터 존재하고 있는 영원한 생명을 깨닫지 않을까요?

그 영원한 생명이 어디에 있냐구요?

바로 유전자정보 속에 있습니다. 우리가 우리의 유전자정보와 그 안에 흐르고 있는 신비한 방향성만 느낄 수만 있다면, 우리는 바로 영원한 생명 속으로 들어가는 것입니다. 그리하여 우리는 불과 몇십년이라는 생물적 시간의 패도에서 벗어나 흡사 타임머신이라도 탄 것처럼 한없이 계속되는 시간을 따라 우리가 한번도 구경한 적이 없는 아득한 과거는 물론, 현재에서 미래까지 얼마든지 돌아다닐 수 있습니다.

우리가 시간에서 자유로워져서 몇백만년, 몇억년의 시간 속을 돌아다니는 동안에 우리는 시간과 함께 공간에서도 자유로워집니다. 우리는 이미 집이며 학교, 우리나라뿐만 아니라 지구라는 푸른 별 자체에서 벗어나, 저 가없이 넓은 우주라는 공간으로 나아가고 있는 것입니다.

참, 못난이 노자가 유전자정보에 대하여 한가지 덧붙일 것이 있습니다. 대개의 유전자정보는 아버지 어머니, 그리고 할아버지 할머니, 그 위의 또 할아버지 할머니, 이렇게 생물적인 혈통에 의해서 중요한 정보가 이어져옵니다.

그러나 그런 생물적 혈통만이 유전자정보를 모두 형성하는 것은 아닙니다. 흔히 집단무의식이라고 부르는, 보다 깊은 유전자정보의 공감대가 형성되는 경우도 있습니다. 물론 이러한 경우의 유전자정보 공감대는 할아버지에서 아버지 그리고 나로 이어져오는 생물적 혈통과는 아무런 상관이 없는 것이지요.

그렇듯 집단무의식은 같은 시대를 살면서 혹은 사물에 대하여 같은 공감을 느끼면서 정신적으로 깊은 사이가 되면, 혈통 따위는 전혀 무관하게 서로의 유전자정보를 교환하는 고밀도의 교류가 이루어지기도 한다고 합니다. 흔히 그런 집단무의식은 종교적 집단이나 아니면 구도자들 사이에 영적 교류의 형식으로 이루어질 것입니다. 그리하여 마침내 영원한 생명의 비밀을 찾아내겠지요.

여기에서 못난이 노자는 엉뚱하지만, 그야말로 못난이 노자식의 집단무의식에 대하여 이야기하고 싶습니다. 그 이야기는 차마 은정이에게도 밝히지 못했던, 그렇게 아버지나 어머니는 물론 세상의 누구에게도 밝히지 못했던 이야기이기도 합니다.

중학교 2학년 때였습니다. 내 옆에 앉았던 짝꿍이 어느 날 자살했습니다. 영호란 이름이었는데, 바로 자신의 집인 15층 아파트 베란다에서 스스로 몸을 날린 것입니다. 그리고 영호를 자살로까지 이끈 결정적인 이유 중에는 내가 끼어있다고 지금도 믿고 있습니다.

영호가 죽기 전날, 학교에서는 소위 성적순으로 순위를 매기는 중요한 시험이 치러지고 있었습니다. 아마 수학시험 시간이었을 것입니다. 영호가 문득 볼펜으로 내 옆구리를 찔렀습니다. 힐끗 곁눈질로 바라보자 영호가 소리를 내지 않고 입술로만 말했습니다.

"보, 여, 줘."

나도 영호를 따라 입술로만 대답했습니다.

"안, 돼."

나는 이내 고개를 돌려 아예 시험지에 머리를 박다시피 한 채, 시험문제에 열중했습니다. 그러자 영호가 다시 한번 볼펜으로 옆구리를 찔렀습니다. 그리고 미처 깨닫기도 전에 내 입에서 비명이 터졌습니다.

"아얏!"

내가 비명을 지르자 영호는 대뜸 얼굴이 벌게진 채 당황한 표정이 되었습니다. 그러자 교탁에서 시험을 감독하고 있던 선생님이 기다렸다는 듯이 다가왔습니다. 그리고 사태를 파악한 선생님은 곧바로 영호의 시험지를 빼앗았습니다.

"교무실에 가서 손들고 서있어."

당시 새로 생긴 소위 명문학교였던 우리 학교는 거의 매일이다시피 시험이라는 이름의 공부 경쟁 속으로 학생들을 몰아넣고 있을 때였습니다. 교장선생님 이하 모든 선생님들이 눈이 시뻘겋게 되어 학생들을 무슨 양떼들처럼 경쟁의 울타리 속에 몰아넣고 감시하기에 바빴고, 그런 감시는 학교에서뿐만이 아니라 집에서도 마찬가지였습니다.

선생님들뿐만 아니라 아버지 어머니까지도 덩달아 우리들을 경쟁의 울타리 속으로 몰아넣은 것은 다름 아닌 특목고 바람 때문이었습니다. 무슨 외국어고등학교, 과학고등학교 따위들에 대한 욕심이 선생님들이나 아버지 어머니들의 눈을 시뻘겋게 만든 것이지요.

아니, 눈이 시뻘겋게 된 것은 비단 선생님들이나 아버지 어머니만이 아니었습니다. 학생들 또한 덩달아서 눈이 시뻘겋게 된 채, 아버지 어머니를 따라, 죽기 아니면 살기 식으로 거의 살기를 띠고 서로가 서로를 경계했습니다.

못난이 노자가 그때부터 지금까지 수만번 아니 수억번 생각하고 또 생각해도, 그날 영호가 두번째로 볼펜으로 옆구리를 찔렀을 때 비명을 지른 것은 절대로 아파서가 아니었습니다. 당시 나에게 영호는 내 짝꿍이기에 앞서 나의 경쟁 상대였던 것입니다.

네가 1점이라도 더 맞으면 내가 1점이 더 떨어진다!

바로 그 1점이 나로 하여금 전혀 아프지 않은데도 불구하고 비명을 지르게 한 것입니다. 영호가 죽고 나서 깨달은 것이지만, 당시 그가 나를 찔렀던 볼펜은 어쩌면 한가닥 지푸라기 같은 것이었는지도 모릅니다. 그렇습니다. 이를테면 사방에서 살기가 번뜩이는 가운데 경쟁이라는 물에 빠져 허우적거리며 죽어가던 영호가 살기 위해 간신히 붙잡고 매달렸던 지푸라기 말입니다.

살려줘. 제발 살려줘.

못난이 노자는 그런 영호를 매몰차게 뿌리쳤던 셈이지요.

내가 왜 너를 살려야 되는데?

영호는 부정시험으로 몰려 교무실에서 벌을 선 그날 밤에 15층 아파트의 베란다에서 몸을 날린 것입니다.

영호의 자살 소식을 전해 듣고 못난이 노자는 흡사 무거운 해머로 뒤통수라도 얻어맞은 듯한 충격을 받고 그대로 정신을 잃고 교실 바닥에 쓰러졌습니다. 그때 점차 희미해지는 의식 속에서 나는 내 안에 있는 누군가의 목소리를 들은 것 같은 기분이었습니다.

너야, 네가, 영호를, 죽였어.

꼬박 일주일을 병원에서 지낸 못난이 노자는 스스로 그 누군가의 목소리를 인정했습니다. 내가 영호를 죽인 것이지요. 그 후로 나는 어떠한 형태의 경쟁에서도 자연스럽게 뒤로 물러섰습니다. 나는 결국 공부는 물론, 친구들과의 경쟁 자체를 포기한 셈입니다.

못난이 노자가 공부며 경쟁 자체를 포기한 대가는 결코 견디기 쉽지 않았습니다. 학교에서는 물론 집에서마저 한마디로 더러운 똥덩이가 되었습니다. 그리고 자연스럽게 친구들에게도 왕따를 당하는 못난이가 되었지요.

그렇게 똥덩이며 왕따가 되어 학교에서는 물론 집에서도 따돌림 받으면서 못난이 노자는 애오라지 한가지 의문에만 매달려 있었습니다.

죽음이란 무엇일까.

어쩌면 병원에서의 일주일은 내가 영호의 죽음을 받아들여 나름대로 육화시키는 과정이었을지도 모릅니다. 물론 당시에는 전혀 몰랐지만요. 그러나 아주 훗날 우연하게 노자할아버지의 도에 대해서 알게 되었을 때, 나는 바로 정신을 잃고 일주일 동안 병원에 누워있는 동안에 죽음의 겉이 아니라 안을 보았던 것은 아닐까 하고 생각한 적이 있습니다.

영호의 죽음 속으로 들어가자, 못난이 노자는 영호의 죽음이 죽음으로만 끝난 것이 아니라 내 안에서 하나의 삶이 되어 눈부시게 빛나고 있는 것을 볼 수가 있었습니다. 열네살짜리 영호가 스스로 목숨을 끊어가면서까지 표현하고자 했던 어떤 삶, 아직 살아내지 못했지만 온몸으로 표현하고자 했던 자신의 존재가치가 죽음을 통하여 무슨 보석처럼 눈부시게 빛나고 있었습니다.

"나는 살고 싶다 — 저 특목고니 입시니 부정시험이니 하는 따위에 더이상 시달리지 않는 참다운 삶을 살고 싶다."

영호는 죽음을 통하여 저렇듯 자신의 존재가치를 소리 높여 외치고 있었습니다.

못난이 노자는 그때 미처 자신도 의식하지 못하면서 이미 노자 할아버지의 도라는 것에 처음으로 눈떴던 것인지도 모릅니다. 도라는 것이 사물의 바깥을 보는 것이 아니라 사물의 안을 보는 것이라면요.

못난이 노자는 영호의 죽음을 바깥 모습이 아니라 바로 영호의 죽음 안으로 들어가서 죽음의 또다른 모습을 본 것입니다. 마치 은정이가 상처의 바깥 모습이 아니라 상처의 안으로 들어가서 상처의 또다른 모습을 보듯이.

이제 와서 못난이 노자는 분명하게 깨닫습니다. 영호의 죽음은 내 안의 유전자정보에 입력되어 지금 눈부신 보석처럼 빛나고 있습니다. 그리고 그것이 나와 영호가 생물적 삶과 죽음을 떠나서, 집단무의식이라는 고밀도 교류를 통하여 맺어진 영원한 생명인 것입니다.

 영호가 열네살 나이로 15층 아파트의 베란다에서 뛰어내린 그 때, 또다른 영호는 1층의 아스팔트 위로 떨어져 피투성이가 된 것이 아니라, 바로 그 순간 이 세상의 누구보다도 눈부시면서도 화려한 날개를 달고 영원한 생명을 향하여 훨훨 날아갔던 것입니다. 나의 유전자정보 속에서, 그렇게 영호는 지금도 살아있습니다.
 영호가 못난이 노자의 유전자정보 속에 살아있듯이, 못난이 노자 또한 유전자정보 속에 있는 자신의 영원한 생명을 발견하여 마침내 시간이며 공간에서 자유로워지면, 좌뇌가 단 한번뿐이라고 여기는 현재의 생물적인 삶이란, 저 넓은 우주적 시간과 공간 속에서 한올의 티끌만도 못되는 존재에 불과할 뿐일 것입니다.
 우리가 지닌 생물적 생명의 시간이나 공간으로부터 자유로워진 누군가가, 우리를 저 높은 곳에서 내려다보고 있다고 상상해봅시다. 그 누군가는 바로 부처님이며 예수님, 혹은 노자할아버지일 수도 있겠지요. 그 누군가를 혹은 신이라고 해도 상관없습니다.
 그 누군가가 보기에는 우리의 생물적 삶이란 영원한 생명에서 영원한 생명으로 이어지는 징검다리로 여겨질 것입니다. 못난이 노자처럼 19년에서 시작하여 50년, 아니면 100년이라는 이 징검다리를 발판으로 삼아 46억년, 아니 그 46억년도 뛰어넘어 영원에서 영원으로 우리의 삶을 이어가는 것입니다.
 그런데도 한올 티끌만도 못한 존재인 우리가 우리의 생물적인 생명만을 생명의 전부로 여겨 애오라지 몇년에서 몇십년이라도 더 오래 살려고 욕심을 부린다면요? 아아, 저 높은 곳에서 우리를 내려다보는 그분들의 눈에 우리가 얼마나 딱하고 어리석게 여겨질까요?

부처님은 태어나 늙어서 병들어 죽는 생로병사의 이 생물적인 삶에서 벗어나는 것을 해탈이라고 불렀습니다. 결국 부처님의 해탈이란 생물적인 삶의 편협한 눈에서 벗어나 우리 안에서 저 넓고 가없는 우주적인 생명을 발견하는 것입니다.

예수님이 말씀하시는 영생 또한 마찬가지입니다. 자신의 삶이 생물적인 1백년 따위의 삶이 아니라, 하느님의 아들로서 영원히 계속되는 우주적인 생명에 연결되어 있다는 것을 깨달으면, 바로 그 순간 영생을 얻게 되는 것입니다.

노자할아버지의 도도 당연히 마찬가지지요. 만일 도에 눈뜬다면, 그 사람은 그 순간 생물적인 생명에서 벗어나 우주적 시간과 공간 속에서 영원한 생명을 얻게 되는 것이지요. 노자할아버지는 그런 영원한 생명을 하늘과 땅에 빗대어 말하고 있습니다.

하늘과 땅은 영원하다.
하늘과 땅이 영원한 것은
자신의 존재 자체를 자신의 것으로 여기지 않기 때문이다.
그래서 오래도록 살 수 있는 것이다.

아직도 노자할아버지의 말씀이 어렵나요? 쉽지요? 그것은 노자할아버지의 말씀이 갑자기 쉬워져서가 아니고, 그만큼 우리의 내공이 높아진 덕분입니다. 자, 그렇게 쉬운 기분으로 못난이 노자를 따라 다음 구절로 넘어갑시다.

　성인 또한 자신의 존재를 앞세우지 않으므로 오히려 자신의 존재를 빛내고,
　자신의 존재를 아예 돌보지 않으므로 오히려 영원히 존재한다.
　이것은 사사로움이 없기 때문이 아닐까?
　그런 까닭에 사사로움마저도 참다운 자신이 되는 것이다.

　못난이 노자식으로 성인을 해석한다면, 성인 또한 이미 생물적인 생명에서 벗어나 우주적인 시간과 공간 속에서 영원한 생명을 얻은 이입니다. 그런 이가 뭐가 부족해서 사람들 앞에서 생물적인 자신의 존재를 앞세우겠어요?
　성인은 자신의 존재를 앞세우기는커녕, 자신은 이미 이 세상 사람이 아닌 것처럼 자신의 존재 자체마저도 전혀 돌보지 않는 삶을 살아가겠지요. 이른바 범속하다고나 할까, 초탈했다고나 할까, 그런 식으로요.
　그렇듯 생물적인 생명에서 초탈해 있는 성인에게는 사사로움이란 있어도 무방하고, 없어도 무방한 어떤 것일 것입니다. 이른바 세상의 잣대로는 도무지 잴 수 없는 성인의 사사로움은 그 사사로움마저도 참다운 성인의 모습이 될 수 있는 것입니다.
　자, 우리도 모두 노자할아버지의 성인이 되어, 생물적 나이로는 아직은 열아홉살에 불과하지만, 우리 안에 있는 저 넓고 가없는 우주적 시간과 공간을 품고서 영원한 생명에 한걸음 더 다가갑시다.

그렇게 우리 안에 있는 영원한 생명을 호흡하면서 제3장을 소리 내어 읽어봅시다.

> 하늘과 땅은 영원하다.
> 하늘과 땅이 영원한 것은
> 자신의 존재 자체를 자신의 것으로 여기지 않기 때문이다.
> 그래서 오래도록 살 수 있는 것이다.
> 성인 또한 자신의 존재를 앞세우지 않으므로 오히려 자신의 존재를 빛내고,
> 자신의 존재를 아예 돌보지 않으므로 오히려 영원히 존재한다.
> 이것은 사사로움이 없기 때문이 아닐까?
> 그런 까닭에 사사로움마저도 참다운 자신이 되는 것이다.

> 天長地久(천장지구).
> 天地所以能長且久者(천지소이능장차구자),
> 以其不自生(이기부자생).
> 故能長生(고능장생).
> 是以聖人後其身而身先(시이성인후기신이신선),
> 外其身而身存(외기신이신존).
> 非以其無私邪(비이기무사사),
> 故能成其私(고능성기사).

제4장
가장 좋은 것은 물과 같다

드디어 제4장까지 왔군요. 이 장에서 못난이 노자는 어른들이 좋아하는 노자할아버지의 한말씀을 만납니다.

'상선약수(上善若水).'

'가장 좋은 것은 물과 같다.'

어쩌면 이 '상선약수'를 좋아하는 어른들 중에는 이 '상선약수'가 노자할아버지의 말씀이라는 것을 전혀 모르고 있는 사람들도 없지는 않겠지요. 어쨌거나 노자할아버지의 '상선약수'가 멋지게 표구가 되어 거실이나 현관, 혹은 사무실에 흔하게 걸려있는 것을 보면, 어른들이 이 말을 좋아하는 것만은 분명합니다.

물.

세상에 물을 싫어하는 사람은 없겠지요? 비록 흔한 것이 물이지만, 그래서 평소에는 물의 소중함을 잘 모르고 살아가지만, 만약에 물이 없다면 동물이나 식물을 비롯하여 지구상의 모든 생명체는 더이상 살아남을 수가 없을 것입니다.

아니, 어쩌면 태양계에 지구라는 푸른 별이 탄생할 때에도 만약에 수소라는 분자가 없었다면 지구에는 아직까지 어떠한 생명체도 존재하지 않았을지도 모릅니다. 그만큼 물은 지구가 태어날 때부터 중요한 존재였습니다.

노자할아버지는 제4장에서 바로 물로 비유하여 도를 말씀하고 계시는군요. 자, 제4장에서는 어디 한번 노자할아버지의 물의 세계로 들어가 볼까요?

> 가장 좋은 것은 물과 같다.
> 물은 만물을 이롭게 하면서도 더불어 다투지 않고,
> 모든 사람들이 싫어하는 곳에 머문다.
> 그러므로 물은 도에 가깝다.
> 사람이 사는 데는 땅이 좋다.
> 마음은 연못처럼 깊은 것이 좋다.
> 벗을 사귀는 데 있어서는 어진 것이 좋다.
> 말을 할 때는 믿음이 있어야 좋다.
> 정치는 무엇이든지 자연스럽게 다스리는 것이 좋다.
> 일을 할 때는 다른 사람보다 잘하는 것이 좋다.
> 세상에 자신을 드러낼 때는 시기를 맞추는 것이 좋다.
> 애오라지, 남과 다투지 않으니 허물이 없다.

전혀 어렵지 않지요? 혹시 어디 어려운 데라도 있으세요? 여러분 중에는 어렵지 않고 오히려 쉽게 여겨지니까, 그게 오히려 좀 이상하게 여겨지지요? 그래요, 제4장에 들어오니까 그 어렵다는 노자할아버지의 도덕경이 별로 어렵지 않게 여겨지게 되었습니다.

대저 물이 가진 가장 큰 특징이라면 무엇일까요?

물이 가진 특징이야 아주 많을 터이지만, 그중에서도 노자할아버지는 가장 큰 특징으로 남과 다투지 않는 것을 들었습니다. 그러고 보면 물이야말로 물이 만나는 모든 것들과 거의 다투지를 않는군요.

우선 물이 모든 것들과 다투지 않는 것은 원래 모든 사물들 중에서도 가장 낮은 곳에 자리하기 때문입니다. 바로 그런 물의 특징이 노자할아버지가 보기에는 당연히 도로 보이는 것입니다.

물이 맨 처음에 고이는 깊은 산속의 가장 낮은 웅덩이에 있는 옹달샘이 그렇고, 그 옹달샘이 낮은 곳만 골라서 흘러내리다가 만들어내는 골짜기의 작은 개울물이 그렇고, 그 개울물이 흘러내려 만들어내는 실개천이 그렇고, 그 실개천이 흘러내려 만들어내는 냇물이 그렇고, 그 냇물이 흘러내려 만들어내는 하천이 그렇고, 그 하천이 흘러내려 만들어내는 강이 그렇고, 그 모든 강이 흘러내려 마침내 만들어내는 바다가 그렇습니다.

물은 처음 옹달샘에서부터 비롯하여 바다에 이르기까지 모두가 땅 중에서도 가장 낮은 곳에 자리를 잡다 보니, 아예 처음부터 다른 것들과는 달리 자리를 차지하기 위해 다툴 필요가 없습니다. 이를테면 풀은 풀끼리, 나무는 나무끼리 서로가 잘 자라기 위해 자리를 다툽니다. 토끼며 산새 같은 순한 동물들도 좋은 먹이를 차지하기 위해 서로 자리를 다툽니다.

그런데 물은요? 물은 아예 처음부터 남들이 꺼려하는 낮은 곳만 골라서 흐르기 때문에 어느 무엇과도 다툴 일이 없는 것입니다.

거기다가 물은 애초부터 스스로 이렇다 할 모양을 만들지 않습니다. 자, 다시 한번 처음부터 물이 이루어내는 모양새를 살펴봅시다.

물은 맨 처음 고이는 깊은 산속에서는 옹달샘이 되었다가, 조금 아래로 흘러내려서는 개울이 되고, 그 다음에는 실개천, 시냇물, 하천, 강, 드디어 바다에 이르기까지 온갖 모양을 다 만들지만, 그것은 결코 물이 만드는 모양이 아닙니다. 물은 다만 낮은 곳으로, 낮은 곳으로 흘러내리기만 할 뿐인데, 그렇게 흘러내려가며 땅의 모양에 따라 물 또한 모양새를 달리하는 것입니다.

어디 그뿐이겠어요, 물은 담는 그릇에 따라 그 모양이 또 달라지지요? 네모난 그릇에 물을 담으면 물은 네모난 모양새가 되고, 둥근 그릇에 담으면 둥근 모양새가 되고, 항아리에 담으면 항아리 모양새가 됩니다.

그렇듯 애초부터 이렇다 할 모양을 갖지 않는 물은 처음 고이는 옹달샘에서부터 비롯하여 개울물, 냇물, 강물, 드디어 바닷물에 이르기까지 어느 하나 만물에 이롭지 않을 때가 없습니다. 나무며 풀 한포기에서부터 참새며 다람쥐, 토끼에서 바다에 사는 고래 같은 물고기며 심지어는 우리 같은 사람에 이르기까지 모든 생명 있는 것들은 물이 없이는 단 한순간도 살 수가 없는 것입니다.

그렇게 낮은 곳만 골라서 흘러내리는 물의 모양이며, 어떤 지형을 만나도 거기에 자신을 맞출 뿐 절대로 다투려 하지 않고 차라리 자신을 텅 비워버린 듯한 물의 특징이며, 만물의 어느 하나에도 이롭게 하지 않는 것이 없는 물의 쓰임새까지, 노자할아버지가 보기에는 딱 도의 모습에 들어맞았습니다.

그래서 노자할아버지는 당연히 도를 물에 비유합니다.

가장 좋은 것은 물과 같다.
물은 만물을 이롭게 하면서도 더불어 다투지 않고,
모든 사람들이 싫어하는 곳에 머문다.
그러므로 물은 도에 가깝다.

노자할아버지는 도를 물에 비유하며, 다시 한번 물의 모양이며 성품이며 쓰임새를 따라 사람들에게 가르침을 줍니다.

사람이 사는 데는 땅이 좋다.
마음은 연못처럼 깊은 것이 좋다.
벗을 사귀는 데 있어서는 어진 것이 좋다.
말을 할 때는 믿음이 있어야 좋다.

'사람이 사는 데는 땅이 좋다'는 구절에서 땅이란 낮은 곳을 가리키는 노자할아버지의 또다른 표현일 테지요. 물이 땅의 모양을 따라 낮은 곳으로 흘러내리듯 사람 또한 어디 하늘이나 나무 위나 산꼭대기가 아니라 낮은 곳인 땅을 골라 바로 그 땅에 자연스럽게 어우러져 살림터를 꾸며야 되는 것이지요.
'마음은 연못처럼 깊은 것이 좋다.'
노자할아버지로서는 참으로 당연한 가르침입니다. 원래 도를 좇는 마음이란, 우리의 감각이나 감정이 밖으로 드러나는 것을 멀리 합니다. 좋은 일이 있어도 크게 소리를 내어 기뻐하지 않고, 슬픈 일이 있어도 소리 내어 엉엉 울지 않으며, 묵묵히 마음속에 담아놓는 것이 도를 좇는 마음인 것입니다.

거기에서 한걸음 더 나아가, 인도의 요기들은 감각 중에서도 고통에 대한 감각을 다스려, 고통의 감각으로부터 자유로워지는 것을 요가의 기본으로 삼는다고 합니다. 이를테면 육체적인 고통으로부터 자유로워진 다음에 비로소 마음의 자유를 찾는 수행으로 들어가는 것입니다.

바로 자신의 감정을 쉽게 밖으로 드러내지 않을뿐더러 요기들처럼 자유를 찾아 안으로 들어가는 마음을, 노자할아버지는 깊은 연못으로 비유한 것입니다.

'벗을 사귀는 데 있어서는 어진 것이 좋다'거나 '말을 할 때는 믿음이 있어야 좋다'는 구절은 마치 교훈이나 급훈을 읽고 있는 것 같지 않나요? 아니면 무슨 금언이나 잠언 같기도 하지 않나요?

노자할아버지는 참으로 당연한 말씀들을 당연하게 말씀하고 계시군요. 그런데 이렇게 쉬워서야 어디 못난이 노자가 따로 설명할 필요가 있겠어요?

자, 그러면 다음으로 넘어가 봅시다.

> 정치는 무엇이든지 자연스럽게 다스리는 것이 좋다.
> 일을 할 때는 다른 사람보다 잘하는 것이 좋다.
> 세상에 자신을 드러낼 때는 시기를 맞추는 것이 좋다.
> 애오라지, 남과 다투지 않으니 허물이 없다.

여기에도 결코 어려운 구절은 없습니다. 노자할아버지의 이 말씀을 새겨듣다 보니 못난이 노자는 이상하게도 귀에서 물이 흐르는 소리가 들리는 느낌입니다.

정치를 해도 물이 흐르듯 자연스럽게 하라, 일을 할 때는 만물을 모두 이롭게 하는 물의 쓰임새처럼 남들에게 도움이 되게 잘하라, 세상에 자신을 드러낼 때도 물의 흐름을 닮아서 시기를 맞추라, 어디 물이 급하다고 빨리 가고 천천히 가야 한다고 해서 천천히 가더냐, 다만 물은 땅의 모양새에 자신을 맞추어 급하고 느린 것을 조절하느니, 바로 그것이 시기를 맞추는 것이니라.

그렇게 도를 좇는 사람은 물을 닮아 남과 다투지 않으니 어디 허물이 있으랴.

노자할아버지의 물을 따라 흘러가다 보니, 못난이 노자에겐 저절로 은정이의 얼굴이 떠오릅니다. 그리고 불현듯 목이 타는 듯한 갈증을 느낍니다.

아아, 은정이와 나의 관계도 저렇듯 흘러가는 물처럼 되었으면. 그리하여 서로가 서로를 껴안아 너와 내가 없는 한몸으로 언제까지나 흐르는 물소리가 되었으면.

은정이의 얼굴이 떠오르자 문득 언젠가 읽은 강은교 시인님의 〈우리가 물이 되어〉라는 시가 물 흐르는 소리와 함께 못난이 노자의 귓가에 맴도는군요. 은정이의 귀에만 들릴 정도의 가장 낮은 목소리로 한번 낭송해보겠습니다.

우리가 물이 되어 만난다면
가문 어느 집에선들 좋아하지 않으랴.

우리가 키 큰 나무와 함께 서서
우르르 우르르 비오는 소리로 흐른다면.

흐르고 흘러서 저물녘엔
저 혼자 깊어지는 강물에 누워
죽은 나무뿌리를 적시기도 한다면.
아아, 아직 처녀인
부끄러운 바다에 닿는다면.

그러나 지금 우리는
불로 만나려 한다.
벌써 숯이 된 뼈 하나가
세상에 불타는 것들을 쓰다듬고 있나니

만리 밖에서 기다리는 그대여
저 불 지난 뒤에
흐르는 물로 만나자.
푸시시 푸시시 불 꺼지는 소리로 말하면서
올 때는 인적 그친
넓고 깨끗한 하늘로 오라.

  시를 낭송하는 못난이 노자에게는 강은교 시인님의 시 또한 물이라는 사물의 바깥이 아니라 안으로 들어가서 이미 도의 경지를 넘나드는 것 같네요. 그렇게 시를 읊는 사이에 어느새 제4장도 끝나버렸군요.
  마치 소가 이미 먹은 여물을 되새김질이라도 하는 기분으로 다시 한번 제4장을 소리 내어 읽어봅시다.

가장 좋은 것은 물과 같다.
물은 만물을 이롭게 하면서도 더불어 다투지 않고,
모든 사람들이 싫어하는 곳에 머문다.
그러므로 물은 도에 가깝다.
사람이 사는 데는 땅이 좋다.
마음은 연못처럼 깊은 것이 좋다.
벗을 사귀는 데 있어서는 어진 것이 좋다.
말을 할 때는 믿음이 있어야 좋다.
정치는 무엇이든지 자연스럽게 다스리는 것이 좋다.
일을 할 때는 다른 사람보다 잘하는 것이 좋다.
세상에 자신을 드러낼 때는 시기를 맞추는 것이 좋다.
애오라지, 남과 다투지 않으니 허물이 없다.

上善若水(상선약수).
水善利萬物而不爭(수선리만물이부쟁),
處衆人之所惡(처중인지소오).
故幾於道(고기어도).
居善地(거선지).
心善淵(심선연).
與善仁(여선인).
言善信(언선신).
政善治(정선치).

事善能(사선능).

動善時(동선시).

夫唯不爭, 故無尤(부유부쟁, 고무우).

제5장

큰 도가 가려지면

제5장은 너무 쉬워서 혹시 싱겁게 느껴질지도 모릅니다. 이미 우리가 앞에서 공부한 것을 다시 복습하는 기분으로 읽어도 좋을 거예요. 아니, 이번에는 우리가 머리로 배운 것을 온몸으로 받아들여 아예 우리 몸에 육화시키는 기분으로 읽어도 좋겠지요.

> 큰 도가 가려지면
> 어짊이나 올바름 같은 것이 생겨난다.
> 지혜를 받들다 보면
> 큰 거짓이 생겨난다.
> 가족이 화목하지 못하면
> 어버이를 섬기는 일이며 인자함이 생겨난다.
> 나라가 어지러워지면
> 충신이 생겨난다.

어때요? 어디서 한번 본 것 같지 않나요? 그래요, 누군가는 벌써 '노자할아버지는 누구인가?'라는 질문을 기억할 거예요. 거기에서 장자할아버지가 쓴 책에 나오는 노자할아버지와 공자할아버지의 문답이 제5장의 내용과 아주 비슷합니다.

공자할아버지가 노자할아버지에게 인의(仁義)에 대해서 묻습니다.
"인의에 대해서 어떻게 생각하는지요?"

이 인의는 바로 어질고 올바르다는 뜻입니다. 공자할아버지의 물음에 노자할아버지가 대답합니다.

"눈에 먼지가 들어가면 눈을 뜨지 못해 그만 사방을 분간하지 못할 것이요, 모기가 살을 물면 가려운 나머지 밤새도록 잠을 이루지 못할 것이오. 그와 마찬가지로 그대는 어짊과 올바름이라는 먼지며 모기로 자칫 사람의 마음을 흥분시켜 세상을 어지럽힐 뿐이오. 부디 그대는 어짊과 올바름 때문에 세상사람들이 순박한 본성을 잃게 하지 마오. 어디 세상사람들뿐이겠소. 그대 또한 마찬가지요. 그대도 더이상 어짊이나 올바름 따위는 따지지 말고, 꾸밈이 없는 그대 본래의 바탕에 따라 마음이 움직이는 대로 살아가시오."

노자할아버지는 세상이 어지러워져서 큰 도가 가려지면 바로 어짊이나 올바름 같은 먼지며 모기가 나와 한층더 세상을 어지럽힌다고 믿습니다. 어떻게 보면 어짊이나 올바름 같은 가치관을 고작해야 먼지나 모기 따위로 여기려 드는 노자할아버지가 너무 심하다 싶기도 합니다.

그러나 노자할아버지로서는 사람이 본성에 따라 어질면 어질고 올바르면 올바른 것이지 억지로 꾸며서 어질거나 올바르게 하려는 것 자체가 이미 큰 도를 가리려 드는 먼지며 모기 따위 해충으로 여겨지는 것입니다. 어차피 본성에 불과한 어짊이나 올바름 따위를 사람의 좋고 나쁨을 분별하는 시비의 대상으로 삼는다면, 그것은 도에서 벗어나도 한참 벗어난 것이지요.

　　큰 도가 가려지면
　　어짊이나 올바름 같은 것이 생겨난다.

어떻습니까? 노자할아버지의 주장이 전혀 어렵지 않게 이해가 되지요? 다음 구절도 앞의 구절과 같은 맥락에 있습니다.

　　지혜를 받들다 보면
　　큰 거짓이 생겨난다.

노자할아버지로서는 지혜를 높이 받드는 사회는 그만큼 문제가 있는 사회인 것입니다. 그렇듯이 이렇다 하게 지혜를 구하는 일이 없이 하루하루 평범하고 안온하게 살아가는 사회가 좋은 사회인 것입니다. 만일 그 사회가 지혜를 높이 받들면 그 사회에는 그 지혜로 인하여 반드시 큰 거짓이 생겨난다는 것이지요.

이를테면 못난이 노자식으로는 지혜를 높이 받드는 사람들은 어쩔 수 없이 좌뇌적인 사람들입니다. 그렇듯이 좌뇌적인 사람들이 만드는 사회란 저마다 눈앞의 이익이나 생물적인 생명에 급급하는 사회인 것입니다. 불교식으로는 깨달음을 얻기 위해서 반드시 버려야 하는 알음알이나 분별지를 오히려 반대로 가치를 높여 좋아하는 사회이기도 합니다.

아니, 구태여 멀리 있는 사람들까지 들먹일 필요도 없습니다. 바로 못난이 노자의 아버지와 어머니가 지혜를 높이 받들다가 큰 거짓이 생겨난 대표적인 사람들입니다.

내가 초등학교 6학년 때인가요, 한밤중에 무슨 소리가 제법 크게 들려 잠이 깨었는데, 맙소사, 자칭 지식인이자 자유주의자인 아버지 어머니가 큰소리를 지르며 다투고 있었습니다.

아무래도 어머니의 목소리가 더 크게 들려왔습니다.

"위선자 같으니. 뒷구멍으로는 별 잔꾀를 다 부리면서도 밖에 나가면 폼나게 자유주의자며 지식인 행세를 하겠지? 나는 벌써부터 당신이란 사람의 구린내를 다 맡았다구."

아버지도 지지 않고 목소리를 높였습니다.

"그런 당신은? 당신이야말로 나에게 위선자 운운할 수가 있어? 속으로는 잇속을 다 챙기면서 바깥으로는 고상한 얼굴로 시민운동이니 봉사활동이니 떠들어대는 주제에. 쳇, 똥 묻은 개가 겨 묻은 개를 나무란다더니, 이건 적반하장도 유분수지."

"뭐? 똥 묻은 개? 날 보고 감히 똥 묻은 개? 어디 다시 한번 짖어봐, 이 개 같은 자야."

"그래, 얼마든지 짖어주지. 이 똥 묻은 암캐야!"

그날 밤 아버지와 어머니가 싸우는 소리를 들으면서 못난이 노자는 몇번이고 다짐했을 것입니다. 나는 다음에 절대로 지식인은 되지 않겠다! 자유주의자도 되지 않겠다! 아니, 절대로 교수도 되지 않겠다! 아니, 아니, 절대로 시민운동이니 봉사활동이니 따위는 하지 않겠다!

그런데 두사람의 싸움보다 더 경악스러운 사태가 다음날 아침에 일어났습니다. 못난이 노자가 식탁으로 가자 벌써 마주 앉아있던 두사람은 어느 때보다 고상하고 천연덕스러운 표정으로 말을 건넸습니다. 먼저 어머니가 화사하게 웃으며 손을 흔들어 보였습니다.
"좋은 아침!"
그러자 아버지도 뒤를 이었습니다.
"잇츠 어 나이스 데이."
못난이 노자는 어느 때보다 화목해 보이는 두사람을 건너다보면서 어젯밤의 일이 흡사 꿈속에서처럼 몽롱해지는 기분이었습니다. 그런 몽롱한 기분 속에서 못난이 노자는 저 아랫배 부근에서부터 치밀어오르는 어떤 역겨움 때문에 결국 그날 아침을 굶어야 했습니다.

그렇게 아침을 굶으면서 못난이 노자는 다시 한번 다짐했습니다. 나는 다음에 절대로 '좋은 아침'이란 말을 사용하지 않겠다. '잇츠 어 나이스 데이'라는 말도 사용하지 않겠다.

영원한 생명을 깨달아 큰 도를 알고 있는 노자할아버지로서는 지혜를 높이 받들고 알음알이며 분별지를 소중히 여기는 사회란 이미 큰 거짓이 생겨난 사회이며, 바로 그 거짓 때문에 큰 도가 가려져버린 사회인 것입니다.

가족이 화목하지 못하면
어버이를 섬기는 일이며 자애로움이 생겨난다.

대부분 가족이 화목한 가정일수록 효도나 자애로움을 무슨 가훈으로 삼지 않습니다. 만약 효도나 자애로움 같은 것을 가훈으로 삼아 사람들에게 드러내놓고 자랑하는 집이 있다면, 그 집은 화목하지 못하다는 반증이 될 수도 있습니다.

이렇듯 효도나 자애를 강요하는 가정이란, 노자할아버지가 보기에는 이미 큰 도가 가려져버리고 큰 거짓이 생겨난 가정일 수밖에 없지요.

나라가 어지러워지면
충신이 생겨난다.

만일 한 나라에 충신이 많다면 그 나라는 반드시 어지럽고 혼란스러운 나라라는 반증입니다. 나라가 어지럽고 혼란스러우니까 어쩔 수 없이 충성스러운 신하를 구하게 되는 거지요. 만일 나라가 어지럽지 않다면, 충신이 나올 리도 없지요.

결국 노자할아버지의 큰 도란 무슨 일이든 억지로 하려는 것이 아니고 '꾸밈이 없이 저절로 그러하게' 되어있는 어떤 것입니다. 못난이 노자식으로는 "생긴 대로 살자!"이지요.

바로 그런 큰 도가 가려져버린 사회는 어쩔 수 없이 지혜나 효도나 자애, 충신 같은 덕목들을 사람들에게 억지로 강요하는 것입니다.

자, 다시 한번 노자할아버지의 가르침을 되새겨, 머리뿐만이 아니라 아예 온몸으로 받아들이는 기분으로 다 같이 제5장을 소리

내어 읽어봅시다.

> 큰 도가 가려지면
> 어짊이나 올바름 같은 것이 생겨난다.
> 지혜를 받들다보면
> 큰 거짓이 생겨난다.
> 가족이 화목하지 못하면
> 어버이를 섬기는 일이며 인자함이 생겨난다.
> 나라가 어지러워지면
> 충신이 생겨난다.

> 大道廢(대도폐),
> 有仁義(유인의).
> 智慧出(지혜출),
> 有大僞(유대위).
> 六親不和(육친불화),
> 有孝慈(유효자).
> 國家昏亂(국가혼란),
> 有忠臣(유충신).

제6장

배우기를 그만두면 근심 걱정이 사라진다

　제6장은 제목부터가 어딘지 모르게 약간 아리송한 느낌입니다. 세상에, 배우기를 그만두면 근심 걱정이 사라진다니요?
　여기에서 못난이 노자는 어쩔 수 없이 여자친구 은정이가 생각나네요. 고등학교 1학년에서 학교를 때려치운 은정이를 보면 노자할아버지가 어떤 표정을 지을까 하구요.
　노자할아버지의 말씀을 그대로 믿고 따른다면, 배운다는 것은 공부를 그만둔다는 것인데, 그리고 당장에 학교까지 때려치워야 할지도 모르는데, 그런 노자할아버지 보기에는 마땅히 은정이가 누구보다 자랑하고 싶은 제자로 여겨지지는 않을까요?
　못난이 노자 또한 마찬가지겠지요. 비록 은정이처럼 학교를 그만둔 것은 아니지만, 나 또한 학교에서 강요하는 공부 그 자체를 그만두어버렸으니까요. 아니, 공부라는 허울 좋은 이름 아래 행해지는 살기등등한 경쟁 자체를 그만둔 셈인가요?
　어쩌면 못난이 노자로서는 영호라는 짝꿍을 잃고서야 비로소 살기등등한 경쟁에서 벗어난 셈입니다. 은정이나 나에게 결국 학교며 공부란 친구들을 짓밟고 넘어서서 그들의 목숨까지 뺏어야 할 무서운 경쟁 그 자체였던 것입니다.

네가 1점이라도 더 맞으면 내가 1점이 더 떨어진다!

못난이 노자가 공부며 경쟁 자체를 포기한 대가는 한마디로 똥덩이였습니다. 거기다가 친구들에게서도 왕따를 당하는 못난이였지요. 그리하여 마침내 고등학교 3학년이 된 아직까지도 못난이 노자에게는 등수 매기기식 경쟁을 강요하는 학교는 여전히 공포의 대상에 다름 아닙니다.

못난이 노자가 생각하기에는 어쩌면 중학교 때만 해도 차라리 순진했던 시절처럼 여겨집니다. 영호의 자살만 해도, 그 당시에는 신문이며 방송에서 며칠을 두고 뉴스에서 떠들 만큼 중요한 사건이었습니다.

못난이 노자가 고3이 된 요즘에는 시험이며 입시 때문에 자살을 하는 학생들이 한해에 무려 200명 가까이 된다는 것입니다. 그렇게 입시경쟁을 못 견디고 죽어가는 학생들이 해마다 늘어나는데도 불구하고, 이제 학생들의 자살은 더이상 중요한 뉴스거리도 안되는 세상이 되어버렸습니다.

세상사람들은 물론 학교며 부모님들에게마저 그들 200여명은 경쟁에서 떨어진 낙오자나 패배자, 혹은 못난이 노자 같은 똥덩이일 뿐인 것이지요. 그렇게 그들은 세상이 얼마든지 무시해도 좋을 무가치한 존재가 되어 어떠한 배려도 없이 망각 속으로 내동댕이쳐지는 것입니다.

못난이 노자 같은 낙오자에게마저도 학교의 교육환경은 더이상 참을 수 없는 어떤 한계점에 도달한 것처럼 여겨집니다. 학교며 사회는 물론 정부에서마저 날마다 더욱 치열하게 학생들 사이의 경쟁을 부추기는 기분인 것입니다.

0교시 자율학습이니 야자니 영어공교육, 우열반 편성 같은 것들이 만들어내는 치열한 경쟁의 분위기에 흡사 학교가 아니라 감옥에라도 온 듯 공포감마저 드는 것입니다. 그것으로도 모자라, 학교 수업이 끝난 후에는 학원선생님들이 학교에 와서 학생들을 가르치게끔 위탁교육까지 운운하다니요.

노자할아버지의 첫 말씀인, 배우기를 그만두면 근심 걱정이 사라진다는 것은 혹시 저런 식으로 경쟁을 부추기는 배움이 아닐까요? 그렇듯이 노자할아버지에게 근심과 걱정으로만 여겨지는 배움이란 결국 학생들을 자살로 몰아넣는 시험 위주의 배움이 아닐까요?

노자할아버지의 배움에 대한 근심과 걱정을 대하다 보니 문득 못난이 노자가 얼마 전에 읽었던 소설의 한대목이 떠오릅니다. 박민규라는 작가의 《죽은 왕녀를 위한 파반느》라는 소설인데요.

… 사용할 일이 전혀 없는 지식을 왜 배우는 걸까. 이를테면 $f(x+y) = f(x)+f(y)$를 가르치면서도 왜, 정작 인간을 사랑하는 방법에 대해서는 가르치지 않는 것인가. 왕조의 쇠퇴와 몰락을 줄줄이 외게 하면서도 왜, 이별을 겪거나 극복한 개인에 대해선 언급을 하지 않는가. 지층의 구조를 놓고 수십조항의 문제를 제출하면서도 왜, 인간의 내면을 바라보는 교육은 시키지 않는 것인가. 아메바와 플랑크톤의 세포구조를 떠들면서도 왜, 고통의 구조에 대해

서는 한마디 언급이 없는가. 남을 이기라고 말하기 전에 왜, 자신을 이기라고 말하지 않는 것인가. (…) 왜 협력을 가르치지 않고 경쟁을 가르치는가. 말하자면 왜, 비교평가를 하는 것이며 너는 몇점이냐 너는 몇등이냐를 외치게 하는 것인가. 왜, 너는 무엇을 입었고 너는 어디를 나왔고 너는 어디를 다니고 있는가를 그토록 추궁하는가. 성공이 아니면 실패라고, 왜 그토록 못을 박는가. 그토록 많은 스펙을 요구하는 것은 왜이며, 그 조항들을 만드는 것은 누구인가. 그냥 모두를 내버려두지 않는 이유는 무엇이며, 그냥 모두가 그 뒤를 쫓는 이유는 무엇인가. 부러워할수록 부끄럽게 만드는 것은 누구이며, 보이지 않는 선두에서 하멜른의 피리를 부는 것은 누구인가.

못난이 노자가 보기에는 박민규라는 작가의 배움과 노자할아버지를 그토록 근심 걱정하게 하는 배움이 전혀 다르지 않군요. 그런 배움은 우리에게 좋지 않은 배움인 것만은 분명합니다.

못난이 노자로서는 학교가 아무리 그렇다 해도, 배우기를 그만두면 근심 걱정이 사라진다는 노자할아버지의 말씀에 어딘지 모르게 찜찜한 기분도 없지 않습니다. 만일 누구나 다 학교를 때려치워 버린다면요? 그래서 학교가 없어져버린다면요?

에이, 노자할아버지가 어떤 분인데, 그럴 리가 있겠어요. 뭔지 모르지만, 배우기를 그만두면 근심 걱정이 사라진다는 말에는 좀 더 깊은 뜻이 있지 않을까요? 일단 노자할아버지를 믿고 말씀을 따라가는 수밖에요.

자, 그렇게 노자할아버지를 믿고 따르는 마음으로 제6장을 읽어 보기로 합시다.

배우기를 그만두면 근심 걱정이 사라진다.
'예'라는 대답과 '응'이라는 대답 사이에 얼마만한 차이가 있을까?
'착함'과 '나쁨'의 사이에는 또한 얼마만한 차이가 있을까?
세상사람들이 두려워하는 것을 성인도 두려워하지 않을 수는 없다.
황당하기가 그지없구나.
세상사람들은 산 제물을 놓고 축제를 즐기듯 하고,
꽃피는 봄날 동산에 올라 즐기듯 한다.
하지만 나만 홀로 고요히 아무런 분별도 하지 않는 것이
마치 아직 웃을 줄도 모르는 갓난아이 같구나.
또한 이리저리 떠돌아다니는 모양은
어디에도 돌아갈 곳이 없는 것 같구나.
세상사람들은 넉넉한데
나만 홀로 아무것도 없구나.
나는 어리석은 것일까,
어쩌면 나만 홀로 만물과 어우러져 있을지도 모른다.
세상사람들은 눈부신데
나만 홀로 어둡구나.
세상사람들은 똑똑한데
나만 홀로 둔하구나.

나는 바다같이 깊고 조용하고,
어디에도 머물지 않고 바람처럼 그치지 않는다.
세상사람들은 저마다 지혜를 뽐내는데
나만 홀로 어리석고 촌스럽구나.
그렇게 나만 홀로 세상사람들과 달라서
만물을 키우는 젖어머니인 도를 높인다.

노자할아버지가 근심하고 걱정하는 배움이 도대체 어떤 것인가 하는 질문에 대한 대답은 바로 뒷줄에 나오는군요.

'예'라는 대답과 '응'이라는 대답 사이에 얼마만한 차이가 있을까?
'착함'과 '나쁨'의 사이에는 또한 얼마만한 차이가 있을까?

노자할아버지가 싫어하는 배움은 다름 아닌, 예절공부이며 그런 예절에 따라서 사람이나 물건의 좋고 나쁨을 분별하는 따위의 공부였군요.
세상사람들이 생각하기에는 웃어른이 묻는 질문에 '예'라고 대답해야 예절을 바로 배운 군자이며, 만일 웃어른의 질문에 '응'이라고 대답하면 예절을 배우지 못한 무지렁이에 불과하겠지요.
노자할아버지는 바로 그런 세상사람들에게 묻습니다. '예'라는 대답과 '응'이라는 대답 사이에 얼마만한 차이가 있을까? 그리고 이어서 묻습니다. '착함'과 '나쁨'의 사이에는 또한 얼마만한 차이가 있을까?

제6장 | 배우기를 그만두면 근심 걱정이 사라진다　147

여기에서 다시 노자할아버지와 공자할아버지의 문답이 생각나는군요. 공자할아버지가 노자할아버지에게 예절이며 군자의 길에 대해서 묻자 노자할아버지가 대답합니다.

"그대가 예로써 우러러 받드는 사람들은 이미 죽어 뼈조차 썩어 없어졌으며, 이제 그들의 흔적이라고는 오직 쓸데없는 말만 남아 있을 뿐이오. 군자는 때를 만나면 벼슬길에 오르지만, 때를 만나지 못하면 시골에 숨어 살아야 하오. 좋은 상인이란 어떠하오? 자신이 지닌 재산의 어느 하나 자랑하지 않고, 그저 아무것도 없는 것처럼 숨기는 이가 좋은 상인이오. 군자도 마찬가지요. 설혹 속에 많은 덕을 지니고 있더라도 밖으로 드러나는 표정은 바보처럼 어리석게 보여야 하오.

그런데 그대는 어떠하오? 만일 그대가 진정한 군자가 되려면, 당장에 잘난 척 뽐내는 짓과 욕심과 남에게 잘 보이려고 얌전떠는 표정과 가슴에 품고 있는 포부까지도 다 버리시오. 그 모든 것들은 그대에게 하등 이로울 것이 없소. 그대가 나에게 물은 예에 대해서 내가 해줄 말은 이게 다요."

노자할아버지가 그렇게도 싫어하는 군자가 범생이나 짱이라는 것은 모두 알지요? 학교에서나 집에서 착한 학생으로 칭찬받는 범생이들, 선생님이 일러준 방법대로 열심히 공부하여 성적이 뛰어나고, 게다가 얼굴이 잘생겨서 인기도 좋고, 집안환경도 좋고, 무엇 하나 부족할 것이 없는 소위 '짱'들이, 그렇게 좌뇌적인 학생들이 노자할아버지가 그토록 싫어하는 바로 군자라는 인물인 것입니다.

이제 보다 더 확실해졌습니다. 노자할아버지가 근심 걱정으로 여겨 차라리 없애려고 하는 배움이란, '잘난 척 뽐내는 짓과 욕심과 남에게 잘 보이려고 얌전떠는 표정과 가슴에 품고 있는 포부' 따위였던 것입니다. 그리고 그런 배움은 못난이 노자로 하여금 똥덩이밖에는 될 수밖에 없게 만드는, 학급 전체를 순위를 매겨 등수로 사람의 잘나고 못난 것을 구별하려 하는 경쟁 위주의 배움이며, 결국 좌뇌 위주의 배움인 것입니다.

우뇌에 비해 좌뇌란 그야말로 이 넓은 우주에 떠다니는 먼지 한 알만큼의 존재감도 지니지 못한다는 사실은 이제 우리 모두 알고 있을 것입니다. 그런데도 아직까지 우리의 학교공부는 어쩔 수 없이 암기 위주의 좌뇌적 학습에 의해 등수를 매기며 공부를 잘하고 못하고, 뛰어나고 못난 것이 결정되는 식입니다.

그런 좌뇌 위주의 배움이란 어쩔 수 없이 우뇌에 있는 무한한 잠재력이나 생명력 그리고 신비한 방향성마저도 마침내 똥덩이로 만들어버릴 것이 분명합니다.

문득 언젠가 TV 다큐멘터리 프로에서 보았던 한장면이 못난이 노자의 눈앞에 펼쳐집니다.

여름입니다. 열두살에서 열아홉살 언저리의 열명쯤 되는 아이들이 한데 어울려 야외 풀장에서 물놀이를 하고 있습니다. 모두 발가벗은 알몸으로 남녀가 뒤섞여 서로 물을 끼얹으면서 한껏 물싸움을 즐기고 있습니다. 모두 즐거움이 가득한 아이들의 얼굴 위로는 무슨 금가루처럼 햇빛이 쏟아져내리고 있습니다.

못난이 노자는 아이들이 즐거워하는 그 장면을 보면서 온 얼굴이 흠뻑 젖도록 눈물에 젖을 수밖에 없었습니다. 한줌 그늘도 없이 천진난만하게 놀고 있는 아이들이 무슨 인간세상의 아이들이라기보다는 차라리 하늘에 있는 천사들처럼 눈부시고 아름다워서, 그렇게 아이들의 벌거벗은 알몸에 대한 감동 때문에 기어코 눈물이 났던 것입니다.

핀란드란 나라였던가요? 아이들은 바로 핀란드에서 중고등학교 과정을 배우고 있는 대안학교 학생들이었습니다. 그리고 그렇듯 남녀 구별이 없이 한데 어울려 마음껏 떠들며 물놀이를 즐기고 있는 장면은 다름 아닌, 수업시간이었습니다.

이를테면 거기에 있는 아이들 모두 우리나라식으로는 중고등 정규학교 과정에 적응을 못하여 낙오자가 되거나 패배자가 되어 대안학교로 쫓겨간 쓰레기 같은 아이들이었던 것입니다. 그런 쓰레기 같은 아이들이 나에게는 더없이 눈부시고 아름다운 천사들로 보였던 것이지요.

나중에 알고 보니, 그 대안학교에서는 모든 수업이 그런 식이었습니다. 수업이란 애오라지 즐기면서 노는 것이 전부였습니다. 물론 어떤 놀이에도 강요는 없습니다. 수업이란 자기가 놀고 싶은 대로 마음껏 놀게 하는 것입니다.

음악실에서는 악기를 가지고 놉니다. 미술실에서는 그림을 그리거나 진흙을 가지고 놉니다. 나무를 깎거나 다듬으면서 놀기도 합니다. 공구실에서는 공구를 가지고 놉니다. 공작실에서는 만들고 싶은 대로 만들면서 놉니다. 체육실에서는 농구공이든지 배구공이든지 탁구공이든지 누구든 자기가 고르고 싶은 공을 골라서 하고 싶은 대로 놉니다.

학교에서 하는 일이 모름지기 즐기는 것입니다. 그렇게 놀다 보면 어느 날 문득 보다 더 자신의 적성에 맞는 놀이를 발견하는 것이지요. 그리고 그것이 바로 수업이라는 것이었습니다. 그 학교에서는 선생님의 역할이란, 오로지 학생이 놀다가 노는 방법을 몰라서 헤맬 때, 슬그머니 나타나 노는 방법을 일러주는 것뿐입니다.

그런 학교에서는 물론 '예'라는 대답과 '응'이라는 대답 사이의 차이도 없으며, 또한 '착함'과 '나쁨'의 사이에도 차이가 없습니다. 물론 노자할아버지의 근심이나 걱정도 없습니다.

어디 그뿐일까요? 학생들 사이에 더이상 경쟁도 없으며 시험도 없습니다. 0교시도 없으며 야자도 없으며 우열반도 없습니다.

지금도 아이들이 물놀이를 하는 장면만 눈앞에 어른거리면 못난이 노자는 어쩔 수 없이 눈시울이 뜨거워집니다. 그러면서 노자할아버지의 배움에 대한 불신이며 안타까움이 새삼스럽게 여겨지는 것입니다.

배우기를 그만두면 근심 걱정이 사라진다!

어어, 또다시 못난이 노자의 눈시울이 뜨거워집니다. 어서 다음 구절로 넘어가야겠습니다.

세상사람들이 두려워하는 것을 성인도 두려워하지 않을 수는 없다.

황당하기가 그지없구나.

못난이 노자로서는 제6장에 나오는 성인이란 분이 꼭 나 같은 못난이하고 아주 많이 닮았다는 느낌이 듭니다. 우리들 중에도 만약에 자신을 못난이라고 여긴 사람이 있다면, 그리하여 한번이라도 친구들에게 왕따를 당한 적이 있다면, 앞에 나온 성인의 모습이 어쩐지 못난 자신과 닮았다는 생각이 들지도 모르겠습니다.

> 세상사람들은 산 제물을 놓고 축제를 즐기듯 하고,
> 꽃피는 봄날 동산에 올라 즐기듯 한다.
> 하지만 나만 홀로 고요히 아무런 분별도 하지 않는 것이
> 마치 아직 웃을 줄도 모르는 갓난아이 같구나.
> 또한 이리저리 떠돌아다니는 모양은
> 어디에도 돌아갈 곳이 없는 것 같구나.
> 세상사람들은 넉넉한데
> 나만 홀로 아무것도 없구나.

　세상사람들이 축제를 즐기는 듯 혹은 꽃피는 봄날 봄동산에 올라 즐기듯 들떠있는데 나만 홀로 고요히 젖먹이 아이처럼 어떤 분별도 하지 않고, 세상사람들이 모두 넉넉한데 나만 홀로 아무것도 없고, 세상사람들이 모두 눈부신데 나만 홀로 어둡고, 세상사람들이 모두 똑똑한데 나만 홀로 둔하고, 세상사람들이 모두 지혜를 뽐내는데 나만 홀로 어리석고 촌스럽구나.
　아아, 성인이 바로 저런 모습이라니요? 성인이라는 분이 어쩌면 나 같은 못난이하고 그 생각이며 행동이 똑같을까요?
　못난이 노자로서는 아무래도 제6장은 노자할아버지가 나 같은

못난이를 위해서, 어쩌면 나 같은 못난이가 가장 성인에 가깝다는 깨우침을 주기 위해서, 일부러 일러주는 말씀처럼 여겨집니다.

성인이란 도를 깨달은 사람입니다. 그런 성인이 세상사람들이 두려워하는 것을 넘어서지 못한 채, 함께 두려워해야 합니다. 두려움의 실체를 빤히 알면서도 두려워해야 한다니 얼마나 황당할까요?

성인이 바라보는 세상은, 잘난 척 뽐내고, 남에게 잘 보이려고 얌전을 떨며, '예'와 '응'이며 착함과 나쁨의 분별로 어지럽고, 욕심과 포부와 잘못된 배움을 마치 산 제물로 놓고 축제를 벌이는 것 같고, 또한 사방에 화려한 꽃들이 지천으로 피어나는 봄날의 꽃구경처럼 보입니다.

그런 축제와 꽃구경 속에서 성인 혼자서만 외톨이가 된 채, 흡사 아직 웃는 것도 배우지 못한 갓난아이처럼 어떠한 분별도 하지 않고 고요히 있습니다. 어지러운 세상의 어디에도 끼지 못한 채, 성인은 이리저리 떠돌 수밖에 없습니다. 그렇게 세상에서 한걸음 비켜선 성인에게, 세상은 저마다 넉넉한데 혼자만 아무것도 없는 것처럼 여겨집니다.

어쩌면 세상에서 한걸음 비켜선 성인이야말로 영원한 생명이 자기 안에 있는 줄을 알면서도 생물적 생명만을 전부로 알고 무슨 축제처럼 살아가는 세상사람들 속에서 숙명처럼 외로움을 느낄 수밖에 없을지도 모릅니다.

나는 어리석은 것일까,

어쩌면 나만 홀로 만물과 어우러져 있을지도 모른다.

세상에서 한걸음 비켜선 성인은 반문합니다. 나는 어리석은 것일까? 그리고 곧이어 반문에 대한 해답을 찾습니다. 어쩌면 나만 홀로 만물과 어우러져 있을지도 모른다.
당근이지요. 자기 안에 이미 영원한 생명을 가진 채 신비한 방향성 속에서 만물을 기르는 성인인데요.

> 세상사람들은 눈부신데
> 나만 홀로 어둡구나.
> 세상사람들은 똑똑한데
> 나만 홀로 둔하구나.
> 나는 바다같이 깊고 조용하고,
> 어디에도 머물지 않고 바람처럼 그치지 않는다.
> 세상사람들은 저마다 지혜를 뽐내는데
> 나만 홀로 어리석고 촌스럽구나.
> 그렇게 나만 홀로 세상사람들과 달라서
> 만물을 키우는 젖어머니인 도를 높인다.

세상에서 비켜선 채, 홀로 어둡고, 홀로 둔하며, 홀로 어리석고 촌스러운 성인이 차라리 슬프고 애달프게 여겨지지는 않으세요? 어쩌면 영원한 생명을 지닌 성인이 생물적 생명만을 중요시하는 세상에서 살아간다는 것은 그처럼 슬프고 애달픈 일인지도 모릅니다.

어쩌면 그렇듯 슬프고 애달픈 모습은 성인이 세상에 보이는 겉모습 아닐까요? 그런 겉모습으로 세상의 누구도 몰래 성인은 오로지 만물을 키우는 영원한 생명, 바로 만물의 젖어머니인 도를 높이는 것이지요.

그렇듯 슬프고 애달픈 성인의 겉모습에 겹쳐 못난이 노자는 문득 〈복사꽃 피는 날들〉이라는 중국 소설 중의 한장면이 떠오르는군요. 꺼페이(格非)라는 중국 작가의 소설인데요.

주인공인 슈미가 이제 막 신부가 되어 결혼식을 마치고 신랑이 있는 시댁으로 가다가 강도들에게 붙잡혀서 호수 한가운데 있는 아무도 살지 않는 조그만 섬에 갇혀있게 됩니다. 바로 그 섬에서 슈미는 우연하게 황폐한 묘를 발견하는데, 그 묘는 명대(明代) 도인인 초선(焦先)이라는 이가 잠들어 있는 곳입니다.

봉분 앞에는 푸른 돌비석이 하나 세워져 있었지요. 특별한 일 없이 한가했기 때문에 슈미는 비문을 몇번이나 보고 또 봅니다. 두꺼운 먼지를 떼어내자 비석 뒷면의 글자를 똑똑하게 알아볼 수 있었습니다.

초선, 자는 효건(孝乾)이다. 강음(江陰) 사람으로 명나라가 망하자 관직에서 물러났다. 호수에 있는 무인도에 초가를 엮어 오두막을 지었다. 여름이고 겨울이고 벌거벗어 매우 더러웠다. 이후 들불이 오두막을 태워 선은 이슬을 맞으며 잠을 자고 폭설을 맞았다. 그래도 잠자리를 옮기지 않으니 사람들이 죽었다고 여겨 와보았지만 그대로였다.

선은 광활한 천지를 집으로 삼아 도의 경지에 이르렀다. 태어나서는 모든 이들의 모범이요 돌아가서는 도인들의 스승이라. 추위와 더위의 고통이 그 성품을 다치게 하지 않고 광야에 거처함이 그 모습을 힘들게 하지 않았다. 놀라운 일을 당해도 걱정치 않고 영화로움이 떠나가도 걱정이 마음에 쌓이지 않았다. 듣고 보는 것을 저버리니 눈과 귀가 즐거웠다. 복희씨(伏羲氏) 이후에 한사람뿐이리라.

황폐한 무덤의 비석에서 발견한 초선이라는 도인의 생전의 모습에서 주인공 슈미는 커다란 위로를 받습니다. 그리고 못난이 노자는 초선이라는 도인의 모습에서 이 장에 나오는 성인의 모습을 봅니다. "… 듣고 보는 것을 저버리니 눈과 귀가 즐거웠다."
자, 성인의 슬프고 애달픈 겉모습, 성인의 세상살이를 함께 아파하면서 제6장을 다시 한번 읽어봅시다.

배우기를 그만두면 근심 걱정이 사라진다.
'예'라는 대답과 '응'이라는 대답 사이에 얼마만한 차이가 있을까?
'착함'과 '나쁨'의 사이에는 또한 얼마만한 차이가 있을까?
세상사람들이 두려워하는 것을 성인도 두려워하지 않을 수는 없다.
황당하기가 그지없구나.
세상사람들은 산 제물을 놓고 축제를 즐기듯 하고,
꽃피는 봄날 동산에 올라 즐기듯 한다.

하지만 나만 홀로 고요히 아무런 분별도 하지 않는 것이
마치 아직 웃을 줄도 모르는 갓난아이 같구나.
또한 이리저리 떠돌아다니는 모양은
어디에도 돌아갈 곳이 없는 것 같구나.
세상사람들은 넉넉한데
나만 홀로 아무것도 없구나.
나는 어리석은 것일까,
어쩌면 나만 홀로 만물과 어우러져 있을지도 모른다.
세상사람들은 눈부신데
나만 홀로 어둡구나.
세상사람들은 똑똑한데
나만 홀로 둔하구나.
나는 바다같이 깊고 조용하고,
어디에도 머물지 않고 바람처럼 그치지 않는다.
세상사람들은 저마다 지혜를 뽐내는데
나만 홀로 어리석고 촌스럽구나.
그렇게 나만 홀로 세상사람들과 달라서
만물을 키우는 젖어머니인 도를 높인다.

絶學無憂(절학무우).
唯之與阿 相去幾何(유지여아 상거기하).
善之與惡 相去若何(선지여악 상거약하).
人之所畏 不可不畏(인지소외 불가불외).
荒兮, 其未央哉(황혜, 기미앙재).

衆人熙熙 如享太牢, 如春登臺(중인희희 여향태뢰, 여춘등대).

我獨泊兮 其未兆(아독박혜 기미조),

如嬰兒之未孩(여영아지미해).

儽儽兮 若無所歸(내래혜 약무소귀).

衆人皆有餘 而我獨若遺(중인개유여 이아독약유).

我愚人之心也哉(아우인지심야재).

沌沌兮(돈돈혜).

俗人昭昭 我獨昏昏(속인소소 아독혼혼).

俗人察察 我獨悶悶(속인찰찰 아독민민).

澹兮 其若海 飂兮若無止(담혜 기약해 료혜약무지).

衆人皆有以 而我獨頑似鄙(중인개유이 이아독완차비).

我獨異於人 而貴食母(아독이어인 이귀식모).

제7장

발뒤꿈치를 들고서는 오래 서있지 못한다

제7장에 접어드니 어느새 우리도 도덕경의 세계로 성큼성큼 깊이 들어선 것 같습니다. 도덕경의 세계에 그만큼 깊어질수록 노자 할아버지가 우리 같은 못난이를 얼마나 깊이 사랑하는지, 반대로 잘난 범생이나 짱들을 얼마나 싫어하는지, 머리가 아니라 거의 온몸으로 느껴지는 것 같습니다.
어디 제7장을 가볍게 읽어볼까요?

> 발뒤꿈치를 들고서는 오래 서있지 못한다.
> 가랑이를 한껏 벌린 걸음으로는 멀리 걷지 못한다.
> 스스로 자기를 드러내려는 사람은 오히려 드러나지 않고,
> 스스로 자기를 옳다고 하는 사람은 자기자신에게 어두우며,
> 스스로 뽐내는 사람은 공을 차지하지 못하며,
> 스스로 자랑하는 사람은 지도자가 되지 못한다.
> 도에 있어서는, 그런 것들은
> 음식찌꺼기거나 군더더기에 불과하여
> 도를 아는 사람들은 언제나 싫어한다.

그러므로 도를 아는 사람은 그런 짓을 하지 않는다.

제7장을 설명하는 것이 못난이 노자로서는 차라리 무슨 음식찌 꺼기거나 군더더기로 여겨질 정도입니다. 구태여 무슨 설명이 필요하겠어요?
정말로 이 글이 필요한 사람들은 못난이들이 아닌, 스스로 잘났다고 여기고, 그렇게 자기를 드러내지 못해 안달복달하거나, 자기를 옳다고 여겨 어깨에 힘을 주거나, 입만 벙긋했다 하면 자기자랑에 목이 쉬는 소위 짱들이나 범생이들이겠지요. 아니, 무엇보다도 좌뇌적인 인간들이겠지요.
그런 짱들이나 범생이, 좌뇌적인 인간들이야말로 노자할아버지가 보기에는 조금이라도 남들에게 자기를 잘 보이기 위하여 발뒤꿈치를 들고서 키를 높이는 사람이고, 남들보다도 한치라도 앞서 가기 위하여 가랑이가 찢어져라 하고 욕심껏 가랑이를 벌려 걸음을 걷는 사람들일 뿐이지요.

발뒤꿈치를 들고서는 오래 서있지 못한다.
가랑이를 한껏 벌린 걸음으로는 멀리 걷지 못한다.

그런데 이 구절에서도 못난이 노자는 왜 무심코 아버지 어머니를 떠올릴까요? 왜 아버지 어머니가 스스로도 모르는 채, 언제나 발뒤꿈치를 들고 아등바등하는 모습으로 서있는 것처럼 여겨질까요? 못난이 노자로서는 아버지 어머니가 남들 앞에서 뽐내고 자랑하는 '자유주의자'며 '지식인'이라는 위치가 어쩐지 남보다도 조금이라도 커 보이기 위해서 발뒤꿈치를 들고 서있는 모습으로만 여겨지는 것입니다. 어쩌면 두분이 그런 식으로 발뒤꿈치를 드는 것은 그렇게 발뒤꿈치라도 들지 않으면 견딜 수 없는 어떤 불안 때문인지도 모릅니다.

못난이 노자에게는 아버지 어머니가 즐겨 자신의 이름 앞에 붙이는 자유주의자며 지식인이 어쩔 수 없이 무슨 자가포장 상표처럼 여겨지는 것입니다. 혹시 그분들은 자신의 이름 앞에 저런 상표라도 붙여야 안심이 되는 것은 아닐까요?

만일 그 상표가 없으면 이 사회의 어떤 계층에서 당장이라도 도태당할 것만 같은 불안감, 그런 상표라도 없으면 끝내 어떤 계층에서 도태되어 사람들에게 아예 잊혀진 존재가 될 것만 같은 불안감 말입니다.

> 스스로 자기를 드러내려는 사람은 오히려 드러나지 않고,
> 스스로 자기를 옳다고 하는 사람은 자기자신에게 어두우며,
> 스스로 뽐내는 사람은 공을 차지하지 못하며,
> 스스로 자랑하는 사람은 지도자가 되지 못한다.

노자할아버지의 이 말씀마저도 못난이 노자로서는 어쩔 수 없이 아버지 어머니를 지적하여 은근히 나무라는 것처럼 여겨집니다. 자신의 이름 앞에 자가포장으로 붙인 상표야말로 스스로 자기를 드러내려는 짓이며, 스스로 자기를 옳다고 여기는 짓이며, 스스로

뽐내는 짓인 것이지요.

그러나 그런 아버지 어머니야말로 자신의 아들에게마저도 드러나지 않고, 그만큼 자기자신에게 어두우며, 자기자신을 알아줄 어떠한 공도 세우지 못하는 것입니다. 그런데도 두분은 전혀 그 사실을 깨닫지 못하고 있는 셈입니다.

그러면서도 아버지 어머니는 사회의 지도자가 되는 것을, 그리하여 이 사회에 무언가 공을 세우는 것을 믿어 의심치 않으며, 오늘도 누군가 높은 분의 부름을 목이 빠지게 기다리고 있습니다.

아아, 어떻게 생각하면, 저런 분들이 어디 못난이 노자의 아버지 어머니뿐이겠어요? 못난이 노자가 두분에 대하여 이러쿵저러쿵 흉을 보는 것을 안다면, 그분들이야말로 분함을 참지 못해서 당장에 입에 거품을 문 채 쓰러질지도 모릅니다. 그렇게 쓰러지면서 기어코 몇마디 외치겠지요.

"어디, 우리뿐인 줄 알아? 세상이 어차피 그런 걸. 우리는 그래도 비교적 양심적인 편이라구! 어디, 우리보다 당당한 사람이 있으면 한번 나와보라고 그래."

아버지 어머니식으로 생각한다면, 두분이야말로 억울한 셈입니다. 만약 두분에게 잘못이 있다면, 어쩌다 못난이 노자 같은 아들을 두어서 두분이 자가포장한 상표를 공개적으로 비난당한다는 잘못이 있을 뿐이겠지요.

도에 있어서는, 그런 것들은
음식찌꺼기거나 군더더기에 불과하여

도를 아는 사람들은 언제나 싫어한다.
그러므로 도를 아는 사람은 그런 짓을 하지 않는다.

이 구절에 이르자 아무리 아버지 어머니에 대한 비난을 서슴지 않는 못난이 노자라지만, 그러나 어쩔 수 없이 가슴이 아픕니다. 흡사 불에 달군 시뻘건 쇠꼬챙이가 가슴을 짓뭉개는 듯한 아픔입니다.
못난이 노자 때문에 아버지 어머니는 결국 공개적으로 음식찌꺼기며 군더더기에 불과하게 되어버렸군요.

> 발뒤꿈치를 들고서는 오래 서있지 못한다.
> 가랑이를 한껏 벌린 걸음으로는 멀리 걷지 못한다.
> 스스로 자기를 드러내려는 사람은 오히려 드러나지 않고,
> 스스로 자기를 옳다고 하는 사람은 자기자신에게 어두우며,
> 스스로 뽐내는 사람은 공을 차지하지 못하며,
> 스스로 자랑하는 사람은 지도자가 되지 못한다.
> 도에 있어서는, 그런 것들은
> 음식찌꺼기거나 군더더기에 불과하여
> 도를 아는 사람들은 언제나 싫어한다.
> 그러므로 도를 아는 사람은 그런 짓을 하지 않는다.

跂者不立, 跨者不行 (기자불립, 과자불행).
自見者不明, 自是者不彰 (자현자불명, 자시자불창).
自伐者無功 自矜者不長 (자벌자무공, 자궁자불장).

其在道也(기재도야),
曰餘食贅行(왈여식췌행),
物或惡之(물혹오지).
故有道者不處(고유도자불처).

제8장

세상을 지배하려고 욕심부리는 자가 있는데

세상을 지배하려고 욕심부리는 자가 있는데
나는 그가 실패하는 것을 볼 따름이다.
세상이란 신비한 그릇이니
사람의 욕심으로 어떻게 할 수가 없는 것이다.
그런데도 억지로 해보려는 자는 실패하고
움켜잡으려는 자는 잃게 마련이다.
무릇 세상의 사물은 앞서 나가기도 하고 뒤따르기도 하며,
따뜻하게 감싸기도 하고 차가운 기운을 내뿜기도 하며,
어떤 것은 힘이 세지만 어떤 것은 힘이 약하기도 하며,
어떤 것은 위로 솟기도 하지만 어떤 것은 아래로 무너지기도 한다.
그러므로 성인은
지나친 짓을 하지 않고, 사치하지 않고, 교만을 부리지 않는다.

제8장은 못난이 노자가 앞서서 이러쿵저러쿵 떠들지도 않고 바로 노자할아버지의 말씀부터 그대로 시작했습니다. 그것은 무엇보다도 벌써부터 친구들을 믿기 때문입니다.

어쩌면 우리는 그 어렵다는 노자할아버지의 가르침도 이미 어려운 것이 없어져버렸을지도 모릅니다. 제8장을 다시 한번 읽어보세요. 어디가 어렵습니까?

제8장을 읽다 보니 못난이 노자로서는 또다시 아버지 어머니를 떠올릴 수밖에 없군요. 돌이켜보면, 나를 낳아서 19년 동안 길러주신 두분인데요, 또다시 가슴이 시뻘건 쇠꼬챙이로 짓뭉개지는 듯한 아픔을 느끼면서도, 어쩔 수 없이 두분을 들먹이지 않을 수 없습니다.

왜냐하면 아버지 어머니야말로 못난이 노자가 아침에 눈을 떠서 밤에 잠들 때까지 날마다 지켜보는 반면교사(反面教師)이기 때문입니다. 반면교사의 원래 뜻은 '극히 나쁜 것들만을 가르쳐주는 선생님'인데, '따르거나 되풀이해서는 안되는 나쁜 본보기로서의 사람이나 일'을 이르는 말입니다.

못난이 노자가 가장 가슴이 아픈 것은 노자할아버지의 도에 깊이 들어갈수록, 나쁜 본보기들은 하나같이 아버지 어머니에게 맞아떨어진다는 점입니다. 물론 두분이 나에게는 세상에서 가장 가까운 사람들이기 때문이기도 하겠지요. 그리하여 한집에 사는 식구가 아니면 다른 사람들은 전혀 모르고 지나갈 두분의 숨겨진 또다른 얼굴을 항상 보아왔기 때문일 것입니다.

하여튼 못난이 노자가 보기에는, 이 세상에서 아버지 어머니 두분만한 출세주의자들이 없는 것입니다. 아버지 어머니의 출세욕은 너무 크고 강한 나머지, 만약에 세상 전체를 지배하라고 해도, 두분은 절대로 거절을 안할 것입니다. 안하기는커녕 온갖 수단과 방법을 통해서, 거의 목숨마저 내걸고 거기에 매달리겠지요.

아버지 어머니가 입만 벙긋했다 하면, 거품을 내뿜으며 자랑하는 자유주의자며 지식인이라는 자가포장 상표 또한, 그 상표 안에는 당연히 출세주의자로서의 또다른 얼굴이 숨어있는 것입니다.

못난이 노자가 아버지나 어머니에 대한 최소한의 예의조차 무시하고 어쩔 수 없이 두분의 출세에 대해 운을 떼는 것은 두분이 지닌 자기모순 때문입니다. 자유주의자며 지식인을 상표로 내세우는 두분이, 출세에 대해서 만큼은 전혀 자유롭지 못한 것입니다.

아버지 어머니는 이미 인격적으로 서로가 서로를 전혀 인정하지 못하면서도 딱 한가지에서만은 아직까지 찰떡궁합으로 맞는 것이 있습니다. 바로 출세이지요. 출세에 대한 이야기만 나오면, 아버지 어머니 둘 다 나의 존재 따위는 숫제 아랑곳 않고 이마를 맞대고 속내를 맞춥니다.

요즈음 아버지가 목표로 삼고 있는 출세의 목표는 다름이 아닌, 정치인입니다. 아버지에게 정치란 바로 권력을 움켜쥘 수 있는 무기이겠지요. 보다 구체적인 목표는 정치인 중에서도 국회의원이 되는 것입니다.

아버지의 아들인 못난이 노자가 보기에는 아버지 정도의 됨됨이로는 대학교수만한 커다란 출세도 없을 터인데, 아버지는 전혀 생각이 다른 것입니다. 그리하여 요즈음 아버지는 학문을 연구하는 일은 거의 등한시한 채 다음번에 국회의원이 되기 위하여 거의 매일처럼 정치하는 사람들을 찾아 여의도 주변을 맴돌고 있습니다.

어머니는 어머니대로 바쁘기는 마찬가지입니다. 어머니의 당장의 목표는 어머니가 속해있는 시민운동단체의 가장 높은 자리입니다. 바로 그 자리에 앉기 위하여 거의 밤마다 드레스를 바꿔 입고 파티가 열리는 곳을 찾아다닙니다.

세상을 지배하려고 욕심부리는 자가 있는데
나는 그가 실패하는 것을 볼 따름이다.

이 구절만 떼어놓고 보니, 이것은 노자할아버지가 아니라, 바로 못난이 노자가 밤늦게까지 집에 들어올 생각도 없이 바깥에서 헤매고 다니는 아버지 어머니를 안타까워하면서 입 안에서 중얼거리는 혼잣말에 다름 아니군요. 나는 이미 너무 빤하게 아버지 어머니의 출세에 대한 욕심의 끝을 보고 있는 셈입니다. 결국 두분이 지닌 출세욕의 끝은 바로 세상을 지배하려는 욕심에 닿아있는 것입니다.

세상이란 신비한 그릇이니
사람의 욕심으로 어떻게 할 수가 없는 것이다.

못난이 노자로서는 아버지 어머니에게 차라리 깊은 연민을 느낍니다. 비단 노자할아버지뿐만이 아니라 나 같은 못난이 노자도, 세상이란 이미 까마득한 46억년의 시간 저편에서부터 어떤 목적을 지닌 신비한 방향성에 따라 움직이고 있다는 것을 이미 알고 있는 것입니다.

그런 신비한 방향성의 세상을, 그렇게 신비한 방향성에 의해 정해진 길을 오늘도 변함없이 움직이고 있는 세상을, 감히 지배하려 들다니요. 그것도 애오라지 좌뇌로만 궁리해낸 출세욕 하나로요.

여기에서 못난이 노자는 아버지 어머니에 대한 깊은 연민 때문에라도 한가지 사실을 덧붙이지 않을 수가 없군요. 그렇듯 출세욕으로 뒤덮인 두분의 마음속 깊은 곳에도, 두분은 미처 깨닫지 못하는 이상적이고 완전한 상상의 세계가 존재하고 있으며, 바로 그 상상의 세계가 우뇌의 유전자정보가 지닌 신비한 방향성이라는 것입니다.

아아, 아버지 어머니가 만약에 단 한번만이라도 자신의 안으로 들어가, 좌뇌가 아닌 우뇌의 눈길로 자신의 안에 있는 것들을 볼 수만 있다면! 그리하여 저 이상적이고 완전한 상상의 세계를 느낄 수만 있다면!

이런 생각만으로도 못난이 노자는 어쩔 수 없이 두눈에 눈물이 고입니다.

> 그런데도 억지로 해보려는 자는 실패하고
> 움켜잡으려는 자는 잃게 마련이다.

노자할아버지가 아버지 어머니의 출세욕에 아예 쐐기를 박는군요. 마치 못난이 노자의 가슴에 또다시 시뻘건 쇠꼬챙이가 박혀오는 것 같아서 빨리 다음 구절로 넘어가겠습니다.

무릇 세상의 사물은 앞서 나가기도 하고 뒤따르기도 하며,
따뜻하게 감싸기도 하고 차가운 기운을 내뿜기도 하며,
어떤 것은 힘이 세지만 어떤 것은 힘이 약하기도 하며,
어떤 것은 위로 솟기도 하지만 어떤 것은 아래로 무너지기도 한다.

500만년 전, 원숭이의 돌연변이로부터 시작한 인류가 이제 와서는 만물의 영장이라면서, 세상의 모든 것을 지배하는 지배자로 군림하고 있다는 사실을 부정하진 못할 것입니다. 그리고 지배자로 군림하며 인류 이외의 다른 뭇 생명들을 얼마든지 짓밟고 무시하다 못해 지금에 와서는 아예 멸종시키고 있다는 사실 또한 부정하지 못할 것입니다.

흔히 하는 욕 중에 '벌레 같은 놈'이란 욕이 있습니다. 그런가 하면 좀더 고상한 척하는 사람들은 '미물(微物)만도 못한 놈'이라고도 하지요. 미물이란 아예 무시해도 좋을 하찮은 벌레라는 뜻입니다. 흔히 지렁이나 개미, 굼벵이, 구더기 등을 가리키겠지요.

그렇게 벌레니 미물이니 하며 욕을 하는 시각이 바로 인간을 만물의 영장이라고 하여 세상의 모든 것들을 지배한다는 착각에서 온 지배자의 시각입니다. 어쩌면 노자할아버지는 제8장에서 바로 그런 우리의 잘못된 지배자의 시각에 엄중한 경고를 보내는 것인지도 모릅니다.

노자할아버지가 볼 때, 인간이라고 해서 절대로 세상 모든 만물의 지배자가 되어서는 안됩니다. 아니 되고 싶어도 될 수가 없습니다.

세상의 모든 사물은 저마다 타고난 본성이 있고, 그만큼 다양한

모습을 하고 살아갑니다. 그런 본성과 다양성에 따라, 누군가 무엇인가는 앞서 나가기도 하고 뒤따르기도 하며, 따뜻하게 감싸기도 하고 차가운 기운을 내뿜기도 하며, 힘이 세거나 힘이 약하기도 하며, 위로 솟기도 하고 아래로 무너지기도 합니다.

부처님은 "이 세상 모든 것에 부처 아닌 것이 없다"고 말씀하셨습니다. 구태여 어렵게 생각하지 맙시다. "모든 생명의 값어치는 똑같다. 생명에 귀하고 천한 것은 없어, 하다못해 똥통에 뒹구는 저 구더기 한마리의 생명 안에도 부처는 살고 있다"는 뜻입니다.

부처님의 가르침은 노자할아버지의 가르침과 한치도 어긋남이 없군요.

그러므로 성인은
지나친 짓을 하지 않고, 사치하지 않고, 교만을 부리지 않는다.

당연하지요. 어디 성인뿐이겠습니까? 노자할아버지며 부처님이며, 못난이 노자며 그리고 제8장까지 온 못난이들 또한 마찬가지입니다. 세상이 얼마나 신비한 방향성에 따라 움직이며 또한 얼마나 크고 넓은가를 익히 아는 우리가 감히 세상을 지배하려고 지나친 짓을 하며, 사치를 하고, 교만을 부리겠습니까?

자, 깨달음이 여기까지 다다른 못난이들이 스스로를 축하하는 의미에서 제8장을 다시 한번 읽어봅시다.

세상을 지배하려고 욕심부리는 자가 있는데

나는 그가 실패하는 것을 볼 따름이다.
세상이란 신비한 그릇이니
사람의 욕심으로 어떻게 할 수가 없는 것이다.
그런데도 억지로 해보려는 자는 실패하고
움켜잡으려는 자는 잃게 마련이다.
무릇 세상의 만물은 앞서 나가기도 하고 뒤따르기도 하며,
따뜻하게 감싸기도 하고 차가운 기운을 내뿜기도 하며,
어떤 것은 힘이 세지만 어떤 것은 힘이 약하기도 하며,
어떤 것은 위로 솟기도 하지만 어떤 것은 아래로 무너지기도 한다.
그러므로 성인은
지나친 짓을 하지 않고, 사치하지 않고, 교만을 부리지 않는다.

將欲取天下而爲之(장욕취천하이위지),
吾見其不得已(오견기부득이).
天下神器, 不可爲也(천하신기, 불가위야).
爲者敗之, 執者失之(위자패지, 집자실지).
故物或行或隨, 或呴或吹, 或强或羸, 或載或隳
(고물혹행혹수, 혹구혹취, 혹강혹리. 혹재혹휴).
是以聖人(시이성인),
去甚, 去奢, 去泰(거심, 거사, 거태).

제9장

죽어도 죽지 않는 사람은 영원히 산다

제9장의 제목만 보아도 아, 이것은 노자할아버지가 무슨 이야기를 하려고 하는 것이구나 하고, 감이 팍팍 오지 않습니까?
죽어도 죽지 않는 사람!
그렇습니다. 우리가 이미 상상하는 대로입니다. 그렇게 팍팍 오는 감이 바로, 우리가 제9장까지 오면서 쌓은 내공인 것입니다. 그러나 저마다 느끼는 그 감은 일단 접어두고, 우선 제9장의 전문을 읽어봅시다.

> 남을 아는 사람은 지혜롭지만
> 자기자신을 아는 사람은 도에 밝다.
> 남을 이기는 사람은 힘이 있을 뿐이지만
> 자기자신을 이기는 사람이 참으로 강하다.
> 스스로 만족할 줄 아는 사람이 참다운 부자며
> 힘써 도를 좇는 사람이 참다운 뜻이 있다.
> 자기가 있을 자리를 벗어나지 않는 사람이 오래가고
> 죽어도 죽지 않는 사람은 영원히 산다.

제9장에서 우리가 구태여 생물적인 생명과 영원한 생명을 구별한다면요? 그렇게 좌뇌적인 사람과 우뇌적인 사람을 구별한다면요?

뭐라구요? 그런 구별은 이제 초딩들도 가능할 거라구요? 그럴지도 모릅니다. 그러나 못난이 노자가 단언하건대, 어른들은 절대로 구별을 못할 걸. 왜냐하면 어른들은 아직도 바깥을 보는 눈으로만 남들을 보고, 심지어는 자기 안을 보는 데도 바깥을 보는 눈으로만 볼 테니까요.

못난이 노자의 그런 단언은 적어도 열아홉살까지 살아오는 동안에 어른에 대해서 나름대로 깨우친 결과입니다. 바로 그런 이유 때문에 나는 열아홉살이 된 어느 날 문득 결심을 하게 된 것입니다.

더이상 나이를 먹어 스무살에 도달하지 않고, 영원히 열아홉살에 머물겠다! 그리하여 절대로 어른이 되지 않겠다!

남을 아는 사람은 지혜롭지만
자기자신을 아는 사람은 도에 밝다.

남을 아는 사람이란 어떤 사람일까요? 결국 학문이며 지식이 높은 사람, 그래서 세상사람들로부터 우러름을 받으며 스스로 지혜롭다고 여기는 사람이겠지요. 못난이 노자식으로는 좌뇌적인 사람이구요.

남을 아는 사람에 비교하여 노자할아버지가 일컫는 자기자신을 아는 사람은요? 겉으로 보기에는 어쩔 수 없이 못난이로 비치겠지만, 그 못난이 속에 보물을 간직한 사람이 바로 자기자신을 아는 사람일 것입니다. 거기에 덧붙이면 우뇌적인 사람이구요.

노자할아버지는 바로 그렇듯 세상사람들이 보기에는 못난이로밖에 보이지 않는 우뇌적인 사람을 도에 밝다고 주장합니다. 당근이지요. 적어도 자기자신 안에 보물이 있는 것을 아는 사람이니까요.

남을 이기는 사람은 힘이 있을 뿐이지만
자기자신을 이기는 사람이 참으로 강하다.

학교에서나 사회에서나 아니 집에서나 누구든지 남을 이겨야 출세를 한다고 여기고 있습니다. 이것은 구태여 출세주의자인 못난이 노자의 아버지 어머니까지 들먹이지 않아도 될 것입니다.

학교에 가면 공부, 공부, 공부만 외치는 선생님들이 우리에게 주입시키는 저 슬로건들이 주장하는 것은 단 하나입니다.

힘이란 남을 이길 수 있을 때 생긴다!

세상을 지배하는 것은 오로지 1퍼센트다. 그 1퍼센트에 들기까지 세상은 오로지 경쟁이다! 경쟁에는 친구도 없다. 대학입시 앞에서는 어제의 친구마저 오늘은 적일 뿐이다. 남을 이겨라! 이겨야 살아남는다! 그게 바로 출세다!

남을 이기는 사람은 얼핏 보기에 힘이 있는 것처럼 보이지만, 과연 그럴까요? 소위 권력욕이나 명예욕이나 소유욕에 빠진 사람들은 그 욕망에 빠져 헤어날 줄 모릅니다. 이를테면 어느 순간 자신은 권력이나 명예나 소유에 대한 욕망의 노예가 되어 사람의 기본적인 품성인 인간성마저 상실한 채, 제동장치가 고장난 기차처럼 그 욕망의 끝을 향해 무한질주할 뿐이겠지요.

바로 그런 풍토를 만든 우리의 경쟁사회를 향하여 노자할아버지가 점잖게 타이릅니다.

자기자신을 이기는 사람이 참으로 강하다!

참으로 지당하신 말씀입니다. 그 지당한 말씀을 가슴에 새기며 다음 구절로 넘어가볼까요?

스스로 만족할 줄 아는 사람이 참다운 부자며
힘써 도를 좇는 사람이 참다운 뜻이 있다.

노자할아버지가 도를 말씀하시니까, 문득 중국의 역사가 사마천의 《사기》에 나오는 한 구절이 생각나네요. 노자할아버지가 공자할아버지에게 도를 설파하며 은근히 공자할아버지를 타이르는 대목입니다.

"그대는 총명하여 세상의 일을 깊이 살피지만 바로 그 총명 때문에 이따금씩 죽을 고비를 넘기는 것이오. 그렇게 죽을 고비를 넘기는 것은 사람들과 불필요한 논의를 즐기기 때문이고, 변론을 능수능란하게 잘하지만 그대의 몸 하나 간수하는 것마저 위태로운 것은 남의 허물을 들추어내기 때문이오. 그대가 자신의 총명은 물론 예의범절, 교만 그리고 재능까지 놓아버린다면 그야말로 그대 또한 도에 가까워질 것이오."

노자할아버지의 이 한말씀이야말로 이 구절에 대한 가장 뛰어난 해설이 되겠지요. 자, 우리 또한 이 말씀을 깊이 새기며 마지막 구절로 넘어갑시다.

>자기가 있을 자리를 벗어나지 않는 사람이 오래가고
>죽어도 죽지 않는 사람은 영원히 산다.

드디어 '죽어도 죽지 않는 사람'이 나왔군요.
그리고 못난이 노자도 옛날 노자할아버지의 시절이 아닌, 바로 지금 우리가 살고 있는 시절에 만난 한분, '죽어도 죽지 않는 사람'을 여러분에게 소개해드리고 싶습니다.
언젠가 은정이가 무슨 책을 읽다 말고 문득 내 어깨에 기대어 엉엉 운 적이 있습니다. 은정이가 아르바이트를 하고 있는 패스트푸드점 앞에 있는 작은 마을공원 의자에서였는데요. 나로서는 은정이 같은 씩씩한 아이가 책을 읽다가 운다는 사실이 조금은 놀랍기도 하고, 한편으로는 내가 몰랐던 은정이의 또다른 일면을 보는 것 같아서, 조심스럽게 물었습니다.
"무슨 책인데 그렇게 슬퍼?"
은정이는 여전히 눈물을 흘리며 간신히 코맹맹이 소리를 냈습니다.
"응, 권정생이라는 동화작가가 쓰신 유언장이야."
"동화작가가 쓴 유언장?"
"묻지 말고 너도 읽어봐."
은정이는 마침 읽고 있던 책을 그대로 나에게 넘겨주었습니다.

유언장이란 것은 아주 훌륭한 사람만 쓰는 줄 알았는데 나 같은 사람도 이렇게 유언을 한다는 게 쑥스럽다. 앞으로 언제 죽을지는 모르지만 좀 낭만적으로 죽었으면 좋겠다. 하지만 나도 전에 우리 집 개가 죽었을 때처럼 헐떡헐떡거리다가 숨이 꼴깍 넘어가겠지. 눈은 감은 듯 뜬 듯하고 입은 멍청하게 반쯤 벌리고 바보같이 죽을 것이다. 요즘 와서 화를 잘 내는 걸 보니 천사처럼 죽는 것은 글렀다고 본다. 그러니 숨이 지는 대로 화장을 해서 여기저기 뿌려주기 바란다.

유언장치고는 형식도 제대로 못 갖추고 횡설수설했지만 이건 나 권정생이 쓴 것이 분명하다. 죽으면 아픈 것도 슬픈 것도 외로운 것도 끝이다. 웃는 것도 화내는 것도. 그러니 용감하게 죽겠다. 만약에 죽은 뒤 다시 환생을 할 수 있다면 건강한 남자로 태어나고 싶다. 태어나서 25살 때 22살이나 23살쯤 되는 아가씨와 연애를 하고 싶다. 벌벌 떨지 않고 잘할 것이다. 하지만 다시 환생했을 때도 세상엔 얼간이 같은 폭군 지도자가 있을 테고 여전히 전쟁을 할지 모른다. 그렇다면 환생은 생각해봐서 그만둘 수도 있다.

권정생 할아버지가 썼다는 유언장을 읽은 못난이 노자는 처음에는 은정이가 우는 이유가 도무지 납득이 되지 않았습니다. 유언장이라면 있어야 할 어떤 절박함도 없고, 그렇다고 죽으면서 남기는 인생에 대한 무슨 심오한 깨달음 한마디도 없이 오히려 약간 우스꽝스러운 순진함만이 엿보여, 나로서는 하마터면 키득, 웃음이 나올 뻔했습니다.

"아니, 이 유언장이 그렇게 슬프단 말이야?"

"그럼 안 슬프단 말이야?"

"응, 슬프기보다는 동화작가라서 그런지 재미있고 천진난만한데."

은정이는 아직도 눈물이 그렁그렁한 눈으로 못난이 노자를 흘겨보고는 한마디 덧붙였습니다.

"바보야, 너는 권정생 할아버지가 어떻게 살아오셨는지 몰라서 그래."

"어떻게 사셨는데?"

"할아버지가 돌아가실 때까지 생활비로 한달에 얼마씩 쓰셨는지 알아?"

"…?"

"7만원이었어."

"7만원으로 한달을 살았다구? 가만있어봐, 한달에 7만원이라면 하루에 2,300원 꼴인가? 뭐야, 고작해야 햄버거 한개 값도 못되는 돈으로 먹고 입고 자고 그걸 다 해냈다는 거 아냐? 이건 정말로 세계에서도 가장 가난한 나라 사람들 수준인데…. 야, 그 할아버지 정말로 가난하셨구나."

내가 어쩔 수 없이 두눈을 크게 뜨고 놀라 보이자, 은정이가 여전히 눈물이 그렁그렁 고인 눈으로 나를 흘겨보았습니다.

"바보야, 그렇게 자신을 위해서는 끔찍하게 돈을 쓰지 않던 할아버지가 정작 통장에 얼마를 남기고 돌아가신 줄 알아?"

"아니, 그렇게 가난하시면서 통장에 남길 돈도 있었단 말이야?"

"10억이 넘는 돈을 남기셨대. 그리고 그 돈을 모두 가난한 어린이들과 북한 어린이들을 위해 사용하라는 유언을 남기셨대."

못난이 노자는 은정이의 말에 분명히 충격을 받았을 것입니다. 그만큼 권정생 할아버지가 어쩐지 무서워지기도 했습니다. 은정이는 그런 나를 바라보며 얼핏 이마를 찌푸리더니, 다시 말을 이었습니다.

"죽으면 아픈 것도 슬픈 것도 외로운 것도 끝이다 — 나는 권정생 할아버지의 유언장 중에서 이 말이 가장 슬퍼. 할아버지는 열아홉살 때 이미 늑막염과 폐결핵에 걸렸는데, 약 한번 제대로 쓰지를 못해서, 스물한살 때는 신장결핵과 방광결핵으로까지 전이되었대. 그리고 나중에는 결국 콩팥이며 방광도 잘라내고 몸 바깥에다 소변주머니를 달고 사셨어. 그렇게 어디 하나 성한 곳이 없는 몸으로 한때는 거지노릇을 하기도 하셨대.

그렇게 어디 하나 성한 곳 없는 몸으로 돌아가실 때까지 고통 속에서 사신 거야. 훗날 고향에 있는 일직교회라는 교회에서 종지기 노릇을 하며 교회에 딸려있는 조그만 문간방에서 혼자 사셨대. 너무 가난하고 너무 아파서 결혼 같은 것은 꿈에도 생각 못하셨겠지. 그렇게 교회 문간방에서 사시다가 동네사람들이 방 한칸, 부엌 한칸짜리 조그만 집을 지어주어서 할아버지가 비로소 할아버지 이름으로 집을 가진 것은 마흔살이 되어서였어.

아아, 죽으면 아픈 것도 슬픈 것도 외로운 것도 끝이다 — 얼마나 아프고 슬프고 외로웠으면 죽으면서까지 그런 말을 하셨을까, 그 생각만 하면 어쩔 수 없이 눈물이 나."

은정이는 여전히 눈물이 그렁그렁한 눈으로 못난이 노자를 흘겨

보았는데, 맙소사, 또다시 두볼에 주르르, 눈물이 흘러내렸습니다. 그러고는 읽고 있던 책을 통째로 나에게 넘겨주었습니다.

"한번 읽어봐."

못난이 노자는 어쩔 수 없이 떨리는 손으로 은정이가 건네주는 책을 받아들었습니다. 그리고 대강대강 읽어 넘기는데도 조금씩 눈물이 나기 시작했습니다.

    (…) 한나절이 조금 지나자 몹시 배가 고파졌다. 뉘집에 들어가서 점심 요기라도 청해볼까 싶었지만 그만두었다. 나는 어느새 각오가 되어있었다. 점심 같은 것은 아예 생각조차 말아야 한다. 그리고 구걸을 할 바엔 철저한 거지가 되자고 결심하게 된 것이다.

    나는 수중에 남았던 60원으로 길가 상점에서 두레박용 깡통 하나와 성냥 한곽을 샀다. 문둥이 청년이 불현듯 보고 싶어졌다. 나는 목발을 짚은 청년을 찾으면서 길을 걸었다.

    (…) 열흘 동안 매일 아침마다 찾아갔지만 한번도 얼굴을 찌푸리지 않고, 깡통에 밥을 꾹꾹 눌러 담아준 점촌 조그만 식당집 아주머니, 가로수 나무 밑에 쓰러져 있을 때 두레박에다 물을 길어 헐레벌떡 달려와 먹여주시던 그 할머니의 얼굴도, 뱃삯이 없다니까 그냥 강을 건네주시던 뱃사공 할아버지도 좀처럼 내 기억에서 지워지지 않는 얼굴들이다. 이처럼 곳곳에 마음 착한 사람들이 있었기 때문에 나는 얼어 죽지 않고 살아날 수 있었던 것이다.

    그즈음 나의 머리에는 죽음이라는 생각이 잠시도 떠나지 않았다. 어떻게 하면 남에게 내 추한 모습을 보이지 않고 자취 없이 죽을 수 있을까를 골똘히 생각했다. 오늘 밤엔 꼭 뉘집에서 삽이나 괭이를 빌려 인적이 드문 산속에 구덩이를 파고 들어가 죽어버려야지 하고 별렀다. 실제로 나는 몇번인가 죽을 수 있는 장소를 보아두기도 했었다. 그러나 밤이 되면 낮에 마음먹은 것이 물거품처럼 사라지고 나의 죽음은 또 다음날로 미뤄지는 것이었다.

나중에 권정생 할아버지가 쓴 〈몽실언니〉며 〈강아지똥〉, 〈무명저고리〉 같은 동화를 읽으면서, 못난이 노자는 할아버지의 동화뿐만이 아니라 할아버지의 삶 자체만으로도 노자할아버지가 우리시대에 다시 태어난 듯한 느낌이었습니다.

아니, 권정생 할아버지야말로 노자할아버지가 말씀하신 '죽어도 죽지 않는 사람'이었습니다. 아니, 우리시대의 성인이며 천하무적이었습니다.

세상사람들의 눈으로 보면, 어쩌면 권정생 할아버지처럼 많은 똥덩이를 지닌 분은 없을 것입니다. 가난이라는 똥덩이, 질병이라는 똥덩이, 최종학력이 초등학교밖에 안되는 똥덩이, 그런데 기이하게도 못난이 노자에게는 바로 그런 똥덩이들이 있어서 권정생 할아버지가 '죽어도 죽지 않는 사람'이 된 것처럼 여겨지는 것입니다. 마치 은정이에게 상처가 보물이 되듯이요.

권정생 할아버지는 자신에게는 거의 한푼도 쓰지 않다시피 평생을 검정 고무신과 무릎이 헐어빠진 바지로 일관하며 극빈으로 살면서도 자신보다 더 가난한 이웃이며 어린이들에게 남모르는 선행도 많이 베풀었다고 합니다. 그러나 못난이 노자에게는 할아버지의 그런 선행이며 착한 마음씨보다는 오히려 가난이며 고통이며 외로움이며 슬픔 같은 것들이 어쩐지 할아버지를 '죽어도 죽지 않는 사람'으로 만든 힘처럼 여겨지는 것입니다.

바로 그런 고통이며 외로움이며 슬픔 같은 것들이야말로 비단 못난이 노자뿐만 아니라 정작 노자할아버지도 권정생 할아버지를 '죽어도 죽지 않는 사람'으로 여기는 가장 큰 힘일 것입니다. 그렇습니다. 권정생 할아버지야말로 고통이며 외로움이며 슬픔이라는 똥덩이들을 더이상 어떠한 꾸밈도 없이 생긴 그대로 자신의 힘으로 삼아 삶 자체마저 눈부신 보물로 만든 경우일 것입니다.

못난이 노자식으로 보면 권정생 할아버지는 바로 평생을 안고 지낸 고통이며 외로움이며 슬픔이라는 똥덩이가 있어서 그 힘으로 노자할아버지의 도에 들어간 것입니다. 권정생 할아버지의 그런 똥덩이들이야말로 다른 사람들과 하나로 통할 수 있는 일종의 문이 되었을 것입니다.

못난이 노자 또한 권정생 할아버지의 바로 그 문을 통해서 권정생 할아버지의 안으로 들어가 할아버지의 모든 것들을 만날 수 있었을 것입니다. 그리하여 할아버지의 삶은 물론 죽음마저도 나의 유전자정보 속에 집단무의식으로 자리잡고서 세상 어떤 보물보다도 가장 눈부시게 빛나고 있을 것입니다.

(…) 소변보기가 어려워졌다. 횟수가 잦아지고 통증이 뒤따랐다. 1시간에 1회였다가 30분마다 보아야 할 만큼 횟수가 늘고, 나중에는 10분, 5분으로 변소에 드나들어야 했다. 밤에는 잠을 제대로 잘 수 없었다. (…) 밤마다 교회당에 가서 밤을 지새우며 하느님께 나

의 고통을 눈물로 부르짖었다. 아마 구약성경에 나오는 욥의 모습만큼 참담했을 것이다. 여름은 그래도 밤을 지새우기가 쉬웠다. 그러나 추운 겨울은 한층 괴로웠다. 추운 마룻바닥에 앉아있으면 소변은 숨 돌릴 사이도 없이 마려워진다. (…) 나중에는 아예 깡통을 기도하는 옆에다 갖다놓고 밤을 새웠다. 누구에게 들키지 않도록 각별히 조심을 하자니 기도도 제대로 할 수 없었다. 다만, "주여, 주여"를 되풀이하다 보면 어느 사이에 "어이 추워, 어이 추워"로 바뀌어버린다. 어쩌다가 지쳐 그 자리에 쓰러져 잠이 들면 온통 바지가 젖어있었다. 젖은 바지는 그대로 빳빳하게 얼어버렸다. (…) 염소를 끌고 언덕을 오르자니 숨이 찬다. 나의 몸속의 결핵균은 아직도 내 두쪽 폐에 붙어서 갉아먹고 있다. 소변을 보면 고름이 흘러나온다. 언덕을 무리하여 올라가면 발동기처럼 내 가슴은 요란하게 뛴다. (…) 십여일간 열에 시달리다 겨우 일어났다. 이젠 남의 눈에 뜨일까 봐 누워있는 것도 부담이 되어 될 수 있으면 앉아서 견디지만, 눕지 않고는 못 배겨 어쩔 수 없이 누워있었다. 죽 한냄비를 끓여 이틀씩 먹었다.

권정생 할아버지의 삶이며 죽음 그리고 동화들은 못난이 노자의 유전자정보 속에서 가장 눈부신 보물이 되어 빛나며, 그렇게 '죽어도 죽지 않는 사람'이 되어 집단무의식 속에 영원히 살고 있습니다. 나는 바로 그분에게 낮은 목소리로 제9장을 읊어드리고자 합니다.

남을 아는 사람은 지혜롭지만

자기자신을 아는 사람은 도에 밝다.
남을 이기는 사람은 힘이 있을 뿐이지만
자기자신을 이기는 사람이 참으로 강하다.
스스로 만족할 줄 아는 사람이 참다운 부자며
힘써 도를 좇는 사람이 참다운 뜻이 있다.
자기가 있을 자리를 벗어나지 않는 사람이 오래가고
죽어도 죽지 않는 사람은 영원히 산다.

知人者智 自知者明 (지인자지 자지자명).
勝人者有力 自勝者强 (승인자유력 자승자강).
知足者富 强行者有志 (지족자부 강행자유지).
不失其所者久 死而不亡者壽 (부실기소자구 사이불망자수).

제10장
덕이 높은 사람은

우리는 '도덕경은 무엇인가' 하는 장에서 도덕경은 상편과 하편으로 나누어지는데, 상편은 도경(道經), 하편을 덕경(德經)이라고 한다는 것은 이미 배웠습니다. 결국 이 도경과 덕경을 합쳐서 도덕경이라고 부르는 것이지요.

우리는 제1장에서부터 제9장에 이르는 동안에 도경을 모두 마치고 제10장에서 드디어 덕경에 들어선 셈입니다. 우리는 그동안 '도란 무엇인가' 하는 질문에 대한 해답을 찾았으며, 이제 바야흐로 '덕이란 무엇인가' 하는 질문에 대한 해답을 찾기 위해 첫걸음을 떼고 있습니다.

노자할아버지의 도에 처음 접하는 누군가가 질문을 합니다.
"도란 무엇인가?"
누군가의 질문에 벌써 많은 친구들이 큰소리로 외칩니다.
"꾸밈이 없이 저절로 그러하게!"
그렇습니다. 노자할아버지의 도는 바로 세상의 모든 사물을 '꾸밈이 없이 저절로 그러하게' 대하는 것입니다. 그러나 못난이 노자식으로는 또다른 대답이 있습니다.

"생긴 대로 살자!"

도에 대하여 이왕에 못난이 노자식으로 대답했으니, '덕이란 무엇인가' 하는 질문에도 못난이 노자식으로 대답하겠습니다.

친구들이 못난이 노자에게 묻습니다.

"덕이란 무엇인가?"

못난이 노자가 대답합니다.

"은정이다!"

아니, 정확하게 말하자면 은정이가 지닌 어떤 눈부심입니다. 은정이가 지닌 어떤 눈부심이 못난이 노자에게는 어쩐지 덕처럼 여겨지는 것입니다.

단 하나도 못난이 노자는 가지지 못한 많은 것을 가진 은정이. 평소부터 해보고 싶었지만 단 한번도 못해본 것들 ― 이를테면 가출을 하거나 학교에서 퇴학을 당하거나 스스로 돈을 벌어보면서 헤맸던 어떤 방황들, 그리고 그때마다 받아야 했던 상처들, 그러면서도 그 상처를 통해서 성장해온 은정이의 내면에 눈부신 어떤 것이 있는 것입니다.

바로 그런 은정이의 어떤 눈부심을 못난이 노자는 감히 덕이라고 주장합니다. 그렇습니다. 못난이 노자식으로 비유컨대, 도가 사람의 몸이라면 덕은 그 몸에서 은은하게 풍기는 향기이거나 혹은 어쩐지 바라보는 것만으로도 두눈을 감게 만드는 황홀한 눈부심인 것입니다.

어쩌면 못난이 노자는 은정이의 상처나 방황 속에서 은은하게 풍기는 어떤 향기나 황홀한 눈부심뿐만이 아니라, 보다 깊은 생명의 신비함을 느끼는 것인지도 모릅니다.
 이런 못난이 노자의 주장이 어쩔 수 없이 엉뚱하지요? 자, 그러면 그 엉뚱한 느낌을 가지고, 제10장을 살펴봅시다.

 덕이 높은 사람은 원래 덕을 마음에 두지 않아서 오히려 덕이 있다.
 덕이 낮은 사람은 자신의 덕을 의식해서 오히려 덕이 없다.
 꾸밈이 없이 저절로 우러나는 덕이 높은 덕이요,
 이에 반해 억지로 꾸미려 드는 덕은 낮은 덕이다.
 좋은 어짊(仁)은 저절로 우러나오는 마음에서 사물을 대하고,
 올바름(義)은 아무리 바르다 해도 그 바탕이 억지로 꾸며서 나오는 것이며,
 예절(禮) 또한 아무리 바르다 해도 상대방의 반응에 따라서 팔뚝을 걷고 싸우려 나서기까지 한다.
 그런 까닭에 도를 잃은 후에 덕을 따지고, 덕을 잃은 후에 어짊을 따지며, 어짊을 잃은 후에 올바름을 따지고, 올바름을 잃은 후에 예절을 따지게 되었다.
 대저 예절이 만들어진 것은 사람의 진정이나 믿음이 약해진 탓이며 결국 혼란만 일으킨다.
 앞일에 대해 이리저리 헤아리는 알음알이는 도라는 열매를 맺지 못하는 꽃에 불과한 것이며, 이것이야말로 어리석음의 시작이다.
 따라서 대장부는 모든 일에 있어서 두텁게 대하고 잔머리를 쓰지 않으며, 참된 것을 취하고 꾸며진 것을 버린다.
 그러므로 저것을 버리고 이것을 취한다.

노자할아버지는 덕경을 시작하자마자, 곧바로 인의예지 같은 공자할아버지의 가르침에 대하여 다시 한번 똥침을 놓는군요. 그럴 수밖에요.

노자할아버지의 입장에서 보면 공자할아버지가 애걸복걸 매달리는 어짊이나 올바름, 예절, 지식 같은 인의예지(仁義禮知)는 한낱 허섭스레기와 같이 아니, 허섭스레기를 지나쳐 모기나 파리같이 사람살이에 오히려 해를 끼치는 해충으로 여겨지기 때문입니다.

노자할아버지의 가르침은 오직 하나입니다. 애오라지 도인 것입니다. 사람살이에 '꾸밈이 없이 저절로 그러한' 도만 제대로 있다면 더이상 어떤 것도 필요하지 않지요.

도만 제대로 안다면 갖가지 제도며 규범이며 어짊이나 올바름, 예절 따위는 전혀 무가치한 허섭스레기일 뿐인 것입니다. 거기에서 더 나아가 오히려 사람들의 살림살이를 해치고, 인간의 기본 품성마저 파괴시키는 흉물일 뿐입니다.

제10장은 노자할아버지의 이런 가르침만으로도 두루 해설이 되고 남습니다. 더이상 덧붙이고 뺄 것도 없습니다. 그러나 역시 노자할아버지의 덕을 깊이 새기는 의미에서 한대목, 한대목, 좀더 자세하게 살펴봅시다.

덕이 높은 사람은 원래 덕을 마음에 두지 않아서 오히려 덕이 있다.
덕이 낮은 사람은 자신의 덕을 의식해서 오히려 덕이 없다.

덕이 높은 사람이란 어떤 사람일까요? 이렇게 물으니까 우리들 중에는 자신을 초딩 취급하는 것 같아서 기분 나쁜 친구도 있을 것입니다. 못난이 노자 스스로도 이 구절을 설명하려는 입이 어쩐지 간지럽습니다.

못난이 노자식으로는 그동안 입이 닳도록 주장했던 우뇌적인 사람이 바로 덕이 높은 사람인 것입니다. 또한 자신의 안을 들여다본 사람이며, 천하무적이며 성인입니다. 그런 사람은 생각이며 행동이 당연히 하나부터 열까지 덕이 아닌 것이 없으므로 구태여 자신의 넘치는 덕을 마음에 두지 않겠지요.

그렇다면 덕이 낮은 사람은요? 에이, 아무리 못난이 노자지만 이 질문에 대한 대답까지는 차마 못하겠군요. 왜냐구요? 당장에 초딩보다 못하다고 놀리는 웃음소리가 들리는 것 같아서요.

덕이 낮은 사람, 아니 좌뇌적인 사람은 어쩔 수 없이 자신의 덕에 대하여 신경을 씁니다. 다른 사람이 나를 어떻게 생각할까, 혹시 덕이 없다고 흉을 보는 것은 아닐까, 이런 식으로 의식을 하며 전전긍긍하다 보니, 그나마 손톱만한 덕마저 남아날 턱이 없겠지요.

그렇게 전전긍긍하는 덕 없는 좌뇌적인 사람들에게 노자할아버지가 넌지시 덧붙입니다.

> 꾸밈이 없이 저절로 우러나는 덕이 높은 덕이요,
> 이에 반해 억지로 꾸미려 드는 덕은 낮은 덕이다.

좌뇌적인 사람들의 손톱만한 덕은 역시 낮은 덕밖에는 되지 못하는군요. 그리고 이런 사람들일수록 어쩔 수 없이 어깨에 잔뜩 힘을 준 채 공연히 일류나 따지며 그나마 없는 체면을 차리려고 안달을 합니다.

여기서 못난이 노자는 은정이의 아버지, 소위 '개천에서 난 용'을 생각하지 않을 수 없군요. 아니, 어디 은정이 아버지뿐이겠어요, 우리 아버지 어머니는 어떻구요? 그분들은 오직 자신의 부족한 덕이 의식되어 억지로 꾸미려 들다 보니, 그만 자신도 모르는 사이에 애오라지 일류만 찾는 일류병에 걸리거나 아니면 자유주의자며 지식인임을 상표처럼 이름 앞에 다는 것이겠지요. 그분들의 낮은 덕을 가슴 아파하며 다음 구절로 넘어가볼까요.

> 좋은 어짊(仁)은 저절로 우러나오는 마음에서 사물을 대하고,
> 올바름(義)은 아무리 바르다 해도 그 바탕이 억지로 꾸며서 나오는 것이며,
> 예절(禮) 또한 아무리 바르다 해도 상대방의 반응에 따라서 팔뚝을 걷고 싸우려 나서기까지 한다.

노자할아버지가 드디어 공자할아버지의 '인의예지'에 대하여 순서를 매기며 보다 자세하게 그 허점을 지적하는군요. 어짊이나 올바름을 다만 먼지나 모기로밖에는 여기지 않는 노자할아버지도 '좋은 어짊'만은 억지로 하는 것이 아니라 저절로 우러나오는 마음에서 하는 것으로 여겨 그나마 인정해주는군요.

그러나 올바름에 대해서는 도저히 용납이 안되는 모양이군요.

올바름이란 제아무리 올바르다고 해도, 그 바탕은 저절로 우러나오는 것이 아니라 억지로 꾸며서 나오는 것으로 여겨 그만 고개를 젓고 맙니다.

예절에 대해서는요? 맙소사, 노자할아버지는 예절이라는 것 자체를 무슨 싸움꾼처럼 여기고 있습니다.

"내가 이만큼 예절을 지켰는데, 당신은 어째서 거기에 합당한 예절을 지키지 않는 거요? 나하고 무슨 원한이 있는 거요?" 하고 상대방에게 팔뚝을 걷고 나서는 싸움꾼이 바로 예절인 것입니다.

> 그런 까닭에 도를 잃은 후에 덕을 따지고, 덕을 잃은 후에 어짊을 따지며, 어짊을 잃은 후에 올바름을 따지고, 올바름을 잃은 후에 예절을 따지게 되었다.
> 대저 예절이 만들어진 것은 사람의 진정이나 믿음이 약해진 탓이며 결국 혼란만 일으킨다.

드디어 노자할아버지가 속마음을 드러냅니다. 세상사람들이 모든 일에 있어서 '꾸밈이 없이 저절로 그러하게' 대하는 도의 경지가 사라지면 바로 덕을 따지고, 그 덕마저 사라지면 다시 어짊을 따지고, 어짊이 사라지면 옳고 그름을 따지는 시비의 마음으로 올바름을 따지고, 그 올바름마저 사라지면 드디어 예절 따위에 집착하여 싸움꾼이 되고 맙니다. 그렇게 싸움꾼이 되면 결국 남는 것은 혼란뿐이겠지요.

조금 전에 못난이 노자는 도가 몸체라면 덕은 그 몸체에서 풍기는 향기나 눈부심이라는 식으로 덕을 설명했습니다. 어쩌면 도라는 몸체는 우리의 안에 있는 영원한 생명이나 신비한 방향성일지도 모릅니다.

그런데 그런 영원한 생명이나 신비한 방향성의 존재를 믿지 못하면, 사람들은 안에 있는 영원한 생명이나 신비한 방향성보다는 밖으로 실제의 모습을 드러낸 것에 집착할 것입니다. 이를테면 호킹 박사의 블랙홀이나 아인슈타인 박사의 상대성이론, 혹은 뛰어난 예술가들의 눈부신 작품세계 등입니다.

결국 안에 있는 영원한 생명이나 신비한 방향성이 도의 몸체라면, 덕은 그 몸체를 사람들이 믿게끔 실제로 밖으로 모습을 드러낸 것입니다. 비록 도의 몸체는 보이지 않지만 은정이나, 훌륭한 과학자들의 발명품, 뛰어난 예술가들의 작품에서 풍기는 향기며 황홀한 눈부심이 바로 덕인 것입니다.

그렇듯 눈앞에 보이는 덕마저 사라질 때 사람들은 마침내 자신의 우뇌에 있는 영원한 생명이나 신비한 방향성에 대한 믿음을 잃어버리고, 급기야 좌뇌만을 믿게 되어 모든 사물을 좌뇌적 사고방식으로 해석하려 듭니다. 그렇게 덕이 사라진 다음에는 어쩔 수 없이 눈앞에 보이는 것들에만 집착하는 어짊이나 올바름, 예절 따위를 거쳐 마침내 걷잡을 수 없는 혼란에 빠지고 마는 식입니다.

앞일에 대해 이리저리 헤아리는 알음알이는 도라는 열매를 맺지 못하는 꽃에 불과한 것이며, 이것이야말로 어리석음의 시작이다.
따라서 대장부는 모든 일에 있어서 두텁게 대하고 잔머리를 쓰지 않으며, 참된 것을 취하고 꾸며진 것을 버린다.
　그러므로 저것을 버리고 이것을 취한다.

　여기에서 제2장에서 배운 알음알이가 다시 나오는군요. 우리는 이미 알음알이야말로 '태어나서 지금까지 배운 좌뇌 정보'라는 것과, 만약에 이 좌뇌 정보인 알음알이만 없애면 아직 태어나기 전의 우뇌 정보들의 순수한 상태인 신비한 방향성을 만날 수 있다는 것을 배웠습니다. 그리고 불교에서는 알음알이를 마군(魔軍)으로 여겨 만일 알음알이만 없애면 누구나 부처님이 될 수 있다고 주장한다는 것도요.
　노자할아버지는 앞일에 대해 이리저리 헤아리는 알음알이, 즉 잔머리에 대하여 '도라는 열매를 맺지 못하는 꽃'에 불과한 것으로 여깁니다. 그리고 이렇듯 꽃의 상태인 알음알이야말로 어리석음의 시작으로 여깁니다.
　그리고 대장부가 나오는군요. 대장부란 누구를 말하는 것일까요? 못난이 노자식으로는 우뇌적인 사나이이자 '건장하고 씩씩한 사나이'이며 요즘 시쳇말로 대인배가 바로 대장부인 것입니다. 그러나 노자할아버지는 뜻밖에도 간단명료하게 정의를 내립니다.
　"모든 일에 있어서 두텁게 대하고 잔머리를 쓰지 않으며, 참된 것을 취하고 꾸며진 것을 버린다."
　그리고 마지막으로 한마디 곁들입니다.
　"그러므로 저것을 버리고 이것을 취한다."
　저것은 무엇이고 이것은 무엇일까요? 못난이 노자로서도, 뭐,

간단명료합니다. 꾸며진 것이 저것이며 참된 것이 이것입니다. 구태여 덧붙인다면 올바름이니 예절 따위가 저것이며, 도나 덕 그리고 참된 어짊이 이것입니다.

아 참, 노자할아버지의 대장부에 대하여 못난이 노자가 지극히 사적인 이야기를 덧붙이고자 합니다. 사실 나에게는 일생일대의 굉장한 사건일 수도 있는 이야기입니다.
"넌 대장부야!"
못난이 노자가 태어나서 열아홉해를 살고 누군가에게 처음으로 들어본 말입니다. 남에게, 심지어는 아버지 어머니에게서마저 단 한번도 이렇다 할 칭찬이라고는 들어본 적 없이 열아홉해를 살아낸 내가 마침내 '대장부'라는 황홀한 말을 들은 것입니다. 나로서는 죽을 때까지 절대로 잊지 못할, 아니 어쩌면 나로서는 죽어서도 무덤으로까지 가져가고 싶은 말이기도 합니다.

세상에! 세상사람들에게는 여전히 똥덩이에 불과한 낙오자며 못난이일 뿐인 나더러 대장부라니요!

여러분들에게 부끄러움을 무릅쓰고 고백하지만, 못난이 노자는 그 말을 듣고 어쩔 수 없이 화장실로 가서 눈물을 훔치고 말았습니다. 나는 나를 대장부라고 불러준 사람 앞에서 차마 눈물을 보일 수는 없었습니다.

못난이 노자를 대장부라고 불러준 것은 다름 아닌 은정이였습니다. 누군가는 은정이라는 말을 듣자마자 대뜸 실망하겠지만요.
"뭐 이런 애들이 다 있어? 그 밥에 그 나물이네!"

누군가가 쯧쯧, 혀 차는 소리까지 들리는 듯합니다. 나의 귀에 익숙한 누군가의 목소리는 어쩔 수 없이 어머니의 음성을 닮았군요.

못난이 노자는 은정이와 둘이서 기차를 타고 여행을 하는 중이었습니다. 둘이서 멀리 여행하는 것이 처음이어서 서로 쑥스러운 마음을 감추지 못한 채, 은정이가 아르바이트 쉬는 날을 골라 가만히 떠난 것이었습니다.

은정이와 나는 안동의 일직면 조탑리라는 조그만 마을에 있는 권정생 할아버지의 오막살이를 찾아가는 참이었습니다. 은정이는 물론 나 또한 고등학교에 들어와서는 수학여행 같은 행사에는 단 한번도 끼여본 적이 없어서, 안동으로 가는 기차를 타는 순간부터 둘이는 흡사 수학여행이라도 가듯이 설레는 기분을 감출 수가 없었습니다.

못난이 노자는 바로 그 기차여행에서 오래전부터 은정이에게 꼭 하고 싶었던 말을 마침내 할 수 있었습니다. 그것은 다름 아닌 프러포즈입니다. 나는 남대문시장에서 산 3,000원짜리 커플반지를 은정이에게 내밀었습니다.

"결혼반지야!"

"결혼반지?"

"응, 너랑 결혼하고 싶어. 허락해줘."

은정이는 너무 놀라서 그 큰 눈이 가로등만큼 커졌습니다.

"결혼이란 말이지?"

"응, 오늘 당장은 아니고, 머지않아 학교 졸업하면 바로!"

은정이는 나의 행동이 결코 장난이 아니라는 것을 깨달은 순간,

이마를 찌푸리며 갑자기 심각해졌습니다. 그리고 그때부터 갑자기 나의 고동 소리는 쿵쿵거리며 달리는 기차의 바퀴 소리보다 더 커졌습니다.

'어쩌면 은정이가 거절할지도 모른다.'

이윽고 은정이가 나를 들여다보듯이 빤히 바라보며 입을 열었습니다.

"나하고 한번 자고 싶은 게 아니고 결혼하고 싶단 말이야?"

"응."

못난이 노자의 대답에 은정이가 고개를 흔들었습니다.

"네가 나랑 자고 싶다면 언제든지 자."

"…?"

"그렇지만 결혼은 안돼."

"왜 안되는데?"

나는 미처 자신도 모르는 사이에 목소리를 높였습니다. 그러자 은정이가 피식, 웃으면서 나의 눈길을 피했습니다.

"결혼 같은 것을 하기에는 네가 나에게 너무 소중하기 때문이야."

"내가 소중해서 결혼을 할 수가 없다구?"

내가 묻자 은정이 또한 갑자기 목소리를 높였습니다.

"넌 내가 몸은 물론 마음까지 얼마나 만신창이가 된 줄 몰라. 이 걸레 같은 만신창이로는 도저히 너하고 결혼 같은 것은 할 자신이 없어."

은정이로서는 자신의 가장 아픈 곳을 드러냈겠지만, 못난이 노자로서는 이미 얼마든지 예상했던 말이었습니다. 나는 은정이하고 나 사이의 보이지 않는 줄다리기 싸움에서 한치도 물러날 수가 없었습니다. 여기에서 아차 잘못하면 둘이는 평생 돌이킬 수 없는 상처와 함께 파탄을 맞게 된다는 것을 충분히 알고 있었기 때문입니다.

"알아, 바로 그래서 너랑 결혼하고 싶은 거야."

"나의 걸레 같은 만신창이 때문에 나랑 결혼하고 싶다구?"

"그래."

"나에게 연민이라도 느꼈다는 거니?"

"아니. 나는 너에게 연민 같은 것을 느낄 정도로 여유로울 수는 없어. 사실 내 인생만도 살아내기 쉽지 않을 거라는 것쯤은 이미 잘 알고 있어."

나의 대답에 은정이가 느닷없이 화를 내며 목소리를 높였습니다.

"그럼 뭐야? 이 변태 같은 자식아! 뭣 때문에 내 걸레 같은 만신창이가 좋은 거냐구?"

"너만 만신창이인 게 아냐. 사실은 나도 만신창이야. 그리고 어떤 식으로 보면 내가 지닌 만신창이야말로 세상에서 가장 추악할지도 몰라. 비록 남들 눈에는 너하고는 달리 그저 착하고 얌전한 못난이로 보일지 모르지만, 그만큼 더 추악한 거지. 거기에 반해 너의 만신창이야말로 얼마나 눈부시고 향기롭고 또 황홀한지 몰라. 바로 그런 네 만신창이의 값어치를 세상에서 나만이 알고 있는 거지. 어쩌면 정작 은정이 네 자신도 모르는, 네 만신창이 안에 있는 보물을 세상에서 나만이 아는 거야."

"…."

"그래서 나는 네가 아니면 다른 여자하고는 결혼할 수가 없어. 너의 소중한 보물이 너무 눈부셔서 나는 일찍이 눈이 멀어버린 거야. 나는 이미 은정이 네가 아닌 다른 사람은 쳐다볼 수가 없어."

은정이는 한동안 아무 말도 없이 잠자코 나를 지켜보고 있었습니다. 그런 은정이의 커다란 두눈이 나에게는 까마득히 깊고 어두운 우물 같은 느낌이었습니다. 그런데 그 깊고 어두운 우물에 차츰 물이 고이더니 어느새 일렁이는 우물물이 되어 우물 밖으로 흘러나왔습니다. 은정이는 두볼에 흐르는 눈물을 닦을 생각도 없이, 그렇게 소리 없이 울었습니다. 그런 소리 없는 울음 끝에 은정이가 말했습니다.

"개천에서 난 용으로부터 벗어날 수 있는 길은, 아직 어렸던 당시의 내 생각으로는, 내 몸을 만신창이로 만드는 것밖에는 없었어. 그래서 아버지가 더이상 어떻게든 나에게 욕심을 내지 않을 때까지 쓰레기가 되고 또 쓰레기가 되는 식이었지. 집을 나와서 또래의 사내아이들과 돌아다니고, 술 담배를 배우고…. 그렇게 내가 도저히 어떻게도 돌이킬 수 없을 만큼 만신창이가 되었을 때, 마침내 아버지가 나를 포기했지. 그런 다음에 나는 비로소 아버지로부터 자유로워진 거야. 아니, 아버지가 비로소 나를 내쳤다고 해야 하나. 일류나 일등이 아니면 차라리 자식 하나 없는 셈 친 거였어. 그런 나를 나는 지금까지 한번도 후회한 적이 없었는데, 너를 만나니까, 뭔지 모르게 안타까워. 꼭 만신창이를 만들지 않고도 다른 방법도 있었을 텐데 하고 말이야. 그렇게 좀더 나를 소중하게 할 수도 있었는데 하고 말이야."

나는 뭐라고 함부로 위로의 말 한마디도 꺼내지 못한 채 벙어리가 되어있는데, 은정이가 아직도 눈물이 그렁그렁한 눈에다 살짝 미소를 담아보였습니다.
"넌 대장부야!"
"…?"
"노자할아버지가 말씀하셨다는 그 대장부 말이야."
은정이가 밖으로 토해낸 대장부라는 말에 못난이 노자는 비로소 안도의 한숨을 내쉬었습니다. 사실 나는 너무 긴장한 나머지 은정이를 지켜보며 숨조차 제대로 쉬지 못하고 있었거든요. 대장부라는 황홀한 말 자체가 나의 구혼에 대한 승낙이었던 것이지요.
고백하거니와 못난이 노자가 은정이에게 구혼까지 할 수 있는 용기를 준 것은 무엇보다도 권정생 할아버지였습니다. 그중에서도 할아버지가 돌아가시기 전까지 한달에 미처 10만원도 안되는 생활비로 살았다는 사실이 나에게는 충격이면서도 한편으로는 희망을 준 것이기도 하지요.
못난이 노자는 은정이처럼 아르바이트를 한다고 해도 한달이면 적어도 권정생 할아버지 생활비의 열배는 벌 수 있다는 자신이 있었습니다. 물론 나 또한 할아버지처럼 극도의 내핍생활을 하거나 은정이에게 그런 생활을 강요할 생각은 추호도 없었습니다.
만일 은정이와 내가 함께 번다면, 우리는 얼마든지 즐기면서 결혼생활을 해나갈 자신도 있었습니다. 그렇습니다. 중요한 것은 적어도 은정이와 나는 즐길 줄을 안다는 것이지요. 부족한 것도 즐기고, 없는 것도 즐기고 그렇게 가난도 즐기면서 우리에게 주어진 삶을 사는 거지요.

이를테면 시쳇말로 '88만원 세대'식으로 살아가는 것입니다. 원래 88만원이라는 숫자는 대한민국 이십대의 95퍼센트가 정규직이 아닌 비정규직이나 아르바이트로 일한다는 가정 아래서 한달에 가능한 수입을 계산해서 나온 숫자라고 합니다. 그래서 어딘지 모르게 부정적인 뜻을 지닌 숫자라고 하지만, 못난이 노자로서는 전혀 부정적으로 생각하고 싶지는 않습니다.

만일에 한달 수입 88만원에 만족할 수만 있다면, 그렇게 대학 같은 정규교육이며 출세며 권력이며 재벌회사의 회사원이며 더 나아가 부자며 일류며 명품 따위만 버린다면, 비단 못난이 노자가 아닌 누구라도 얼마든지 즐기면서 여유롭게 살 수 있는 액수가 아닐까요.

못난이 노자는 은정이에게 당당하게 장래의 희망을 밝혔습니다.

"학교 졸업하자마자 나는 목수 일을 배울래. 직업학교에 가든지 아니면 좋은 목수 아저씨 한분의 조수가 되어 목수 일을 배울 거야. 그렇게 목수가 되는 것이 나의 계획이야. 그래 가지고 나중에 은정이 너랑 살 집도 내 손으로 짓고 싶어. 물론 큰 집은 아니야. 딱 방 두칸, 거실 겸 부엌 한칸, 이렇게. 그리고 좀더 훗날 은정이 네가 슬로우푸드 식당을 내고 싶다면 너의 조그만 가게도 내 손으로 지어줄 거야. 식탁이 딱 두개만 있는 가게 말이야."

물론 얼마든지 아이도 낳아서 기를 거구요. 그러나 은정이와 나는 절대로 아이를 학교에 보내지 않을 것입니다. 절대로 아이만은 경쟁이나 입시, 시험, 학원 따위 속에서 은정이와 나처럼 허우적거리다가 끝내 낙오자가 되어 세상사람들에게 못난 똥덩이처럼 보이게 만들지는 않을 것입니다. 은정이와 내가 선생님이 되어, 집에서 홈스쿨링을 하면서 어디까지나 '생긴 그대로 사는' 자연의 아이로 길러보고 싶은 것입니다.

여기에서 밝히지만, 은정이 또한 장래에 대한 꿈이 없는 것은 아닙니다. 위에서 잠깐 슬로우푸드에 대해서 말했지만, 그것이 바로 은정이의 꿈인 것이지요.

"패스트푸드점에서 아르바이트를 하다 보니까, 패스트푸드야말로 사람을 죽이는 음식의 형태라는 것이 온몸으로 느껴져. 빨리빨리빨리, 많이많이많이, 이게 패스트푸드의 기본구조인 거지. 음식을 만드는 사람도 빨리빨리빨리, 많이많이많이. 음식을 먹는 사람도 빨리빨리빨리, 많이많이많이. 이런 구조 안에서는 음식을 만드는 사람도 음식을 먹는 사람도 절대로 음식의 소중함을 생각할 수가 없어. 음식의 재료도 마찬가지야. 그 재료를 길러내는 농부들의 땀이나 열정 따위는 상상할 수가 없어. 실제로 음식재료를 만드는 과정을 살펴보면 그것들은 다만 공장에서 생산해낸 생산물일 뿐이야. 밀이며 야채에서부터 닭이나 돼지, 소도 다만 밀공장 야채공장에서부터 닭공장, 돼지공장, 소공장에서 대량으로 생산해내는 대량산업의 생산물인 거지. 농부가 생산해낸 무슨 소중한 결실이라는 생각은 눈곱만큼도 들지 않아. 그러다 보니 그런 재료로 음식을 만드는 사람도 그렇지만, 그런 음식을 먹는 사람도 끔찍할 뿐이야. 가쁜 숨을 쉬면서 헐레벌떡 뛰어들어와서 입 안에 가득히 음식물을 집어넣은 채 불과 1분도 되지 않은 사이에 계산까지 하면서 나가는 사람들을 상상해봐. 그런 사람들을 지켜보고 있노라면 먹고 사는 일 자체마저도 그야말로 지옥일 뿐이라는 생각이 저절로 드는 거야. 그런 식으로 음식을 만들거나 먹는데 어떻게 사람이 병들거나 죽지 않을 수가 있겠니?"

은정이는 말끝에 잠깐 한숨을 쉬더니 다시 말을 이었습니다.

"이다음에 만일 내가 음식점을 한다면 나는 모든 재료를 가능한 한 내가 손수 길러낸 것들로 준비하고 싶어. 하다못해 된장국 하나라도 내가 길러낸 콩으로 내가 메주를 쑤어서 직접 담근 된장으로 준비하고 싶은 거야. 슬로우푸드란 게 사실 말은 그럴듯하지만, 이게 기본구조야. 재료부터 음식을 만들어내는 순간까지 내가 직접 준비한다. 그렇게 음식을 준비해서 그 음식을 먹는 순간까지 음식을 만들거나 먹는 사람 모두 다 함께 사람냄새를 맡게 한다. 바로 그렇게 서로가 사람이라는 것을 즐기면서 만들고 또 먹자는 것이 슬로우푸드인 거야."

한가한 시골마을에서 테이블이 두개쯤 되는 아주 조그만 슬로우푸드 식당을 하고 싶은 은정이의 꿈에 맞추어, 바로 그런 식당을 지어주는 것이 못난이 노자의 꿈이지요. 아니 대장부의 꿈인가요?

자, 우리 모두 대장부가 된 기분으로 제10장을 소리 내어 읽어봅시다.

덕이 높은 사람은 원래 덕을 마음에 두지 않아서 오히려 덕이 있다.

덕이 낮은 사람은 자신의 덕을 의식해서 오히려 덕이 없다.

꾸밈이 없이 저절로 우러나는 덕이 높은 덕이요,
이에 반해 억지로 꾸미려 드는 덕은 낮은 덕이다.
좋은 어짊(仁)은 저절로 우러나오는 마음에서 사물을 대하고,
올바름(義)은 아무리 바르다 해도 그 바탕이 억지로 꾸며서 나오는 것이며,
예절(禮) 또한 아무리 바르다 해도 상대방의 반응에 따라서 팔뚝을 걷고 싸우려 나서기까지 한다.
그런 까닭에 도를 잃은 후에 덕을 따지고, 덕을 잃은 후에 어짊을 따지며, 어짊을 잃은 후에 올바름을 따지고, 올바름을 잃은 후에 예절을 따지게 되었다.
대저 예절이 만들어진 것은 사람의 진정이나 믿음이 약해진 탓이며 결국 혼란만 일으킨다.
앞일에 대해 이리저리 헤아리는 알음알이는 도라는 열매를 맺지 못하는 꽃에 불과한 것이며, 이것이야말로 어리석음의 시작이다.
따라서 대장부는 모든 일에 있어서 두텁게 대하고 잔머리를 쓰지 않으며, 참된 것을 취하고 꾸며진 것을 버린다.
그러므로 저것을 버리고 이것을 취한다.

上德不德, 是以有德(상덕부덕, 시이유덕).
下德不失德, 是以無德(하덕불실덕, 시이무덕).
上德無爲而無以爲(상덕무위이무이위),
下德爲之而有以爲(하덕위지이유이위).
上仁爲之而無以爲(상인위지이무이위),
上義爲之而有以爲(상의위지이유이위),

上禮爲之而莫之應, 則攘臂而仍之
(상례위지이막지응, 즉양비이잉지).
故失道而後德, 失德而後仁, 失仁而後義, 失義而後禮
(고실도이후덕, 실덕이후인, 실인이후의, 실의이후예).
夫禮者, 忠信之薄, 而亂之首(부례자, 충신지박, 이란지수).
前識者, 道之華, 而愚之始(전식자, 도지화, 이우지시).
是以大丈夫處其厚, 不居其薄, 處其實, 不居其華
(시이대장부처기후, 불거기박, 처기실, 불거기화).
故去彼取此(고거피취차).

제11장
큰 그릇은 뒤늦게 채워지고

  바탕이 뛰어난 사람은 도에 대하여 들으면 힘써 실천하고,
  바탕이 보통인 사람은 도에 대하여 들으면 있는 듯 없는 듯 반신반의하고,
  바탕이 낮은 사람은 도에 대하여 들으면 한바탕 크게 비웃는다.
  바탕이 낮은 사람이 도를 비웃지 않는다면 차라리 도가 아닐지도 모른다.
  그래서 옛날부터 다음과 같은 말이 전해진다.
  밝은 도는 어두운 듯하며
  앞으로 나아가는 도는 뒤로 물러나는 것 같으며
  안으로 평안한 도는 밖으로는 울퉁불퉁 험한 것 같다.
  높은 덕은 오히려 낮은 골짜기 같고,
  참으로 깨끗한 것은 오히려 더러운 것 같고,
  모든 것을 품을 수 있는 넓은 덕은 오히려 모자란 것 같고,
  참으로 단단한 덕은 오히려 허약한 것 같고,
  참으로 곧은 덕은 오히려 텅 빈 것 같다.
  아주 큰 모서리는 오히려 모서리가 없는 것 같고,
  큰 그릇은 뒤늦게 채워지고,

큰 소리는 오히려 소리가 없는 것 같고,
큰 모양은 오히려 모양이 없는 것 같다.
도는 모든 사물 속에 숨어있지만 드러난 이름이 없다.
애오라지 도는 아낌없이 베풀고 무엇이든 이룰 수 있게 한다.

이번 장에서 우리는 어른들이 너나없이 좋아하는 대기만성(大器晚成)이라는 사자성어를 만났습니다. 대충 '큰 그릇은 뒤늦게 채워진다'는 뜻이겠지요.

흔히 머리가 좋아 뛰어나게 공부를 잘하는 것도 아니고, 그렇다고 달리 다른 재능이 있어 보이지도 않는, 바로 못난이 노자 같은 젊은이들에게 어른들이 위로 삼아 덕담 비슷하게 넌지시 흘리기도 합니다.

"좀더 두고 보세나. 뭐, 대기만성이란 말도 있지 않은가."

그리고 저번에 배운 '상선약수(上善若水)'처럼 대기만성 또한 어른들은 곧잘 일필휘지로 멋지게 써갈긴 붓글씨를 크고 화려한 액자에 넣어 현관이나 사무실 벽에 걸어놓기도 합니다. 그만큼 어른들이 너나없이 좋아하는 말입니다. 바로 그런 '대기만성'을 노자할아버지가 도와 덕을 설파하면서 비유 삼아 사용할 줄을 누가 알았겠어요.

바탕이 뛰어난 사람은 도에 대하여 들으면 힘써 실천하고,
　바탕이 보통인 사람은 도에 대하여 들으면 있는 듯 없는 듯 반신반의하고,

바탕이 낮은 사람은 도에 대하여 들으면 한바탕 크게 비웃는다.
바탕이 낮은 사람이 도를 비웃지 않는다면 차라리 도가 아닐지도 모른다.

노자할아버지에게 바탕이 뛰어난 사람이란 어떤 사람일까요? 천재? 얼짱? 범생이? 지금까지 노자할아버지를 공부했는데, 설마 그렇게 믿는 친구는 없겠지요?

노자할아버지에게 있어서 바탕이 뛰어난 사람이란 세상사람들의 눈에는 얼핏 어딘가 많이 모자란 것처럼 보이는 사람, 그래서 자칫 바보로 보이기 쉬운 사람, 학교에서도 저만큼 뒤처져서 도무지 경쟁대열에 끼어들려고 하지 않는 사람일 것입니다. 그러나 한편으로는 자신의 못난 점이야말로 자신의 힘이라는 것을 깨달은 사람일 것입니다.

못난이 노자식으로 바탕이 뛰어난 사람이란 적어도 한번쯤은 자신의 안을 들여다본 사람이며, 그렇게 자신의 우뇌의 정보가 지니고 있는 신비한 방향성을 믿는 사람입니다. 아니, 더 쉽게 말하면 생긴 대로 사는 사람입니다. 남의 눈치 안 보고 자기가 믿는 대로 사는 사람이겠지요.

바탕이 좋은 사람은 도에 대하여 들으면 한치의 의심도 없이 그대로 믿습니다. 그리고 말없이 실천에 옮깁니다. 남들이 바보라고 하든, 심지어 미쳤다고 하든, 저 아이는 이미 낙오자야, 하며 손가락질을 하든 말든, 생긴 그대로 묵묵히 못난 자신의 길을 갑니다. 어쩌면 그런 묵묵한 걸음걸이 자체가 바로 도인지도 모릅니다.

바탕이 보통인 사람은 도에 대하여 들으면 반신반의합니다 ― 에이, 생긴 대로 사는 것이 어떻게 도라는 거야? 남보다 잘생긴 것도 아니고, 남보다 공부를 잘하는 것도 아니고, 남보다 힘이 센 것도 아닌 사람더러 생긴 대로 살라니, 그러면 영원히 못난이로 살라는 말이 아닌가, 그렇게 영원히 못난이로 사는 것이 도란 말인가?

바탕이 낮은 사람은 도에 대하여 듣자마자 한바탕 크게 비웃습니다 ― 하하, 못난 놈들이 못난 짓 하고 있네. 옛다, 도. 너나 많이 해 처먹어라. 지금이 어떤 세상인데 아직껏 도 어쩌구 하고 있는 거야. 시대에 뒤떨어져도 한참 뒤떨어진 놈들 같으니. 하긴 저렇게 어리석은 놈들이 있으니 우리가 쉽게 사는지도 모르지, 하하.

하기는 이렇듯 어지러운 난세에는 바탕이 낮은 사람일수록 겉으로는 늠름하게 빛나 보일지도 모릅니다. 그렇듯 바탕이 낮은 사람들이 세상의 꼭대기에서 세상을 이끌어가는 시절에는 생긴 대로 살자고 주장하는 도야말로 얼마든지 비웃음 받아 마땅한지도 모릅니다. 그렇게 그들로부터 비웃음 받지 않으면 도가 아닐 정도로요.

못난이 노자도 열아홉에 벌써 인생을 종치고, 그렇게 아버지나 어머니가 올라가고자 하는 세상의 꼭대기에서 멀어지지 않았다면, 그리하여 내 안의 노자를 만나 바로 종친 내 인생이야말로 내가 지닌 가장 눈부시고 화려한 힘이라는 것을 깨닫지 못했다면, 어쩌면 나 또한 생긴 대로 살자는 도를 얼마든지 비웃었을지도 모릅니다.

거듭 확인하지만, 못난이 노자에게는 생긴 대로 산다는 것은, 한마디로, 어느 모로 보나 못난이일 뿐인 자신을 믿는다는 것에 다름 아닙니다. 남들의 눈이 아닌 바로 자기의 눈으로 못난 자신을 보고, 그렇게 자기의 눈으로 못난 자신의 안에 있는 어떤 소중한 값어치를 발견할 수 있다면, 남들에게는 여전히 못난이일 뿐이지만 바로 그 순간에 도를 실천하고 있는 것이지요.

여기에서 문득 제2장의 한 구절이 생각나는군요.

세상사람들이 모두 아름다운 것이 아름다운 줄로 알지만
바로 그것이 더러운 것이다.

제2장에서 우리는 노자할아버지가 가장 싫어하는 것이 바로 세상의 상식이라는 것을 알았을 터입니다. 모든 사물을 안이 아니라 바깥으로만 바라보는 좌뇌적인 사람들이 세상을 사는 지혜 중의 으뜸으로 치는 무기인 상식 말입니다.

세상에서는 이 상식을 바탕으로 하여 윤리며 규범이며 제도를 만들고 더 나아가 사회질서를 지키는 법률도 만들지요. 그리하여 당연히 이 상식은 모든 사물을 재는 잣대가 됩니다. 옳고 그름, 착하고 나쁨, 아름다움과 더러움, 밝고 어두움 ― 이렇게 모든 사물을 둘로 나누어서 이 잣대로 사물의 값어치를 분별하는 것입니다.

노자할아버지는 그런 세상의 상식에 대하여 여기에서 다시 한번 쐐기를 박는군요.

그래서 옛날부터 다음과 같은 말이 전해진다.
밝은 도는 어두운 듯하며
앞으로 나아가는 도는 뒤로 물러나는 것 같으며

안으로 평안한 도는 밖으로는 울퉁불퉁 험한 것 같다.

밝은 도는 밝기만 한 줄 알며, 앞으로 나아가는 도는 앞으로 나아가는 줄로만 알며, 밖으로 울퉁불퉁한 도는 안에 들어서도 울퉁불퉁하리라고 여기는 상식의 사람들, 한번도 자기의 안에 들어가지 못한 채 자기의 바깥에만 몰두해 있는 상식 위주의 사람들에게 노자할아버지는 안타깝게 고개를 저어 보입니다.
너희들이 보기에 밝은 도는 실제로는 어둡게 보이고, 너희들이 나아간다고 여기는 도는 실제로는 뒤로 물러나는 것 같고, 너희들이 울퉁불퉁하다고 여기는 도는 실제로는 평안하게 여겨질 수도 있느니.
노자할아버지는 그런 좌뇌 중심의 상식적인 까막눈이들에게 도에 이어 덕에 대해서도 고개를 저어 보입니다.

> 높은 덕은 오히려 낮은 골짜기 같고,
> 참으로 깨끗한 것은 오히려 더러운 것 같고,
> 모든 것을 품을 수 있는 넓은 덕은 오히려 모자란 것 같고,
> 참으로 단단한 덕은 오히려 허약한 것 같고,
> 참으로 곧은 덕은 오히려 텅 빈 것 같다.

높은 덕은 너희들 까막눈이들이 보기에는 밑바닥이 잘 안 보이는 낮은 골짜기 같고, 흔히 깨끗하다고 여기는 것들은 까막눈이들에게는 오히려 더럽게 보이며, 세상의 모든 것을 품을 만큼 넉넉한

도는 까막눈이들에게는 오히려 모자란 것처럼 보이며, 단단한 덕은 까막눈이들에게는 오히려 약한 것 같고, 곧은 덕은 까막눈이들에게는 오히려 텅 비어서 아무것도 없는 것 같으니.

못난이 노자식으로 말하면 이를테면 안으로는 참으로 눈부시고 황홀한 향기를 지니고 있는 은정이가, 사람들이 얼핏 보기에는 다시없는 문제아이자 불량소녀이며, 심하게는 만신창이 쓰레기로 보이는 것과 조금도 다르지 않습니다.

문득 은정이의 모습에 겹쳐, 못난이 노자의 시야에, 언젠가 읽은 《호밀밭의 파수꾼》이라는 소설의 주인공이 떠오르는군요. 홀든 콜필드라는 이름인데요, 비록 소설에서 만났지만, 기이하게도 아주 오랫동안 친하게 지낸 친구처럼 낯익은 모습입니다.

어쩌면 못난이 노자보다는 은정이가 홀든을 더 좋아할지도 모릅니다. 왜냐하면 은정이처럼 홀든 또한 열일곱살에 '펜시'라는 소위 명문 사립고등학교를 위시한 몇군데 고등학교에서 퇴학을 당한 경력이 있거든요. 아니, 은정이는 스스로 학교를 그만두었고, 홀든은 쫓겨났다는 차이점이 있군요.

크리스마스 휴가 전에 영어를 제외한 네과목에서 모두 낙제를 하여 펜시고등학교에서 퇴학을 당한 홀든은 부모에게 퇴학통보가 담긴 편지가 전달될 3일간 자신의 집이 있는 뉴욕을 돌아다니다가 끝내는 정신병원에 갇히고 맙니다. 그리하여 홀든이 정신과 의사의 권유로 자신의 3일간의 행적을 쓴 것이 바로 《호밀밭의 파수꾼》입니다.

이를테면 홀든은 정신병자가 되고 만 것입니다. 한마디로 홀든 또한 못난이 노자나 은정이처럼 문제아에 낙오자가 되다 못해 끝내 어떻게 해서 정신병자까지 되는가를 기록한 것이 《호밀밭의 파수꾼》이지요.

정신과 의사의 입장에서 보자면 정신치료를 위한 일종의 상담기록인 이 글의 마지막을 홀든은 이렇게 끝냅니다.

> (…) 많은 사람들, 특히 이 병원에 있는 정신과 전문의가, 이번 9월부터 학교에 가게 되면 공부를 열심히 할 것인지를 연신 물어대고 있다. 정말 이보다 어리석은 질문이 있을까? 실제로 해보기 전에 무엇을 어떻게 하게 될지 어떻게 알 수 있단 말인가? 물론 열심히 공부할 생각이지만, 실제로 어떻게 될 것인지는 알 수 없는 일이다. 그렇기 때문에 바보 같은 질문이라는 것이다. (…) 난 이 이야기를 많은 사람들에게 한 걸 후회하고 있다. 내가 알고 있는 건, 이 이야기에서 언급했던 사람들이 보고 싶다는 것뿐. 이를테면 스트라드레이터나 애클리 같은 녀석들까지도. 모리스 자식도 그립다. 정말 웃기는 일이다. 누구에게든 아무 말도 하지 말라. 말을 하게 되면, 모든 사람들이 그리워지기 시작하니까.

훗날 홀든은 소위 미국 십대들이 지닌 불안을 상징하는 인물이 되었다고 합니다. 그렇지만 못난이 노자에게 홀든은 어쩔 수 없이 자꾸만 도에 대하여 '바탕이 뛰어난 사람'으로 여겨집니다. 그렇듯 바탕이 뛰어난 사람인 홀든에 대하여 바탕이 낮은 사람이 한바탕 크게 비웃는 식이 어쩌면 《호밀밭의 파수꾼》인지도 모릅니다. 아니 크게 비웃다 못해 도의 바탕 자체를 정신병으로까지 몰아가는 식인지도 모릅니다.

바탕이 낮은 사람이 도를 비웃지 않는다면 차라리 도가 아닐지도 모른다.

학교에서 쫓겨난 홀든이 비록 자신을 낙제시켰지만 그래도 좋아하는 역사 선생 스펜서를 찾아갔을 때, 선생은 말합니다.
"역사 과목에서 낙제점을 준 이유는 자네가 너무나 아는 게 없기 때문이야. 정말 너무 모르고 있어. 이번 학기 동안 자네가 교과서를 한번이라도 펼쳐본 적이 있는지 의심스러울 정도였으니 말이야. 어떻게 된 건지 사실대로 말해봐."
"두번쯤 대충 훑어본 적은 있습니다."
선생은 이윽고 홀든의 답안지를 꺼내어 읽습니다.
"이집트인들은 오늘날 우리들에게 여러가지 이유로 흥미로운 존재들이다. 현대과학은 이집트인들이 수세기 동안 썩지 않을 수 있게 만들어준, 시체들을 감싸던 비밀재료가 무엇인지를 여전히 밝혀내지 못하고 있다. 20세기의 현대과학에 던져진 흥미로운 수수께끼가 아닐 수 없다."
이집트 역사를 배웠을 때, 홀든에게 가장 관심이 가고 흥미로웠던 것은 바로 수세기 동안 썩지 않는 시체 처리의 비밀재료였습니다. 어쩌면 홀든의 우뇌에서는 그 순간 아직까지도 현대과학이 밝혀내지 못한 신비한 비밀에 대한 해답이 무슨 영감처럼 번뜩이고 있었는지도 모릅니다. 그런 홀든의 영감에 대하여 스펜서 선생은 묻습니다.

"낙제시킨 데 대해서 불만이라도 있나, 자네?"

홀든의 우뇌에서 번뜩이는 영감은 까마득히 모르면서 오히려 낙제 운운하는 스펜서 선생이, 못난이 노자에게는 도라면 우선 크게 비웃고 보는 바탕이 낮은 사람일 수밖에 없습니다. 바탕이 낮은 스펜서 선생의 질문을 받는 홀든의 머릿속에는 온통 다른 생각만이 꽉 차있습니다.

(…) 우리집은 뉴욕에 있었다. 그래서인지 센트럴파크 남쪽에 있는 연못을 생각하고 있었다. 내가 집에 돌아갔을 때, 그 연못이 얼어붙지는 않을지, 얼어버리면 그곳에 살고 있던 오리들은 어디로 가게 되는 것인지가 궁금했다. 어떤 사람이 트럭을 몰고 와서 오리들을 태우고 동물원이나 그런 곳으로 가지는 않을까. 아니면 오리들이 멀리 날아가버리는 것일까. 생각은 꼬리를 물고 이어졌다. 난 정말 운이 좋았다. 스펜서 선생에게 잡소리를 하는 동시에 오리 생각을 할 수 있었으니 말이다.

그런 홀든에게 스펜서 선생이 안타깝게 말합니다.

"자네 머릿속에 분별이라는 걸 넣어주고 싶어. 도와주고 싶다는 말이다. 내가 할 수 있는 한은 도와주고 싶어."

홀든을 비웃는, 소위 도에 대하여 바탕이 낮은 사람은 비단 스펜서 선생만이 아닙니다. 구두표현 과목에서도 빈슨 선생은 홀든이 주제에서 벗어났다는 이유로 낙제를 줍니다. 그런 빈슨 선생의 주제에 대하여 홀든이 항변을 하는군요.

(…) 저도 주제를 벗어나는 걸 좋아하지는 않아요. 하지만 거기에만 충실한 것도 싫습니다. 아마 누구라도 처음부터 끝까지 한 주제에 대해서만 성실하게 이야기하는 걸 좋아하지는 않는 건가 봐요. 구두표현 과목에서 우수한 점수를 받는 아이들은 처음부터 끝까지 그 주제에서 벗어나지 않아요. 그건 인정합니다.
우리 반에 리처드 킨셀라라는 아이가 있었는데, 그 애는 항상 주제에서 벗어나는 이야기를 했기 때문에 '탈선'이라고 모두들 외쳤어요. 그때는 정말 끔찍했습니다. 그애는 아주 소심한 아이였죠. 그래서 자기 차례가 되니까 입술을 부들부들 떨면서 이야기를 하더군요. 교실 뒤에서는 거의 들리지 않을 정도기는 했지만, 입술을 떠는 걸 멈추었을 때는 그 아이의 이야기가 누구의 것보다도 마음에 들었어요.
하지만 그 애도 결국은 그 과목에서 낙제점을 받았죠. 아이들이 계속해서 '탈선'이라고 외쳤기 때문이에요. 예를 들면, 그 애가 자기 아버지가 버몬트에 장만한 농장 이야기를 한 적이 있는데, 아이들은 이야기의 처음부터 끝까지 계속 '탈선'이라고 외치면서 공격을 했어요. 빈슨 선생도 그 농장에서 무슨 가축을 키우고, 어떤 채소를 키우는지 이야기하지 않았다면서 낙제점을 줬어요.
그때 그 애는 농장 이야기로 시작했다가 갑자기 어머니가 삼촌한테 받았다는 편지 이야기를 했거든요. 그 삼촌은 마흔두살 때 소아마비에 걸려서 병원에 입원했다는 겁니다. 그런데 부목을 댄 모습을 보여주고 싶지 않다고 아무도 면회를 오지 못하게 했다는 거예요. 정말 농장과는 아무 관계가 없는 이야기였지요. 저도 그건 인정합니다.

(…) 저도 그 애가 농장이 아니라 삼촌을 주제로 삼았어야 한다고 생각해요. 하지만 제가 말씀드리고 싶은 건, 사람들은 대부분 재미없는 이야기를 해보고 나서야, 가장 재미있는 게 무엇인지를 알게 된다는 거죠. 그건 어쩔 수 없이 그렇게 되어버리는 겁니다. 그러니까 말하는 사람이 관심을 가지고 있는 이야기를 신나게 하고 있다면 그대로 내버려두는 것이 좋겠다는 거지요. 전 누구라도 신나게 이야기하는 게 좋습니다.

선생님은 빈슨 선생님을 모르시겠죠. 그분은 정말 사람을 미치게 만듭니다. 빈슨 선생님이나 그분의 수업은 사람을 환장하게 만들죠. 노상 일관성을 가지고 간결하게 말하라고 하는 거예요. 그렇게 되지 않는 것도 있는데 말입니다. 누가 말하더라도 쉽게 간결하고, 일관성을 가지기가 어려운 것도 있잖아요.

못난이 노자식으로는, 스펜서 선생의 분별이나 빈슨 선생의 주제며 일관성이란 어쩔 수 없이 상식이나 알음알이일 뿐입니다. 그리고 지극히 좌뇌적인 시선이구요. 그런데 그런 분별이며 일관성으로 이루어진 주제며 좌뇌적인 시선이 결국은 홀든을 정신병원으로까지 데려가는 것이지요.

펜시 학교에서 쫓겨나 뉴욕의 밤거리를 헤매던 홀든은 여동생 피비가 너무 보고 싶은 나머지 부모님 몰래 집을 찾아갑니다. 아빠가 오빠를 죽일지도 모른다는 걱정에 가득 차있는 피비가 안타까이 말합니다.

"뭘 좋아하는지 한가지만이라도 말해봐."

피비의 말에 자신이 좋아하는 한가지에 대한 오랜 생각 끝에 홀든이 대답합니다.

"나는 늘 넓은 호밀밭에서 꼬마들이 재미있게 놀고 있는 모습을 상상하곤 했어. 어린애들만 수천명이 있을 뿐 주위에 어른이라고는 나밖에 없는 거야. 그리고 난 아득한 절벽 옆에 서있어. 내가 할 일은 아이들이 절벽으로 떨어질 것 같으면, 재빨리 붙잡아주는 거야. 애들이란 앞뒤 생각 없이 마구 달리는 법이니까 말이야.

그럴 때 어딘가에서 내가 나타나서는 꼬마가 떨어지지 않도록 붙잡아주는 거지. 온종일 그 일만 하는 거야. 말하자면 호밀밭의 파수꾼이 되고 싶다고나 할까. 바보 같은 이야기라는 건 알고 있어. 하지만 정말 내가 되고 싶은 건 그거야. 바보 같겠지만 말이야."

못난이 노자에게는 호밀밭의 파수꾼이 되고자 하는 홀든을 정신병원으로 데려가는 사람들, 홀든의 부모님이며 '탈선'이라고 외치는 반 아이들이며, 홀든에게 낙제점을 주는 학교 선생님들이며 더 나아가 분별이며 주제의 일관성을 좇는 사람들이야말로 바보처럼 여겨집니다. 그렇게 도의 바탕이 낮으면서도 오히려 도의 바탕이 높은 홀든을 크게 비웃는 사람들을 떠올리며, 이제 다음 구절로 넘어가볼까요?

아주 큰 모서리는 오히려 모서리가 없는 것 같고,

큰 그릇은 뒤늦게 채워지고,
큰 소리는 오히려 소리가 없는 것 같고,
큰 모양은 오히려 모양이 없는 것 같다.
도는 모든 사물 속에 숨어있지만 드러난 이름이 없다.
애오라지 도는 아낌없이 베풀고 무엇이든 이룰 수 있게 한다.

이 구절에서 노자할아버지는 또다시 까막눈이들에게 도가 지닌 가없는 크기와 넓이, 깊이에 대해 안타깝게 일러주는군요. 그리고 못난이 노자는 얼핏 '천장지구(天長地久)'라는 사자성어를 떠올립니다.
하늘과 땅은 영원하다!
자신이 지닌 좌뇌적이고 일회적이고 생물적인 100년 안팎의 생명만을 믿는 까막눈이들에게 노자할아버지가 안타깝게 타이른 말씀입니다.

하늘과 땅이 영원한 것은
자신의 존재 자체를 자신의 것으로 여기지 않기 때문이다.
그래서 오래도록 살 수 있는 것이다.

그때 못난이 노자가 노자할아버지를 거들었지요.
제발 바깥을 바라보는 눈으로 죽음을 바라보지 마세요. 그렇듯이 바깥을 바라보는 눈으로 삶도 바라보지 마세요. 바깥을 바라보는 눈으로 도를 바라보면 도마저도 도가 아닌 것이 되어버리지 않나요?

　바깥을 보는 눈, 즉 좌뇌의 눈으로 우리의 생명을 바라보면 우리는 오래 살아야 기껏 100년 안팎입니다. 그러니까 현재의 우리의 삶만을 우리 생명의 전부로 아는 것이지요. 그러나 안을 보는 눈, 즉 우뇌의 눈으로 우리의 생명을 바라본다면요? 우리는 이미 우리 안에 영원한 생명을 지닌 것을 알 수가 있지요.

　만일 우리가 우리의 유전자정보와 그 안에 흐르고 있는 신비한 방향성을 느낄 수만 있다면, 우리는 불과 몇십년이라는 생물적인 생명에서 벗어나 우뇌적인 시간과 공간 속에서 영원한 생명을 얻게 되는 것이지요.

　그렇듯 영원한 생명을 바라보는 눈과 불과 100년의 생물적 생명만을 바라보는 눈의 차이가 이 장에서도 어김없이 드러나고 있습니다. 100년 안팎의 생물적 생명만을 바라보는 좁은 눈으로 보면 전혀 보이지 않는 우주라는 커다란 모서리란 오히려 없는 것 같을 것이며, 결코 영원히 채워지지 않을 것 같은 우주라는 커다란 그릇도 언젠가는 채워질 것이며, 우주의 커다란 소리는 오히려 소리가 들리지 않고, 우주라는 커다란 모양도 오히려 모양이 없는 것 같을 것입니다.

　바깥을 바라보는 눈에는 전혀 보이지 않는 우주도 안을 바라보는 눈으로 바라본다면, 우리의 몸 안에서도 얼마든지 발견할 수가 있지요. 도도 마찬가지입니다. 도는 우리 주변의 모든 사물에 깃들어 있지만, 바깥을 바라보는 눈에는 전혀 보이지를 않는 것입니다.

　단 한번이라도 안을 바라본 사람에게는 세상 어디에든 도가 없는 곳이 없으며, 길가에 피어있는 이름없는 작은 풀꽃 하나에도 도의 넉넉한 베풂이 깃들어 있습니다.

어디에든 넘쳐나는 도의 가없는 품과 모서리와 소리와 모양을 다시 한번 확인하면서, 이 장을 마무리합시다.

> 바탕이 뛰어난 사람은 도에 대하여 들으면 힘써 실천하고,
> 바탕이 보통인 사람은 도에 대하여 들으면 있는 듯 없는 듯 반신반의하고,
> 바탕이 낮은 사람은 도에 대하여 들으면 한바탕 크게 비웃는다.
> 바탕이 낮은 사람이 도를 비웃지 않는다면 차라리 도가 아닐지도 모른다.
> 그래서 옛날부터 다음과 같은 말이 전해진다.
> 밝은 도는 어두운 듯하며
> 앞으로 나아가는 도는 뒤로 물러나는 것 같으며
> 안으로 평안한 도는 밖으로는 울퉁불퉁 험한 것 같다.
> 높은 덕은 오히려 낮은 골짜기 같고,
> 참으로 깨끗한 것은 오히려 더러운 것 같고,
> 모든 것을 품을 수 있는 넓은 덕은 오히려 모자란 것 같고,
> 참으로 단단한 덕은 오히려 허약한 것 같고,
> 참으로 곧은 덕은 오히려 텅 빈 것 같다.
> 아주 큰 모서리는 오히려 모서리가 없는 것 같고,
> 큰 그릇은 뒤늦게 채워지고,
> 큰 소리는 오히려 소리가 없는 것 같고,
> 큰 모양은 오히려 모양이 없는 것 같다.

도는 모든 사물 속에 숨어있지만 드러난 이름이 없다.
애오라지 도는 아낌없이 베풀고 무엇이든 이룰 수 있게 한다.

上士聞道, 勤而行之(상사문도, 근이행지),

中士聞道, 若存若亡(중사문도, 약존약망),

下士聞道, 大笑之(하사문도, 대소지).

不笑, 不足以爲道(불소, 부족이위도).

故建言有之(고건언유지).

明道若昧, 進道若退, 夷道若類(명도약매, 진도약퇴, 이도약류).

上德若谷, 大白若辱, 廣德若不足, 建德若偸, 質眞若渝.

(상덕약곡, 대백약욕, 광덕약부족, 건덕약투, 질진약유).

大方無隅, 大器晩成, 大音希聲, 大象無形.

(대방무우, 대기만성, 대음희성, 대상무형).

道隱無明(도은무명).

夫惟道, 善貸且成(부유도, 선대차성).

제12장

도를 깨달은 사람은 도에 대하여 말하지 않는다

도를 깨달은 사람은 도에 대하여 말하지 않고,
도에 대하여 말하는 사람은 도를 모른다.
도를 깨달은 사람은 자신의 입을 막고, 눈과 귀를 닫으며,
자신의 날카로움을 무디게 하고, 엉클어진 것을 풀며,
자신의 눈부신 빛을 감추어 기꺼이 티끌과 하나가 된다.
이를 일러 자신의 안으로 들어가 도와 깊이 하나를 이루었다고 한다.
도와 깊이 하나가 된 사람은 가까이할 수도 없고, 멀리할 수도 없으며,
이롭게 할 수도 없고, 천하게 할 수도 없다.
따라서 세상에서 가장 귀중하게 된다.

읽자마자 어쩔 수 없이 제1장을 다시 보는 느낌입니다. "도를 깨달은 사람은 도에 대하여 말하지 않고, 도에 대하여 말하는 사람은 도를 모른다"는 첫 구절은 "도를 도라고 말해버리면 이미 도가 아니다"라는 제1장과 거의 비슷하지 않나요?

못난이 노자는 제1장에서, 사물을 보는 데는 안을 보는 눈과 바

깥을 보는 눈이 있으며, 바깥을 보는 눈으로 안을 보면 이미 안이 아니고, 안을 보는 눈으로 안을 보아야 비로소 도라고 해설했습니다. 한번도 자신의 안에 들어가지 못한 채 자신의 바깥에만 몰두해 있는 까막눈이들은 노자할아버지가 보여주는 안의 세계도 바깥의 모양새로만 파악할 것입니다. 바로 그런 노파심 때문에, 노자할아버지는 도를 밝히기에 앞서 미리 부탁합니다.

도를 깨달은 사람은 도에 대하여 말하지 않고,
도에 대하여 말하는 사람은 도를 모른다.

못난이 노자식으로는, 바깥을 보는 눈으로 안까지 보려 하는 좌뇌적인 사람들에게 제발 안을 볼 줄 아는 눈으로, 안을 보는 우뇌적인 사람이 되어, 안에 있는 자신의 신비한 보물을 발견하라는 부탁이기도 합니다. 자신의 안에 있는 신비한 보물, 무려 46억년의 우뇌 정보 안에 깃들어 있는 신비한 방향성이며 우주적 감각을 발견한 사람은, 바깥만 보고 바깥만 중시하는 세상사람들에게 감히 자신의 보물에 대하여 이러쿵저러쿵 떠들지 못합니다.

자신의 안에 있는 보물마저 고작해야 흉측하고 더러운 똥덩이로밖에는 여기지 않는 사람들에게 어떻게 도를 말할 수 있을까요. 도에 대하여 이러쿵저러쿵 떠드는 것은 전혀 도를 모르는 사람일 테지요. 자신의 안에 있는 신비한 보물을 발견한 사람들은 정작 세상사람들 앞에서는 어떤 모습으로 살아갈까요? 노자할아버지가 그 대답을 하시는군요.

도를 깨달은 사람은 자신의 입을 막고, 눈과 귀를 닫으며,
자신의 날카로움을 무디게 하고, 엉클어진 것을 풀며,
자신의 눈부신 빛을 감추어 기꺼이 티끌과 하나가 된다.

 도를 깨달은 사람은 도대체 무엇을 향하여 자신의 입을 막고 눈과 귀를 닫는 것일까요? 또한 무엇을 향하여 자신의 날카로움을 무디게 하고, 엉클어진 것을 풀고 자신의 눈부신 빛을 감추는 것일까요? 그리하여 기꺼이 티끌과 하나가 될까요?
 혹시 자신이 잘났다고 믿는 사람들, 그리하여 단 한번도 자신의 좌뇌적인 삶을 회의하는 법이 없이 천연덕스럽게 잘 살아가는 사람들, 범생이, 얼짱, 권력과 부를 함께 손에 움켜쥔 사람들의 출세주의며 황금만능의 가치관 같은 것은 아닐까요? 그리고 부끄러움을 무릅쓰고 다시 한번 밝히자면, 바로 못난이 노자의 아버지와 어머니거나 나아가 은정이의 아버지 같은 사람들이 아닐까요?
 그러나,
 그러나 도를 깨달은 사람이 자신의 입을 막고 눈과 귀를 닫는 것이 딱히 그런 좌뇌적인 세상사람들을 향한 것일 뿐일까요? 혹시 자기자신을 향한 것은 아닐까요? 바로 자신의 안을 보다 깊이 바라보기 위하여, 바깥으로 열린 입을 막고 눈과 귀를 닫는 것이 아닐까요?

 옛날부터 도가에서는 도를 깨달은 사람이 세상에 대하여 일정한 거리를 두고 살아가는 방법을 양생법(養生法)이라고 불렀습니다.

이 양생법을 사전에서는 '몸과 마음을 잘 다스리는 방법'이라는 식으로 풀이합니다. 노자할아버지는 결국 이 장에서 도를 깨달은 사람이 그렇게 몸과 마음을 다스려서 마침내 기꺼이 티끌과 하나가 되는 양생법을 설파하는 것인지도 모릅니다. 그런데 이 양생법이 못난이 노자에게는 어쩐지 힌두나 요가의 구도자들이 명상에 드는 명상법과 흡사하게 여겨지기도 합니다. 참, 불교의 참선도 있군요.

  노자할아버지의 양생법이나 인도의 명상법, 불교의 참선은 모두 같은 방법으로 시작할 것입니다. 그것은 세상살이의 모든 알음알이인 좌뇌의 활동을 정지시킨 채 우뇌의 유전자정보들만이 활동하는 순수한 상태에서 어떤 신비한 방향성을 찾아가는 것이겠지요. 한편으로는 모든 의식의 활동을 정지시킨 채 잠재의식의 단계를 지나 깊이 무의식 상태에 빠져서 사람이 누구나 마음속 깊은 곳에 지니고 있는, 무엇인가를 이루고자 하는 이상적이고 완전한 내면의 세계를 만나는 것이기도 합니다. 바로 그렇듯 우리 안에 있는 완전한 내면의 세계를 찾아가는 마음의 여행이 바로 양생법이자 명상인 것입니다.

  여기에서 못난이 노자는 제1장에서 인용했던 히말라야를 배경으로 한 소설을 다시 인용할까 합니다. 소위 명상이나 마음의 여행을 어떻게 시작하는가 하는 의문에 대하여, 비교적 쉽게 대답해주고 있는 부분이 있기 때문입니다. 소설의 주인공은 히말라야 해발 4,000미터 어름 산기슭에 있는 힌두 4성지 중의 한곳인 강고트리의 요가니케탄이란 일종의 요가수련원에서 처음으로 소위 자신의 마음을 바라보는 명상을 시작합니다. 히말라야의 하얀 설산을 배경으로 웅장한 폭포를 끼고 있는 요가니케탄은 요기들이며 수도승들이 살고 있는 곳이기도 합니다.

8시 무렵 나는 마침내 오두막의 침대 위에 가부좌를 하고 앉았다. 강고트리에는 전기나 전화 같은 문명의 이기가 없었다. 나는 촛불조차 켜지 않은 채 그대로 캄캄한 어둠 속에 앉아있었다. 그리고 나는 당연한 일처럼 한태인의 외침을 먼저 들었다.
"명심해다오, 마음을 들여다보는 것!"
한태인의 말은 한음절 한음절이 대못이 되어 그대로 나의 정수리에 박히는 느낌이었다. 나는 그 대못을 아무런 저항 없이 받아들였다. 그의 말이 아니더라도 여기까지 온 이상 어차피 나에게는 더 이상 뒤로 물러설 자리가 없을 터이었다. 그렇게 정수리에 박히는 대못은 둔탁한 울림과 함께 등골을 타고 내려 꼬리뼈 부분에서 머물다가는 어디론가 사라져갔다.
대못의 울림이 끝나면서 이번에는 폭포소리가 몰려왔다. 폭포소리는 느닷없이 나의 고막뿐 아니라 몸 전체에 커다란 공명을 일으키면서 삽시간에 우릉우릉 울리는 소리의 진동 속으로 나를 던져 넣어버리는 것이었다. 너무 순간적으로 너무 격렬하게 시작된 폭포소리로 인하여 나는 거의 얼이 빠져버릴 지경이었다. 나는 마치 실제로 폭포에서 떨어져, 사지를 바둥거리며 한없이 밑으로 추락해가는 느낌이었다.
나는 한가닥 의아한 생각 속에서 나의 몸 전체에 공명을 일으키는 폭포소리에 빠져있었다. 도대체 폭포소리의 무엇이 비단 나의 청각뿐만이 아닌 다른 감각들마저 뿌리째 뒤흔들어버리는 것일까.

내가 진작부터 들려오는 폭포소리를 못 느낀 것은 아니었을 것이다. 내가 가부좌를 하고 앉기 전까지만 해도, 그리하여 누군가가 나타나기를 기다리기 전까지만 해도, 폭포소리는 다만 폭포소리일 뿐이었다.

얼마 지니지 않아 나는 드디어 느닷없는 폭포소리를 이해했다. 나는 바야흐로 누군가를 기다리고 있었던 것이다. 나의 모든 감각을 누군가를 향해 열어놓고, 마치 결전의 순간처럼 팽배한 긴장감 속에서 누군가를 기다렸던 것이다. 그렇듯 팽배한 긴장감은, 만일 조금이라도 늦춰지거나 당겨진다면 나의 몸뚱어리를 그대로 캄캄한 공간의 어디론가 튕겨버릴 것만 같은 아슬아슬한 선에서 정지되어 있었다. 그런 팽배한 긴장감 속으로 폭포소리가 먼저 들려왔던 것이다.

나는 그렇듯 격렬한 폭포소리에 빠진 채 여전히 누군가를 기다렸다. 돌이켜보면 지금까지 나는 일부러 누군가를 기다려본 적도, 정면으로 맞서본 적도 없다. 오히려 누군가에 맞서 내가 할 수 있는 유일한 행동이란 끝 간 데 모를 도피뿐이었다. 연일 계속되는 폭음과 낯선 거리의 술집들, 다만 혼자서 잠드는 것이 무서워서 닥치는 대로 껴안아보았던 미처 얼굴도 모르는 밤거리의 여자들, 인도행 비행기, 그리하여 결국 듣게 된 폭포소리···. 그러나 그런 식의 도피에서 내가 누군가로부터 자유로웠던 적은 단 한순간도 없었다.

마침내 폭포소리를 뚫고 누군가가 다가왔다. 그 여자였다. 여느 때와 다름없는 여자는 단말마의 순간처럼 몸 전체로 헐떡이며 안간힘을 쓰는 모습이었다. 필시 여자는 어쩌다 물 밖으로 잘못 뛰쳐나와버린 물고기처럼 어떤 갈증에 못 이겨 죽어가고 있는 것이었다.

여전히 팽배한 긴장감 속에서 여자를 지켜보며 나는 어둠 속에서도 두눈을 부릅떴다. 그리고 자신에게 타일렀다.

'두려워하지 마라. 지금 내 앞에 있는 저 여자는 다만 네가 만들어낸 환상일 뿐이야. 저 여자는 너도 알다시피 이미 죽고 없어.'

그러나 나의 생각을 비웃기라도 하듯이 여자는 단말마의 순간 그대로 두눈이 허옇게 뒤집어진 채 이번에는 숫제 나의 다리를 움켜잡고 늘어졌다. 나는 나의 다리를 움켜잡은 손아귀의 억센 힘을 실제로 느낄 수가 있었다. 여자는 단말마의 순간 그대로 죽어가면서도, 이래도 나의 존재를 믿지 않겠냐는 듯이 나의 다리를 움켜잡은 손아귀에 더욱 힘을 가하고 있었다. 나는 마침내 여자를 향해 외쳤다.

"당신만 갈증에 죽어가는 것이 아니야. 나도 이대로는 갈증 때문에 살아갈 수가 없어. 다만 우리는 서로 어떻게도 도울 수가 없다는 것뿐이야."

그러나 나의 입에서는 말 대신에 꺽꺽, 하는 건조한 비명만이 제대로 소리도 못 이룬 채 밖으로 새어나올 뿐이었다. 어느새 나에게도 목구멍을 태우는 듯한 어떤 갈증이 왔다. 그리고 나는 어떤 갈증을 더이상 견뎌내지 못한 채, 그만 두손으로 여자의 목을 조르기 시작했다. 나는 손끝을 떨게 하는 격렬한 살기와 그 살기 아래서 죽어가는 여자의 부드러운 목을 거의 실감할 수 있었다.

'그래, 나도 이제 더이상 못 참겠어. 이런 식이라면 차라리 당신을 죽일 수밖에 없어.'

어느 순간 갑자기 손끝이 허전해지면서, 나의 두손은 여자 대신 허공을 잡고 말았다. 나의 손길을 벗어난 여자는 깔깔깔, 소리도 요란하게 웃으면서 어둠 속 깊은 곳으로 사라지고 있었다. 그렇게 여자가 사라져버리고 허공만이 남게 되자, 나는 두손을 허우적이며 침대 위에 널브러져버렸다.

얼마나 시간이 흘렀을까. 나의 귓바퀴에 다시 폭포소리가 들려오기 시작했다. 그렇듯 요란하게 나의 몸 전체에 공명을 일으키며 우릉우릉 울리던 폭포소리는 이제 거짓말처럼 조용해져서, 흡사 나의 귓바퀴를 간질이기라도 하듯이 부드럽게 흘러오고 있었다.

나는 문득 폭포 저 아래 물 속 깊은 곳에라도 잠겨있는 느낌이었다. 나는 온몸으로 헤살 부리며 몰려왔다가 빠져나가는 물의 흐름까지도 거의 느끼고 있었다. 그렇게 물 속 깊이 잠겨있는 느낌 속에서, 나는 자신이 아직까지도 침대 위에 아무렇게나 널브러져 있다는 것을 알았다.

나는 그렇듯 침대 위에 널브러진 채 자신을 지켜보기 시작했다. 마치 결전의 순간처럼 팽배한 긴장감 속에 누군가를 향해 열려있던 나의 모든 감각들은 아예 이완된 채 죽은 듯이 캄캄한 어둠 속에 잠겨있었다. 나는 그런 자신의 감각을 다시 일으켜 세워 여자를 찾아보았다. 나의 손에는 여자의 목을 조르던 순간의 살기가 아직까지도 희미하게 남아있을 뿐, 여자의 모습은 어디에도 보이지 않았다. 나의 목구멍을 태우려 들다 못해 끝내 여자의 목까지 조르게 만들던 갈증도 씻은 듯이 사라져 있었다.

나는 여전히 자신이 폭포 아래 물 속 깊은 곳에라도 잠겨있는 느낌이었다. 그러자 나는 또다시 세상과 동떨어진 채 어딘가 밑바닥 끝까지 와버렸다는, 그리하여 더이상 아래로 떨어질 데가 없다는 식의 아득한 거리감에 빠져들었다. 나는 그런 아득한 거리감 속에서 마치 남의 일인 것처럼 무심하게 중얼거렸다.
"나는 결국 여자를 죽이려고까지 하고 말았다!"
여자에 대한 살기를 인정한 순간, 나는 자신도 모르는 사이에 주르르 눈물을 흘리고 말았다. 그렇게 눈물을 흘리면서도 다만 세상과의 아득한 거리감만이 느껴질 뿐, 무슨 슬픔이라든가 죄의식 같은 표면적인 감정 따위는 느껴지지 않았다. 그런 가운데 나는 어둠 속에서 울려오는 한태인의 목소리를 들었다.
"… 무엇이 너의 삶을 그렇듯 고양시키고 순연하게 하였는지 모르겠구나. 고통이랴, 절망이랴, 죽음보다 깊은 애증이랴, 아니면 네 말마따나 너로 하여금 무작정 인도까지 오게 한 알지 못할 그 무엇이랴. 좋아, 그런 건 아무래도 좋지. 아마도 너는 대충 그 언저리에서 네가 말하려 한 무엇인가를 보았을 테지. 그러나 어떤 경우든 너의 삶은 지금 눈부신 축복 속에 있다는 것만은 확실하다. 네 앞에 있는 내가 질투에 못 이겨 눈이라도 멀어버릴 지경이다. 아아, 내가 그토록 찾아 헤매던 것을 너는 너무 손쉽게 가졌구나."
나는 한태인을 향해 고개를 끄덕였다. 나는 그가 말한 축복이 무엇을 의미하는지 비로소 깨달을 수 있었다. 그의 축복이란 나에게는 가령 어떤 갈증의 또다른 시점(視點)일 것이었다. 내가 어떤 갈증을 죽음이라는 시점으로밖에 보지 못할 때, 그는 축복이라는 다른 시점으로 보았던 것이다.
어느 순간 내 망막을 덮고 있던 캄캄한 어둠 속에서, 뙤약볕 아래 시체처럼 누워있던 사내아이가 나를 향해 번쩍 눈을 뜨는 것이었다. 아니, 사내아이뿐만이 아니었다. 사내아이 뒤에는 저 팔람공항이며 뉴델리역에서 보았던 흡사 아귀 같은 거지떼가 조롱이라도 하듯이 크게 입을 벌려 깔깔대며 나를 향해 일제히 달려들고 있었다. 엉뚱하게도, 그 속에는 여자 또한 함께 어울려 있었다. 그 아귀들 뒤에는 미처 헤아릴 수도 없는 무수한 사람들이 나에게 달려들기 위해 한껏 몸을 도사리고 있을 것이었다.

지금껏 침대 위에 널브러져 있던 나는 벌떡 몸을 일으켰다. 그리고 다시 침대에 가부좌를 하고 앉았다. 그리하여 사내아이며 아귀들이며 여자는 물론, 저 무수한 사람들을 향해 소리없이 외쳤다.

'그래, 누구든지 와라. 와서 나를 짓밟고 깔아뭉개라. 아니, 나를 통째로 태워도 좋고, 원한다면 죽여도 좋다. 무엇이든 허용이 된다.'

소설에서 주인공과 여자는 애증에서 오는 어떤 갈증 때문에 괴로워하다가 여자가 약물중독으로 자살하는 것으로 관계가 끝나는데, 이 여자의 죽음에 죄의식을 느낀 주인공이 문득 삶의 의미를 잃어버리고 방황하다가 끝내는 히말라야까지 찾는 식으로 줄거리가 전개되고 있습니다.

못난이 노자가 이 소설에 관심이 쏠린 것은 무엇보다도 주인공이 여자에 대한 죄의식 때문에 괴로워하다가 그 죄의식이 어떤 갈증이 되고 끝내는 그 갈증을 넘어서서 살기에까지 이른다는 점이었습니다. 그리고 그 살기가 요가니케탄에서 가부좌를 하고 앉아 소위 '마음을 들여다보는' 명상을 시작하자마자 가장 중요한 마음공부가 되어버린다는 점이었습니다.

결국 주인공은 히말라야에 와서야 그토록 마주치기 무서워했던 자신의 내면, 어쩌다 들여다보면 갈증이며 공포며 두려움, 그리고 살기 따위들이 가득 차있는 그 내면을 정면으로 바라보기 시작하는 것이지요. 그동안 주인공은 바로 그 내면을 바라보기가 무서워서 폭음과 낯선 거리의 술집들, 그리고 밤거리의 여자들 속으로 끝없이 도피했던 것입니다. 못난이 노자식으로는 소설의 주인공이 자신의 안으로 들어가서 지금까지 그토록 무서워했던 자신의 똥덩이들과 정면으로 마주치는 것이 명상인 셈입니다. 이를테면 살기라는 똥덩이에서 살기라는 똥덩이의 바깥이 아니라 그 안을 바라보는 식인 것이지요. 그리하여 결국은 살기라는 똥덩이가 지닌 보물을 발견하는 것이 명상인 것입니다.

소설에서는 한때 스님이었다가 파문당한 한태연이라는 자칭 파계승이 주인공의 살기를 '눈부신 축복'으로 여기는데, 그 축복이란 못난이 노자식으로는 결국 소중한 보물과 같은 맥락일 것입니다. 이를테면 은정이의 '상처'를 가장 소중한 보물로 여기는 식인 것이지요. 자신의 상처를 통해서 남의 상처를 알고, 바로 그 상처로 상대방과 내가 하나가 되는 마음의 통로를 발견하는 은정이의 그 소중한 보물 말예요.

어쨌든 세상사람들이 무슨 똥덩이로만 여기는 상처나 고통, 살기 따위를 인정하고, 그렇게 인정하는 순간에 그 똥덩이마저도 눈부신 축복이 되는 어떤 변화를 소설의 주인공이 소위 '마음을 들여다보는' 첫번째 명상을 통해서 차츰 깨닫기 시작한다는 점이 못난이 노자가 이 소설을 여기에 인용하는 이유의 전부입니다. 말을 덧붙이자면 주인공이 그동안 바깥의 모양새로만 자신의 안을 바라보다가 비로소 안을 바라보는 눈으로 제대로 안을 바라보기 시작한 셈이기도 하지요.

못난이 노자는 이왕에 이 소설을 인용하는 김에 주인공이 안을 바라보는 눈으로 제대로 안을 바라보는 명상의 다음 단계에 들기 위하여 어떤 경계를 겪는가도 함께 인용하고 싶습니다. "자신의 입을 막고, 눈과 귀를 닫으며, 자신의 날카로움을 무디게 하고, 엉클어진 것을 푸는" 노자할아버지의 어떤 경계 말입니다.

그 무렵 나는 이미 날짜가 가는 일 따위에는 전혀 무관심해져 있었다. 나는 숫제 포카라를 떠난 지 며칠이 지났는지조차 기억하지 못할 정도였다. 아마 일주일이 훨씬 넘어 열흘 남짓 되었을 터이었다. 나는 심지어 지금 어디를 헤매고 있는지조차 의식하지 못할 때도 없지 않았다. 나는 그렇게 시간과 공간에 대한 의식마저 놓아버린 채, 애오라지 걷는 일에 매달려 있었다. 아침에 눈을 뜨면 곧바로 걷기 시작하여 문득 허기를 느끼면 지나치는 마을의 허름한 식당에서 밀가루떡에다가 콩수프를 묻혀 먹는 달바트라는 간단한 식사로 배를 채우고는 다시 걷고, 마침내 해가 지면 곧장 잠자리에 쓰러졌다.

그런 나는 지나치는 산이며 강이며 마을이며 사람들이며 이름 모를 야생화들이며 언덕배기에서 한가롭게 풀을 뜯고 있는 산양들이며 ― 그 어느 하나에도 눈길이 머무는 법이 없게 되었다. 어쩌면 눈길이 머물지 않는 것이 아니라 눈길 자체가 없어져버린 것인지도 몰랐다.

그럴 것이었다. 만일 눈길이란 것이 눈에 비치는 사물을 받아들여 나름대로 그 사물에 의미를 부여하는 감각이라면, 그런 감각을 잃어버린 나의 눈길은 이미 없어진 것이나 다름없을 터이었다. 이를테면 나의 눈길은 그저 사물이 왔다가 아무런 의미도 남기지 못한 채 그냥 스쳐 지나갈 뿐인 일종의 텅 빈 통로와도 같았다. 아니, 텅 빈 통로와도 같은 것은 비단 눈길만이 아니었다. 어쩌면 내가 지닌 눈, 코, 입, 귀, 살갗 같은 감각기관 자체가 저마다 이미 본래의 역할에서 이탈해버린 것인지도 몰랐다. 이를테면 코가 식당에서 새어나오는 음식냄새를 맡으면, 단지 음식냄새를 맡을 뿐이지 그것을 다른 기관으로 전달하여 음식냄새에 무슨 의미를 부여하는 일 따위는 없는 식이었다.

어느 농가의 외양간 바로 위에 있는 방에서 자고 나온 날 아침이었다. 때마침 같은 집에서 자고 나온 한 서양인이 나에게 묻는 것이었다.

"평생토록 잊지 못할 지독한 밤이었다. 외양간의 지린내며 똥냄새 때문에 밤새 한숨도 자지 못했다. 넌 괜찮으냐?"

나는 할 말을 잃고 서양인을 멀뚱멀뚱 쳐다보았다.

"나는 미처 몰랐다."

나의 말에 서양인은 어이가 없다는 표정으로 한동안 넋을 잃고 바라보더니, 갑자기 오만상을 찌푸리며 등을 돌려버리는 것이었다. 그의 말을 듣고 보니, 나 또한 간밤에 지린내를 느꼈던 것 같기도 했다.

피상을 지나 마낭을 향한 급한 경사의 오르막길을 오르고 있을 때였다. 오후에 들면서 언제부터인가 모르게 함박눈이 퍼붓고 있었다. 누군가가 급한 발걸음으로 스쳐 지나가더니 불현듯 멈추어 서며 나를 돌아보았다. 이십대 언저리의 젊은 서양인이었는데, 몹시 애매모호한 표정으로 말을 걸어왔다.

"혹시 토롱고개를 넘을 작정이냐?"

"그렇다."

"그럴 것 같아서 물었다. 넌 지금 너의 상태로 토롱고개를 넘을 수 있다고 생각하느냐?"

"넘을 수 있다고 생각한다."

나의 대답에 서양인은 무슨 괴물이라도 보는 듯한 눈으로 나를 위아래로 훑어내렸다.

"너는 그 떨어진 신발로 5,400미터의 미끄러운 빙판길을 걸을 수 있다고 생각하느냐?"

그때서야 비로소 나는 신발을 내려다보았다. 그러고는 동대문의 세일 가게에서 산 운동화가 앞축이 거덜난 채 흡사 개 혓바닥처럼 밑창이 덜렁거리고 있는 것을 처음으로 알았다. 이 정도로 신발의 밑창이 덜렁거릴 지경이면, 분명히 한번쯤은 보았을 것이다. 그런데도 나는 떨어진 신발에 대해 까마득히 잊고 있었던 것이다. 나는 서양인에게 말했다.

"신발이 떨어진 걸 몰랐다."

그러자 젊은 서양인이 다시 한번 고개를 절레절레 저어 보였다.

"신발뿐만이 아니다. 옷도 문제다. 네가 지금 입고 있는 옷은 여름옷이 아니냐?"

"그렇다."

나는 대답과 함께 새삼스럽게 여름용 윈드점퍼에다가 청바지

차림인 자신의 행색을 훑어보았다.
"모르긴 해도 토롱고개는 지금 혹독하게 추울 것이다. 만일 네가 그런 복장으로 토롱고개를 넘겠다면, 그것은 자살행위나 다름없다. 자, 나를 봐라."
젊은 서양인은 장갑을 낀 손을 들어 자신의 두꺼운 방한모자에서 방한복 그리고 털양말, 등산화까지 일일이 지적해 보였다. 그러고는 친절하게 다시 말했다.
"마낭에 가면 겨울용 옷이며 신발을 마련할 수 있을 것이다. 지팡이도 잊지 마라. 토롱고개를 넘겠다면 부디 내 말을 기억해라."
젊은 서양인이 퍼붓는 눈발 속으로 사라져버린 뒤에, 나는 한참 동안을 망연히 서있었다.
'왜 나는 눈길을 걸으면서도 추위마저 느끼지 못했던 것일까.'
아니, 추위를 제대로 느끼지 못하는 것은 지금도 마찬가지다. 어쩌면 눈과 코 같은 감각기관에 이어 살갗마저도 텅 빈 통로처럼 되어, 추위며 더위 또한 어떠한 의미도 남기지 못한 채 다만 스쳐 지나가버린 것인지도 몰랐다. 어떻게 보면 텅 빈 통로처럼 되어버린 것은 비단 눈이며 코, 입, 귀, 살갗 같은 감각기관들만이 아닐 터이었다. 나의 의식 또한 언제부터인지 모르게 텅 빈 통로처럼 되었을지도 몰랐다. 해종일 걸으면서도 나의 의식은 단지 걷는다는 그 자체에 몰두해 있을 뿐, 나머지는 통째로 도외시되었을 것이었다. 한발을 들어 옮기면 다른 발이 거기 뒤따른다 — 단지 이 지극히 단순한 반복행위에만 나의 의식 모두가 매달린 것이었다.
모든 감각기관들이 텅 빈 통로처럼 되어버린 와중에도, 나는 희한하게 자정 무렵이면 어김없이 잠자리에서 일어나 앉았다. 흡사

자동인형처럼 결가부좌를 틀고 앉으면, 기다렸다는 듯이 어둠이 눈앞에 스크린이 되어 드리워진다. 그러나 그뿐, 스크린에 무슨 상념이 왔다가 사라지는지를 기억하는 의식은 이미 존재하지 않는다. 언제부터인지 모르게 그런 식으로 스크린은 텅 비어있게 마련이다. 더이상 어떠한 상념도 떠오르지 않는 스크린 앞에서, 나는 어디론가 한없이 가라앉아간다. 그렇듯 한없이 가라앉아가다 보면 결국 다름 아닌 자신의 안에 있는 깊은 세계의 끝에 닿지 않을까, 하는 일말의 의문조차도 이미 의식 속에는 존재하지 않는다.

그런 나를 의식이 아닌 제3의 눈길이 어떤 한계선 밖에서 잠자코 지켜보고 있다. 그것뿐이다. 한밤중에 결가부좌를 튼 채 깊은 세계의 끝을 향하여 한없이 가라앉아가는 나를 애오라지 제3의 눈길만이 언제까지나 생생하게 깨어서 지켜보고 있을 뿐이다.

못난이 노자에게는 주인공의 눈이며 코, 귀, 살갗 같은 감각기관이 텅 빈 통로처럼 되어가는 과정이며, 그 과정을 통해서 의식세계마저도 이미 상념 따위는 사라진 채 하나의 스크린처럼 텅 비어져서 어디론가 자신의 안에 있는 깊은 세계를 향하여 한없이 가라앉아가는 과정을 따라가며, 마음공부라거나 혹은 명상이며 양생법이 어느 정도 이해가 되는 기분이었습니다. 못난이 노자는 만약에 소설의 주인공이 보다 깊이 자신의 안에 있는 어떤 세계로 한없이 가라앉아가다가 마침내 어떤 끝을 발견한다면, 바로 어떤 끝에서 자신의 신비한 방향성까지도 만날 수 있지 않을까, 하고 소설의 주인공보다 한단계 더 넘는 과정에 대한 기대도 해보았습니다.

소설의 주인공이 만일 그렇게 자신의 끝에 닿아 마침내 자신의 신비한 방향성만 볼 수 있다면, 바로 그 순간 주인공은 도와 깊이 하나를 이루어 '도를 깨달은 사람'이 되지 않을까요?

    도를 깨달은 사람은 자신의 입을 막고, 눈과 귀를 닫으며,
    자신의 날카로움을 무디게 하고, 엉클어진 것을 풀며,
    자신의 눈부신 빛을 감추어 기꺼이 티끌과 하나가 된다.
    이를 일러 자신의 안으로 들어가 도와 깊이 하나를 이루었다고 한다.

여러분에게 고백하지만, 못난이 노자는 이 구절은 읽으면 읽을수록 어려워지는 느낌입니다. 나같이 도에 대하여 천착이 낮은 사람은 도저히 닿을 수 없는 어떤 까마득한 경계만이 저 무한천공의 하늘처럼 아스라이 어른거릴 뿐, 그 너머는 아예 상상조차 되지 않는 것입니다. 그러면서도 못난이 노자는 언제까지나 이 구절에서 헤어나지를 못하고 있습니다.
자신의 눈부신 빛을 감추어 기꺼이 티끌과 하나가 된다!
못난이 노자는 이 구절에 이르면 자신도 모르게 곧잘 무슨 한숨처럼 '아아' 하는 신음소리를 내곤 합니다. 높아 올려다보는 것만으로도 자칫 현기증이 나는 것 같은 까마득한 느낌 때문에 어쩔수 없이 신음소리를 내는 것이지요. 그렇게 신음소리를 내다 보면 불현듯 영화 속의 한장면처럼 눈앞에 어떤 환상이 펼쳐져오기도 합니다.

바다처럼 가없이 넓은 강입니다. 그 강물 위에 이제 막 저녁노을이 황금빛으로 반짝이고 있습니다. 그 강을 가로질러 멀리에서 나룻배 한척이 느릿느릿 노를 저어 오고 있습니다. 이윽고 저녁해를 등진 늙은 뱃사공이 보이고, 문득 뱃사공이 고개를 돌리면 온통 주름투성이의 얼굴 가득히 신비한 미소가 어려있습니다.

이 장면을 어디서 보았을까?

아아, 그러고 보니 그 장면은 못난이 노자가 프롤로그에서 한번 인용한 적이 있는 헤르만 헤세라는 작가의 소설 《싯다르타》를 읽으면서 나도 모르게 뇌리 속에 각인시킨 장면입니다. 어쩌면 실제로 소설 속에는 없었던 장면인지 모르지만, 그 장면을 무슨 환상처럼 스스로 만들었는지도 모릅니다. 얼굴 가득히 신비한 미소를 짓고 있는 늙은 뱃사공은 다름 아닌 싯다르타입니다. 보다 큰 깨달음을 위하여 수도원이며 스승마저 버리고 속세로 나와서 부유한 상인이 되었던 싯다르타가, 그렇게 도시에서 가장 아름다운 여인과 사랑을 나누어 자식까지 두었던 싯다르타가 이제는 늙은 뱃사공이 된 것입니다. 못난이 노자에게는 바로 그렇듯 늙은 뱃사공이 되어 주름살투성이의 얼굴 가득히 웃고 있는 싯다르타가 어쩐지 자신의 눈부신 빛을 감추어 기꺼이 티끌과 하나가 된 사람처럼 여겨지기도 하는 것입니다. 그리하여 자신의 안으로 들어가 마침내 도와 깊이 하나가 된 사람처럼 여겨지기도 하구요.

못난이 노자는 여기에서 늙은 뱃사공이 된 싯다르타의 어떤 경계를 인용하고자 합니다. 싯다르타의 수도원 시절 함께 수행했던 고오빈다 도반이 늙은 뱃사공이 된 싯다르타를 오랜만에 조우하는 장면입니다.

고오빈다는 강가의 나루터에 이르러 늙은 뱃사공에게 강을 건네주기를 부탁했다. 강을 건너자 그는 이윽고 뱃사공에게 말을 건넸다.

"그대는 우리 승려들과 순례자들을 위해 이렇게 강을 건네주는 고마운 일을 해왔다고 전해 들었소. 혹시 그대도 우리 승려들처럼 수도하는 사람은 아니오?"

뱃사공 싯다르타는 주름진 얼굴에 웃음을 띠고 말했다.

"그대는 이미 나처럼 나이가 많고, 게다가 고오다마 부처님을 모시는 승복을 입고 있구려. 그런데 아직도 깨달음을 찾아 떠돌아다니는 구도자로 자처하시오?"

"그렇소, 나도 그대만큼 많이 늙었소." 고오빈다는 말을 이었다. "그러나 나는 아직도 깨달음을 얻지 못하여 구도자의 길을 계속 걷고 있구려. 아마 그것이 나의 사명인가 하오. 그런데 내가 보기에는 그대 또한 구도자의 길을 걷는 것 같은데, 혹시 나에게 한 마디 깨달음의 말을 나눠 줄 수는 없겠소?"

"나 같은 뱃사공이 깨달음에 대해 할 말이 뭐가 있겠소? 다만, 그대는 도를 구하는 일에 너무 빠져있는 것은 아닌가 생각되오. 도에 너무 빠져있으면 오히려 그 도를 놓치게 될지도 모르지요."

"아니 도에 빠지면 도를 놓치다니, 그런 일이 가능하오?"

"누구든지 도에 너무 깊이 빠지면 애오라지 도에만 몰두하여 기실 어디에서도 도를 발견하지 못할 것이오. 언제나 도라는 한가지 목적에만 골똘하다 보니 도의 어떤 것도 자신의 것으로 만들지 못하는 폐단이 있는 거요.

 도를 구하는 것과 도를 발견하는 것은 다르오. 도를 구한다는 것은 애오라지 도 한가지를 목적으로 하지만, 도를 발견한다는 것은 우선 목적이 없이 도에 대하여 보다 자유롭고 텅 비어있는 경계요. 그대는 바로 도를 구하려는 목적에 눈이 가려 자칫 눈앞에 있는 많은 사물을 보지 못하고 지나쳤구려."

 "무슨 말인지 헤아리기가 힘드오."

 "그대는 벌써 여러 해 전에 한번 이 강을 지나치다가 강가에서 지쳐 쓰러져 있는 한사람을 보살펴준 적이 있을 거요, 고오빈다. 그런데 그대는 그때도 그 사람을 몰라보더구먼."

 고오빈다는 마술에라도 걸린 사람처럼 놀라서 뱃사공의 눈을 뚫어져라 들여다보았다.

 "그대는 싯다르타가 아니오?" 고오빈다의 목소리는 떨리고 있었다. "나는 이번에도 그대를 몰라볼 뻔했소, 싯다르타. 반갑소. 이렇게 다시 만나게 되다니 기쁘기 한이 없소. 그런데 그대가 뱃사공이라니, 많이 변했구려."

 고오빈다의 말에 싯다르타는 정답게 웃어 보였다.

 "뱃사공, 그렇소. 사람은 많이 변하는 거라오. 사람은 여러가지 옷을 입게 마련이오. 나도 그런 한사람이오. 자, 고오빈다, 오늘밤은 누추하지만 내 오두막에서 쉬시구려."

 싯다르타의 오두막에서 하룻밤을 지내며 고오빈다는 옛 도반에게 그동안 궁금했던 여러가지 질문을 했고, 싯다르타는 친절하게 그의 궁금증을 풀어주었다.

 이튿날 오두막을 나서며 고오빈다가 마지막으로 싯다르타를 돌아보았다.

"싯다르타, 그대는 이제 그대만의 굳건한 믿음과 지혜를 지니고 있는 게 아니오?"

"그대는 아직도 나를 잘 모르는구려. 그대도 알다시피 나는 청년시절 수도원에서 수행할 때 스승들의 모든 가르침에 의혹을 느끼고 스승의 곁을 떠나지 않았소? 그렇게 수도원이며 스승을 벗어난 다음에 세속에서 나는 오히려 참으로 많은 스승을 만난 셈이오. 돈 많은 상인들은 물론 도박꾼들에 이르기까지 모두 다 스승이었소. 물론 그중에는 순례 중이던 부처님의 제자 한분도 있었소. 고오빈다, 그대는 내가 강가에 쓰러져서 잠들어 있는 것을 보고 내 옆을 떠나지 않은 채 나를 보살펴주었소. 나는 그대에게서도 많은 것을 배웠소. 새삼 감사하오.

고오빈다, 그러나 나는 누구에게서보다도 바로 이 강에서 많은 것을 배웠소. 그리고 이 강과 더불어 나를 가르친 바스데바라는 뱃사공이 있소. 평생을 뱃사공 노릇만 해온 순박한 분이었지만, 나에게는 그분이야말로 고오다마 부처님 못잖은 인격의 완성자요, 성자였소. 그분은 사상가는 아니지만 누구보다도 사물의 필연적인 관계를 잘 알고 있었소."

"오, 싯다르타! 한갓 뱃사공을 감히 고오다마 부처님과 비교하다니, 그대는 옛날과 마찬가지로 지금도 곧잘 남을 비웃는구려. 그렇지만 나는 그대를 믿소. 그리고 그대는 어떤 훌륭한 스승도 따르지 못한다는 것을 잘 알고 있소. 그렇게 그대는 그대만의 삶을 이끌어가는 사상이며 지혜를 가지고 있는 거요. 바로 그걸 내게 알려주오."

"나도 한때는 사상이며 지혜도 가졌었소. 나는 때때로 한시간, 아니 해종일 마음속에 샘솟는 지혜를 느끼기도 했소. 그러나 그걸 무슨 사상으로 그대에게 전할 수는 없구려, 고오빈다. 요컨대 지혜란 남에게 전할 수가 없는 법이오. 기실 어진 이들이 전하려는 지혜란 세상사람들에게는 언제나 무지(無知)하게 여겨질 따름이라오."

"그대는 끝까지 나를 희롱하려 드는구려."

고오빈다는 슬픈 기색을 한 채 싯다르타를 바라보았다. 그러자 싯다르타가 고개를 저었다.

"희롱하는 게 아니오. 나는 다만 내가 애써 찾은 나만의 지혜에 대하여 말할 뿐이오. 지식은 남에게 전할 수 있지만, 지혜는 결코 전할 수가 없는 거요. 사람은 누구나 어렵지 않게 지혜를 찾아낼 수가 있소. 또 지혜롭게 살 수도 있고. 또 누군가는 그 지혜로 기적을 행할 수도 있소. 그러나 지혜를 말로 전해주거나 가르쳐줄 수는 없소. 나는 이런 것을 청년시절에 이미 느꼈었소. 그리고 내가 여러 스승들을 떠난 것도 바로 그것 때문이었소.

고오빈다, 이를테면 그때 나는 하나의 사상을 발견하였던 것이오. 그대는 또 내가 그대를 희롱하는 건방진 소리를 한다고 여길지 모르지만, 모든 진리는 그 반대도 또한 진리요. 이것은 내가 알고 있는 가장 훌륭한 사상이오. 진리란 일방적일 경우에만 입 밖에 소리 내어 말로 표현할 수 있소. 따라서 말로 표현할 수 있는 모든 진리란 결국 일방적인 거요. 다시 말하면 반쪽짜리 진리일 뿐이오. 그런 진리란 전체를 아우르지 못하므로 결코 완벽할 수 없고, 하나가 될 수 없소.

그러므로 고오다마 부처님은 세계에 대하여 말씀하실 때, 열반과 윤회, 진리와 미망, 해탈과 고뇌를 나눠서 설명할 수밖에 없었던 거요. 달리 방법이 없었으니까요. 남에게 가르치려면 그렇게 하는 도리밖에 없지요. 그러나 세계 그 자체, 그러니까 우리 주변에 있거나 혹은 마음속에 있는 모든 것은 결코 일방적인 것이 아니오. 누구나 또는 무슨 일이나, 윤회 속에만 매달려 있거나 혹은 그 반대인 열반 안에만 있을 수는 없소. 어떤 사람이라도 성자가 아니면 죄인이라는 식으로 잘라 말할 수는 없소. 그렇게 보이는 것은 우리가 시간이라는 것이 실재한다고 여기는 일종의 미망에 빠져있기 때문이오. 고오빈다, 시간은 실재하는 것이 아니오. 나는 가끔 시간이 실재하지 않는다는 것을 체험하였다오. 그리고 시간이 실재하지 않는다면, 현실과 영원, 고뇌와 행복, 선과 악 사이에 존재하는 듯이 보이는 분별 또한 역시 미망인 거요."

"어째서 그렇소?"

고오빈다는 불안한 표정으로 물었다.

"고오빈다, 그대와 나 같은 중생도 언젠가 한번은 브라만이 되고 극락세계에 들어가 부처님이 될 거라고 믿지요? 그러나 바로 이 '언젠가 한번'이 곧 미망인 거요. 그렇다면 중생은 어디에 있고, 부처님은 어디에 있단 말이오?

실은 중생과 부처님은 따로 있는 것이 아니라 바로 중생 속에 부처님이 있는 거요. '지금 현재' 이미 미래의 부처님이 있는 거요. 미래는 이미 현재에 내포되어 있소. 그러므로 중생인 그대와 나, 그리고 모든 사람들 속에 내포되어 있는 앞날의 부처님을 지금 이 자리에서 존경해야 하는 거요.

고오빈다, 세계는 결코 불완전한 것이 아니오. 그렇다고 완전한 것을 향해 나아가는 과정에 세계가 있는 것도 아니오. 세계는 순간 순간마다 완전한 거요. 모든 죄악은 이미 그 속에 속죄의 씨를 품고 있소. 또한 모든 어린아이 속에 이미 백발의 노인이 숨어있소. 갓 태어난 젖먹이에게 이미 죽음이 깃들어 있고, 따라서 모든 죽음에는 이미 영원한 생명이 깃들어 있는 거요.

누구나 다른 사람이 걸어가는 길을 옳니 그르니 따져 옆에서 시비할 수는 없소. 도둑이나 노름꾼 속에도 부처님이 계시고, 바라문 속에도 도둑은 있는 법이오. 깊이 명상에 잠겨 시간을 넘어서서 과거와 현재와 미래를 동일하게 바라볼 수 있을 때 비로소 모든 것이 선이 되고 모든 것이 완성되어, 브라만과 하나가 될 터이오. 그러므로 나에게는 현재에 있는 모든 것이 선으로 보이오. 죽음도 삶으로 보이고, 죄악도 선행으로 보이며 한편으로는 지혜로운 것도 어리석은 것으로 보이오.

이 세상에서 나를 해치는 것은 하나도 없소. 이것은 나의 육체와 정신으로 직접 체험한 것이오. 한때 나는 죄악이 필요했고, 기꺼이 그 죄악에 몸과 마음을 바쳤소. 쾌락, 탐욕, 허영 그리고 가장 고약한 자포자기까지도 필요했소. 세상에 반항하지 않고 세상 자체를 사랑하는 법을 배우기 위하여 나에게는 그것들이 필요했던 거요. 내가 희망하고 꿈꾸는 이상세계와 현실을 비교하는 어리석은 짓을 그만두고, 있는 그대로의 세계를 사랑하고 그 세계에 동화되기 위하여 나에게는 그 모든 죄악이 필요했던 거요. 아아, 고오빈다! 이것이 내가 다다른 사상의 일부분이오."

싯다르타는 허리를 굽혀 땅에서 돌멩이 한개를 주워들고 다시

고오빈다를 바라보았다.

"여기에 돌멩이 하나가 있구려. 이 돌멩이는 어느 아득한 시기에 가서는 흙이 될 터이오. 그리고 그 흙에서 풀이 돋아나겠지요. 흙이며 풀들은 또다시 어느 시기가 되면 동물도 되고 사람도 될 터이오. 옛날 같으면 나는 이렇게 말했을 거요. '이것은 지금 아무 가치도 없는 한낱 돌멩이일 뿐이다. 그러나 변화의 윤회를 거치는 동안 이 돌멩이는 사람도 되고 영혼도 지닐 터이므로 나는 이 돌멩이의 가치를 인정한다.' 그러나 지금 나는 달리 말하오. '이것은 돌멩이이면서 동시에 동물이요, 사람이요, 신이요, 부처다' 하고 말하오. 내가 그렇게 돌멩이 하나를 사랑하고 소중하게 여기는 것은 이 돌멩이가 앞으로 어떤 사물로 윤회를 한다고 해서가 아니라, 지금 이 순간에 어떤 사물로 이미 존재하고 있기 때문에 사랑하고 소중하게 여기는 거라오…."

고오빈다는 잠자코 듣고 있다가 주저하면서 물었다.

"그대는 왜 유독 돌멩이에 대하여 그렇듯 의미를 두는 거요?"

"무슨 특별한 이유가 있는 것은 아니오. 돌멩이건 혹은 저 강이건, 우리가 보고 배울 수 있는 것이라면 나에게는 뭐든지 사랑스럽고 소중하지요. 고오빈다, 그렇게 돌멩이 하나도 사랑할 수 있고, 한그루 나무나 나무껍질마저 사랑할 수 있는 거요. 그것들은 바로 사물이요. 나는 바로 사물을 사랑하는 거지요.

그러나 나는 말만은 사랑할 수가 없구려. 말로 이루어진 모든 가르침이 나에게는 전혀 도움이 되지 않는 거요. 말이란 것은 딱딱하지도 연하지도 않고, 빛도 없고, 모나지도 않고, 향기도 맛도 없고, 애오라지 말만으로 시종하기 때문이오. 모르기는 해도 마음의 평화를 그다지도 바라는 그대에게 장해가 되는 것은 바로 그 숱한 말들일 거요. 해탈이니 윤회니 열반이니 덕이니 하는 것은 기실 그 모두가 말에 지나지 않소. 고오빈다, 사실을 밝힌다면 열반이라는 것은 없소. 다만 그 열반이라는 말만 있을 따름이오."

"그렇지 않소, 싯다르타. 열반은 말에 불과한 것이 아니고 분명한 사상이라오."

고오빈다가 항의하자, 싯다르타는 고개를 끄덕였다.

"그야 사상일 수도 있겠구려. 하지만 솔직히 말해서 나는 사상과 말 사이에 별로 큰 차별을 두지 않고 있소. 나는 사상이라는 것을 그다지 대수롭게 생각하지 않소. 그보다도 나는 사물을 더 소중하게 생각하오. 이 나루터에는 나의 스승이 있소. 뱃사공 바스테바 말이오. 그분은 오랫동안 다만 강이며 산을 믿고, 그 밖의 말이나 사상 따위는 어떤 것도 믿지 않았소. 그분은 강물이 자기에게 전하는 소리를 알고 있었소. 그렇게 그분은 강물에서 배웠던 거요.

이를테면 강물소리가 그분을 길러주고 그분을 가르쳐준 셈이오. 그분에게 강은 신이었던 것이오. 그분을 바람이며 구름이며 새며 심지어 벌레들까지도 강과 마찬가지로 신성(神性)을 갖고 있으며, 강물처럼 많이 알고 많이 가르칠 수 있다는 것을 알고 있었소. 어쨌든 그분은 강을 믿고 있었으므로, 어떠한 스승이며 책 나부랭이도 없이 그대나 나보다도 많은 것을 배울 수 있었던 거요."

(…)

"싯다르타! 그대는 마음의 평화를 찾았구려. 그러나 나는 아직도 그렇지 못하오. 내가 앞으로 가야 할 길은 여전히 외롭고 캄캄하기만 하구려."

싯다르타는 잠자코 웃음을 머금은 채 고오빈다를 바라보았다. 고오빈다는 불안과 동경이 엇갈린 얼굴로 싯다르타를 응시하였다. 그런 고오빈다의 눈동자에는 영원히 구하여도 구할 길 없는 갈망과 고뇌가 함께 엉켜있었다.

싯다르타는 다시 한번 빙그레 웃어 보였다.

"고오빈다, 나에게 몸을 굽히구려."

싯다르타는 고오빈다의 귀에 입을 대고 속삭였다.

"이리 좀더 가까이 오시오. 그래, 바싹 가까이. 어디 한번 내 이마에 입을 맞춰보구려, 고오빈다."

고오빈다는 얼마쯤 의아하게 여기면서도 호기심에 끌려 몸을 굽혀 싯다르타의 이마에 입술을 대었다.

그러자 이상한 일이 일어났다. 고오빈다의 머리에는 아직도 싯다르타의 이상한 말이 떠나지 않고 있으며, 그의 말에 대한 경멸과 동시에 그에 대한 사랑과 존경심이 엇갈려 싸우고 있는데도 불구하고, 그로서는 전혀 납득할 수 없는 이상한 일이 일어난 것이었다.

문득 고오빈다의 시야에서 싯다르타의 얼굴이 사라져버렸다. 그리고 그 자리에 다른 사람들의 얼굴이 나타났다. 무수한 얼굴들이 있는가 하면 사라지고, 사라졌는가 하면 다시 나타나면서 긴 행렬을 이루며 강을 이루어 흘러왔다가 흘러가는 것이었다. 그런데 그 모든 얼굴들은 역시 분명한 싯다르타의 얼굴이기도 했다.

고오빈다는 잉어의 얼굴도 보았다. 잉어의 얼굴은 이제 막 죽어가는 단말마의 표정으로 입을 쩍쩍 벌리며 눈알을 번득이고 있었다. 그리고 갓 태어나 주름투성이로 울고 있는 갓난애의 얼굴도 보았다. 날카로운 단도를 들어 사람의 배를 찌르는 살인자의 얼굴도 보았다. 그 살인자가 종내는 두팔을 밧줄로 묶인 채 망나니의 칼에 목이 달아나는 것도 보았다. 벌거숭이의 젊은 남녀가 두 몸뚱어리를 하나로 만들어 뒤엉켜 있는 모습도 보았으며, 사지를 뻗고 모랫바닥에 누워있는 시체도 보았으며, 몸통은 없어진 채 대가리만이 나뒹구는 수퇘지며 새들도 보았으며, 또한 크리슈나와 아그니 같은 신도 보았다. 이 모든 얼굴과 형체들은 헝클어진 실타래처럼 서로 얽힌 채, 각각 다른 얼굴이며 형체를 돕기도 하고, 사랑하기도 하고, 미워하기도 하고, 파괴하기도 하고, 새로 낳기도 하고, 죽어가기도 하고 있었다…. 또한 이 모든 얼굴과 형체들은 휴식하기도 하고, 생각에 잠기기도 하고, 헤엄을 치기도 하면서 서로 얽히어 흘러가는 것이었다.

그 모든 얼굴이며 형체들 위에, 엷고 허울이 없는 무엇인가가 덮여있었다. 그것은 유리 같기도 하고 얼음 같기도 하고, 투명한 막 같기도 하고, 물로 만든 가면 같기도 하였다. 그 가면은 웃고 있었다. 그런데 그 가면은 다름 아닌 싯다르타의 얼굴이었다. 고오빈다가 순간적으로 입을 대고 있는 바로 그 싯다르타의 얼굴이었다.

또한 고오빈다는 보았다.

흘러왔다가 흘러가는 무수한 얼굴과 형체 위에, 그 무수한 삶과 죽음을 하나로 보고 있는 저 가면의 웃음을. 싯다르타의 웃음은 바로 저 고오다마 부처님의 웃음이기도 했다. 자신이 그토록 우러러보며 존경해 마지않던, 조용하고, 명랑하고, 헤아릴 수 없이 자비롭고, 조소하는 듯도 한 바로 고오다마 부처님의 수천가지 웃음이었다.

못난이 노자에게는 고오빈다 앞에서 웃고 있는 싯다르타의 어떤 경계가 어쩐지 자신의 눈부신 빛을 감추어 기꺼이 티끌과 하나가 된 사람처럼 여겨집니다. 그렇게 티끌과 하나가 된 싯다르타는 결국 자신의 안으로 들어가 마침내 도와 깊이 하나가 되었을 것이 분명합니다.

> 도와 깊이 된 사람은 가까이할 수도 없고, 멀리할 수도 없으며,
> 이롭게 할 수도 없고, 천하게 할 수도 없다.
> 따라서 세상에서 가장 귀중하게 된다.

노자할아버지는 '도와 깊이 된 사람'이 세상에서 가장 귀중하게 되는 것으로, 세상의 모든 사물에 대하여 "가까이할 수도 없고, 멀리할 수도 없으며, 이롭게 할 수도 없고 천하게 할 수도 없는" 경지를 들었습니다. 못난이 노자는 바로 이 경지가 무엇일까, 한동안 고심하다가 결국 사물에 대한 어떤 거리라고 여겼습니다. 거창하게 세상의 모든 사물 운운하기보다는 내가 가장 소중하게 여기는 은정이를 예로 들까 합니다.

언제부터인지 모르지만, 은정이가 소중해지기 시작하면서, 못난이 노자는 은정이에 대한 어떤 거리가 필요하다는 것은 느끼기 시작했던 것이지요. 정말로 소중한 은정이가 다치지 않고, 언제까지라도 아름답고 눈부시기 위해서는 내가 은정이에게 "가까이하지도 않고 멀리하지도 않으면서, 이롭게 하지도 않고 해롭게 하지도 않는" 어떤 거리만이 은정이를 영원히 귀중하게 간직하는 길이라

는 것을 느낀 것이지요. 못난이 노자는 아직은 도에 대해서 잘 알지 못하고 도의 깊이마저 헤아릴 길 없이 아득하지만, 다만 은정이와의 어떤 거리만은 어설프게나마 알고 있는 것입니다. 그리고 그 거리를 필생을 다해서라도 지켜내고 싶은 것입니다. 나에게 은정이가 영원히 귀중하게 될 때, 바로 그런 거리에서 나 또한 은정이에게 영원히 귀중하게 될 터입니다.

이번 장은 못난이 노자에게 은정이가 얼마나 귀중한 존재인지를 다시 한번 확인하면서 끝맺음을 할까 합니다.

> 도를 깨달은 사람은 도에 대하여 말하지 않고,
> 도에 대하여 말하는 사람은 도를 모른다.
> 도를 깨달은 사람은 자신의 입을 막고, 눈과 귀를 닫으며,
> 자신의 날카로움을 무디게 하고, 엉클어진 것을 풀며,
> 자신의 눈부신 빛을 감추어 기꺼이 티끌과 하나가 된다.
> 이를 일러 자신의 안으로 들어가 도와 깊이 하나를 이루었다고 한다.
> 도와 깊이 하나가 된 사람은 가까이할 수도 없고, 멀리할 수도 없으며,
> 이롭게 할 수도 없고, 천하게 할 수도 없다.
> 따라서 세상에서 가장 귀중하게 된다.

> 知者不言, 言者不知(지자불언, 언자부지).
> 塞其兌, 閉其門(색기태, 폐기문),
> 挫其銳, 解其紛(좌기예, 해기분),

和其光, 同其塵(화기광, 동기진).

是謂玄同(시위현동).

故 不可得而親, 不可得而疎(고 불가득이친, 불가득이소),

不可得而利, 不可得而害(불가득이리, 불가득이해),

不可得而貴, 不可得而賤(불가득이귀, 불가득이천).

故 爲天下貴(고 위천하귀).

에필로그

2월이 되었습니다.

그리고 2월은 못난이 노자에게 어쩔 수 없이 의미가 많은 달입니다.

우선 마침내 고등학교를 졸업했습니다. 고등학교를 졸업하는 것을 그동안 나를 낳아서 이만큼 길러준 아버지 어머니에 대한 나름대로의 최소한의 의무라고 여겼던 만큼, 나로서는 어떤 감회가 없을 수가 없습니다.

또한 고등학교를 졸업한다는 것은 나에게는 마침내 은정이와 결혼을 할 수 있는 자격이 생겼다는 뜻에 다름 아닙니다. 그렇습니다. 우리는 머지않아 결혼을 할 것입니다. 은정이와 내가 결혼한다고 해서, 우리는 남편이니 아내니 하는 식으로 서로를 부를 생각은 전혀 없습니다. 무슨 예식장에서 아버지 어머니를 위시해서 일가친척, 주례 선생님, 친구들 등을 불러 모아 결혼식을 올릴 마음도 추호만큼 없습니다. 또한 구청이나 동사무소를 찾아갈 생각도 아직은 없습니다.

하지만 우리는 우리 나름대로의 결혼식을 올릴 예정이 없는 것은 아닙니다. 아주 가까운 날에 우리는 배낭을 메고 부안에 있는 변산반도를 찾아갈 것입니다. 그리고 내변산의 직소폭포나 아니면 내소사의 청련암에 이르는 어느 골짜기에서 결혼식을 올릴 것입니다.

하필이면 왜 변산반도 쪽인가 하면, 은정이가 바로 그곳을 원했기 때문입니다. 내변산의 직소폭포며 청련암의 골짜기에서 은정이는 뜻밖에도 우리의 결혼식을 축하해줄 많은 하례객들을 찾아낸 것입니다. 2월이면 가장 먼저 꽃을 피워내는, 변산바람꽃이며 복수초, 노루귀 — 그 꽃들이야말로 우리 결혼식의 하례객들인 것입니다. 나는 대번에 은정이의 의도를 알아챘습니다. 아버지 어머니의 축하도 없이, 어떤 일가친척이나 친구들도 없이, 그렇게 세상사람들의 관심에서 훌쩍 벗어난 지점에서 치를 우리의 결혼식에는 그 꽃들이야말로 더없이 잘 어울리는 하례객들일 것이 분명하기 때문입니다. 변산바람꽃, 복수초, 노루귀 — 아직은 눈이 덮인 2월의 응달에서도 추위며 덮인 눈의 무게를 뚫고 솟아나와 하얗게 혹은 노랗게 혹은 분홍으로 피어나는 손톱만한 꽃송이들, 너무 일찍 피어 눈이며 추위에 떨면서도 우리나라에서 가장 먼저 봄소식을 알리는 그 꽃송이들이야말로, 우리의 결혼식에 딱 맞는 하례객들일 것입니다.

은정이와 나에게 결혼이란 결코 쉽지만은 않을, 아니 오히려 누구보다 더 많은 어려움이며 시련을 겪어야 할 우리의 인생에서, 함께 그 인생의 길을 걸어갈 동반자로서의 확인인 셈입니다. 그런 확인의 마당에, 어떤 화사한 봄꽃들도 아직은 꽃을 피울 엄두를 못 내는 추위며 잔설 속에서, 있는 듯 없는 듯 누구의 눈길도 받지 않고 먼저 피어있는 저 애잔한 꽃들말고 또다른 어떤 하례객들이 우리에게 있을까요?

변산바람꽃, 복수초, 노루귀 같은 하례객들과 함께, 결혼식에서 은정이와 나는 손을 잡고 외칠 것입니다.

"꾸밈이 없이 저절로 그러하게!"

또 외칠 것입니다.

"생긴대로 살자!"

또 외칠 것입니다.

"못난이가 힘이다!"

못난이 노자에게 2월은 은정이와의 결혼식말고도 또다른 의미가 있는 달입니다. 그것은 못난이 노자가 친구들과 함께 노자공부를 끝내는 달이기도 합니다. 제1장에서 비롯하여 제12장에 이르러 마침내 노자공부는 끝이 나는 것입니다. 노자할아버지의 도덕경은 원래 81장이지만, 못난이가 어떻게 해서 천하무적이 되는가에 애오라지 매달리는 식이다 보니, 12장만으로도 충분히 그 목적을 달성했다는 생각입니다.

돌이켜보면, 언젠가 불쑥 아버지가 나에게 던진 한마디 비아냥에서 출발한 노자공부가 결국 나에게서 못난이 노자라는 하나의 이데올로기로까지 발전되었던 셈입니다.

"이런 노자 같은 녀석이 있나, 제 인생은 벌써 종친 주제에!"

내가 노자에게 빠져든 것은 순전히 아버지가 덧붙인 한마디 때문이었습니다.

'좋아, 아버지가 그렇다면, 인생 종친 주제에 까짓것, 감히 노자나 한번 되어보지 뭐.'

그리하여 나는 기꺼이 못난이 노자가 되어, 지금까지 귀걸이 코걸이식으로 여러분에게 중언부언 떠들었습니다. 바로 그 중언부언이 2월에 끝나는 것입니다. 여기에서 못난이 노자는 마지막으로 친구들에게 감히 한번 더 단언합니다.

못난이 노자는 천하무적입니다.

노자라는 고유명사는 바로 나 같은 못난이라는 말에 숨겨진 보통명사였습니다. 약하고 모자라고 못생기고 별 볼 일 없어 왕따당하는 것들이, 강하고 늠름하고 잘생기고 어디에서나 '짱'으로 노는 것들보다 훨씬 아름답고 눈부신 힘이 있다는 것을 깨닫는 바로 그 순간, 못난이 노자는 천하무적이 된 것입니다. 그렇게 천하무적이 되어, 못난이 노자는 잘난 사람들보다 못난 사람들이 훨씬더 아름답고 눈부실 수 있다는 한판 뒤집기를 배운 것이지요. 열아홉살에 이미 종친 내 인생이야말로 내가 지닌 가장 눈부시고 화려한 힘을 지닌 천하무적이었던 것입니다.

천하무적 못난이 노자는 2월이 지나면 어느 마음씨 좋은 목수 아저씨를 만나, 마침내 그이의 '시다바리'가 될 것입니다.

시다바리.

못난이 노자는 천박하고 한편으로는 야비하기까지 한 이 일본말이 더없이 좋습니다. 누군가가 함부로 일본말을 쓴다고 흉을 보아도 어쩔 수 없습니다. 무슨, 조수니 산업연수생이니 기술훈련생이니 하는 우리말보다는, 시다바리라는 말이 천박하면서도 야비한 그 울림 자체만으로도 정말이지 가슴이 뛸 정도로 좋은 것입니다.

못난이 노자는 죽을 때까지, 비단 목수 아저씨뿐만이 아니라, 은정이를 위시해서 세상의 모든 못난이들의 시다바리가 기꺼이 되고 싶습니다.

나 같은 못난이 친구들!

그동안 그 어렵다는 노자를 공부하느라 정말로 애썼습니다.

친구들에게 헤어지는 인사말을 대신해서, 못난이 노자, 아니 내일의 시다바리가 좋아하는 시 한편을 선물로 낭송해드리고자 합니다. 유도혁이라는 시인의 〈하느님 비 오는 날에〉라는 시입니다.

> 구주죽이 내리는 비
> 비닐우산으루 가리우고
> 골목길을 지나시는 하느님.
> 빗물에 젖은 바짓가락처럼
> 썰렁한 어깨.
> 슬그머니 들어오시어
> 따끈한 시래기국, 막걸리잔으루
> 목이나 축이구 가셨으면…

시에 나오는 하느님이 진짜 하느님이기보다는 어쩐지 시다바리 하느님, 단 한번도 사람들 위에 높이 서본 적 없이 늘 사람들에게 무시당하고 걷어차이며 뒷골목으로만 돌아다니는 시다바리 하느님으로 여겨지는 것은 역시 못난이 노자만의 착각일까요?

아니, 혹시 노자할아버지도 그렇게 여기는 것은 아닐까요?
못난이 친구들, 아니 내일의 시다바리들, 안녕!

부록

道經

제1장
道可道非常道, 名可名非常名. 無名天地之始, 有名萬物之母.
故常無欲以觀其妙, 常有欲以觀其徼.
此兩者同, 出而異名, 同謂之玄. 玄之又玄, 衆妙之門.

제2장
天下皆知美之爲美, 斯惡已. 皆知善之爲善, 斯不善已.
故有無相生, 難易相成, 長短相較, 高下相傾, 音聲相和, 前後相隨.
是以聖人處無爲之事, 行不言之敎.
萬物作焉而不辭, 生而不有, 爲而不恃, 功成而弗居, 夫唯弗居, 是以不去.

제3장
不尙賢, 使民不爭. 不貴難得之貨, 使民不爲盜. 不見可欲, 使民心不亂.
是以聖人之治, 虛其心, 實其腹, 弱其志, 强其骨.
常使民無知無欲, 使夫智者不敢爲也. 爲無爲則無不治.

제4장
道沖而用之, 或不盈. 淵兮, 似萬物之宗.
挫其銳, 解其紛, 和其光, 同其塵. 湛兮, 似或存.
吾不知誰之子, 象帝之先.

제5장
天地不仁, 以萬物爲芻狗. 聖人不仁, 以百姓爲芻狗.
天地之間其猶橐籥乎. 虛而不屈, 動而愈出. 多言數窮, 不如守中.

제6장
谷神不死, 是謂玄牝. 玄牝之門, 是謂天地根. 綿綿若存, 用之不勤.

제7장
天長地久. 天地所以能長且久者, 以其不自生, 故能長生.
是以聖人後其身而身先, 外其身而身存. 非以其無私邪, 故能成其私.

제8장
上善若水. 水善利萬物而不爭, 處衆人之所惡. 故幾於道.
居善地, 心善淵, 與善仁, 言善信, 政善治, 事善能, 動善時.
夫唯不爭, 故無尤.

제9장
持而盈之, 不如其已. 揣而銳之, 不可長保. 金玉滿堂, 莫之能守.
富貴而驕, 自遺其咎. 功遂身退, 天之道.

제10장
載營魄抱一, 能無離乎. 專氣致柔, 能嬰兒乎. 滌除玄覽, 能無疵乎.
愛民治國, 能無知乎. 天門開闔, 能無雌乎. 明白四達, 能無爲乎.
生之畜之. 生而不有, 爲而不恃, 長而不宰. 是謂玄德.

제11장
三十輻共一轂, 當其無, 有車之用. 埏埴以爲器, 當其無, 有器之用.
鑿戶牖以爲室, 當其無, 有室之用. 故有之以爲利, 無之以爲用.

제12장
五色令人目盲, 五音令人耳聾, 五味令人口爽, 馳騁畋獵令人心發狂,
難得之貨令人行妨. 是以聖人爲腹不爲目. 故去彼取此.

제13장
寵辱若驚, 貴大患若身. 何謂寵辱若驚.

寵爲下, 得之若驚, 失之若驚, 是謂寵辱若驚.
何謂貴大患若身. 吾所以有大患者, 爲吾有身. 及吾無身, 吾有何患.
故貴以身爲天下, 若可寄天下, 愛以身爲天下, 若可託天下.

제14장

視之不見名曰夷. 聽之不聞名曰希. 搏之不得名曰微.
此三者, 不可致詰, 故混而爲一. 其上不皦, 其下不昧.
繩繩兮不可名, 復歸於無物. 是謂無狀之狀, 無物之象. 是謂恍惚.
迎之不見其首, 隨之不見其後.
執古之道, 以御今之有, 能知古始, 是謂道紀.

제15장

古之善爲士者, 微妙玄通, 深不可識. 夫唯不可識, 故强爲之容.
豫焉若冬涉川, 猶兮若畏四隣, 儼兮其若客, 渙兮若氷之將釋,
敦兮其若樸, 曠兮其若谷, 混兮其若濁.
孰能濁以靜之徐淸. 孰能安以久動之徐生.
保此道者不欲盈. 夫唯不盈, 故能蔽不新成.

제16장

致虛極, 守靜篤, 萬物竝作, 吾以觀復. 夫物芸芸, 各復歸其根.
歸根曰靜, 是謂復命. 復命曰常, 知常曰明.
不知常, 妄作凶. 知常容, 容乃公, 公乃王, 王乃天, 天乃道. 道乃久, 沒身不殆.

제17장

太上, 下知有之. 其次, 親而譽之. 其次, 畏之. 其次, 侮之.
信不足焉, 有不信焉. 悠兮, 其貴言. 功成事遂, 百姓皆謂我自然.

제18장

大道廢, 有仁義. 慧智出, 有大僞,

六親不和, 有孝慈. 國家昏亂, 有忠臣.

제19장
絶聖棄智, 民利百倍. 絶仁棄義, 民復孝慈. 絶巧棄利, 盜賊無有.
此三者以爲文不足, 故令有所屬. 見素抱樸, 少私寡欲.

제20장
絶學無憂.
唯之與阿, 相去幾何. 善之與惡, 相去若何. 人之所畏, 不可不畏.
荒兮, 其未央哉. 衆人熙熙, 如享太牢, 如春登臺.
我獨泊兮, 其未兆, 如嬰兒之未孩. 儽儽兮, 若無所歸.
衆人皆有餘, 而我獨若遺. 我愚人之心也哉, 沌沌兮.
俗人昭昭, 我獨昏昏. 俗人察察, 我獨悶悶. 澹兮其若海, 飂兮若無止.
衆人皆有以, 而我獨頑似鄙. 我獨異於人而貴食母.

제21장
孔德之容, 惟道是從. 道之爲物, 惟恍惟惚.
惚兮恍兮, 其中有象. 恍兮惚兮, 其中有物. 窈兮冥兮, 其中有精.
其精甚眞, 其中有信.
自古及今, 其名不去, 以閱衆甫. 吾何以知衆甫之狀哉. 以此.

제22장
曲則全, 枉則直, 窪則盈, 敝則新, 少則得, 多則惑.
是以聖人抱一爲天下式.
不自見故明, 不自是故彰, 不自伐故有功, 不自矜故長.
夫唯不爭, 故天下莫能與之爭.
古之所謂曲則全者, 豈虛言哉. 誠全而歸之.

제23장
希言自然. 故飄風不終朝, 驟雨不終日.
孰爲此者, 天地. 天地尙不能久, 而況於人乎.
故從事於道者同於道, 德者同於德, 失者同於失.
同於道者, 道亦樂得之, 同於德者, 德亦樂得之, 同於失者, 失亦樂得之.
信不足焉, 有不信焉.

제24장
企者不立, 跨者不行.
自見者不明, 自是者不彰, 自伐者無功, 自矜者不長.
其在道也, 曰餘食贅行. 物或惡之. 故有道者不處.

제25장
有物混成, 先天地生.
寂兮寥兮, 獨立而不改, 周行而不殆, 可以爲天下母.
吾不知其名, 字之曰道, 强爲之名曰大. 大曰逝, 逝曰遠, 遠曰反.
故道大, 天大, 地大, 王亦大. 域中有四大, 而王居其一焉.
人法地, 地法天, 天法道, 道法自然.

제26장
重爲輕根, 靜爲躁君. 是以聖人終日行, 不離輜重. 雖有榮觀, 燕處超然.
奈何萬乘之主, 而以身輕天下. 輕則失本, 躁則失君.

제27장
善行無轍迹, 善言無瑕謫, 善數不用籌策,
善閉無關楗而不可開, 善結無繩約而不可解.
是以聖人常善求人, 故無棄人. 常善救物, 故無棄物. 是謂襲明.
故善人者, 不善人之師. 不善人者, 善人之資.
不貴其師, 不愛其資, 雖智大迷. 是謂要妙.

제28장

知其雄, 守其雌, 爲天下谿. 爲天下谿, 常德不離, 復歸於嬰兒.
知其白, 守其黑, 爲天下式. 爲天下式, 常德不忒, 復歸於無極.
知其榮, 守其辱, 爲天下谷. 爲天下谷, 常德乃足, 復歸於樸.
樸散則爲器. 聖人用之, 則爲官長, 故大制不割.

제29장

將欲取天下而爲之, 吾見其不得已. 天下神器, 不可爲也.
爲者敗之, 執者失之. 故物或行或隨, 或歔或吹, 或强或羸, 或載或隳.
是以聖人, 去甚去奢去泰.

제30장

以道佐人主者, 不以兵强天下. 其事好還.
師之所處, 荊棘生焉, 大軍之後, 必有凶年.
善者果而已,
不敢以取强, 果而勿矜, 果而勿伐, 果而勿驕, 果而不得已, 果而勿强.
物壯則老, 是謂不道. 不道早已.

제31장

夫佳兵者, 不祥之器, 物或惡之, 故有道者不處.
君子居則貴左, 用兵則貴右.
兵者, 不祥之器, 非君子之器, 不得已而用之, 恬淡爲上.
勝而不美, 而美之者, 是樂殺人. 夫樂殺人者, 則不可得志於天下矣.
吉事尙左, 凶事尙右. 偏將軍居左, 上將軍居右. 言以喪禮處之.
殺人之衆, 以哀悲泣之. 戰勝, 以喪禮處之.

제32장

道常無名, 樸雖小, 天下莫能臣也.

侯王若能守之, 萬物將自賓. 天地相合, 以降甘露, 民莫之令而自均.
始制有名. 名亦旣有, 夫亦將知止, 知止, 可以不殆.
譬道之在天下, 猶川谷之於江海.

제33장
知人者智, 自知者明. 勝人者有力, 自勝者强.
知足者富, 强行者有志. 不失其所者久, 死而不亡者壽.

제34장
大道氾兮, 其可左右.
萬物恃之而生而不辭. 功成不名有.
衣養萬物而不爲主. 常無欲, 可名於小. 萬物歸焉而不爲主, 可名於大.
以其終不自爲大, 故能成其大.

제35장
執大象, 天下往, 往而不害, 安平太.
樂與餌, 過客止, 道之出口, 淡乎其無味.
視之不足見, 聽之不足聞, 用之不足旣.

제36장
將欲歙之, 必固張之. 將欲弱之, 必固强之.
將欲廢之, 必固興之. 將欲奪之, 必固與之.
是謂微明. 柔弱勝剛强.
魚不可脫於淵, 國之利器不可以示人.

제37장
道常無爲而無不爲. 侯王若能守之, 萬物將自化.
化而欲作, 吾將鎭之以無名之樸.
無名之樸, 夫亦將無欲. 不欲以靜, 天下將自定.

德經

제38장

上德不德, 是以有德. 下德不失德, 是以無德.
上德無爲而無以爲, 下德爲之而有以爲.
上仁爲之而無以爲, 上義爲之而有以爲,
上禮爲之而莫之應, 則攘臂而扔之.
故失道而後德, 失德而後仁, 失仁而後義, 失義而後禮.
夫禮者, 忠信之薄, 而亂之首. 前識者, 道之華, 而愚之始.
是以大丈夫處其厚, 不居其薄, 處其實, 不居其華. 故去彼取此.

제39장

昔之得一者. 天得一以淸, 地得一以寧, 神得一以靈, 谷得一以盈,
萬物得一以生, 侯王得一以爲天下正.
其致之,
天無以淸, 將恐裂, 地無以寧, 將恐發, 神無以靈, 將恐歇,
谷無以盈, 將恐竭, 萬物無以生, 將恐滅, 侯王無以貴高, 將恐蹶.
故貴以賤爲本, 高以下爲基. 是以侯王自謂孤, 寡, 不穀.
此非以賤爲本邪, 非乎.
故致數譽無譽. 不欲琭琭如玉, 珞珞如石.

제40장

反者道之動, 弱者道之用. 天下萬物生於有, 有生於無.

제41장

上士聞道, 勤而行之, 中士聞道, 若存若亡, 下士聞道, 大笑之.
不笑, 不足以爲道.
故建言有之, 明道若昧, 進道若退, 夷道若纇,

上德若谷, 大白若辱, 廣德若不足, 建德若偸, 質眞若渝.
大方無隅, 大器晩成, 大音希聲, 大象無形. 道隱無名, 夫惟道, 善貸且成.

제42장
道生一, 一生二, 二生三, 三生萬物.
萬物負陰而抱陽, 沖氣以爲和. 人之所惡, 唯孤寡不穀, 而王公以爲稱.
故物或損之而益, 或益之而損.
人之所敎, 我亦敎之. 强梁者不得其死. 吾將以爲敎父.

제43장
天下之至柔, 馳騁天下之至堅, 無有入無間. 吾是以知無爲之有益.
不言之敎, 無爲之益, 天下希及之.

제44장
名與身孰親. 身與貨孰多. 得與亡孰病. 是故甚愛必大費, 多藏必厚亡.
知足不辱, 知止不殆, 可以長久.

제45장
大成若缺, 其用不弊. 大盈若沖, 其用不窮.
大直若屈, 大巧若拙, 大辯若訥. 躁勝寒, 靜勝熱, 淸靜爲天下正.

제46장
天下有道, 卻走馬以糞, 天下無道, 戎馬生於郊.
罪莫大於可欲, 禍莫大於不知足, 咎莫大於欲得.
故知足之足, 常足矣.

제47장
不出戶, 知天下, 不闚牖, 見天道. 其出彌遠, 其知彌少.

是以聖人不行而知, 不見而名, 不爲而成.

제48장
爲學日益, 爲道日損. 損之又損, 以至於無爲, 無爲而無不爲.
取天下常以無事, 及其有事, 不足以取天下.

제49장
聖人無常心, 以百姓心爲心.
善者吾善之, 不善者吾亦善之, 德善.
信者吾信之, 不信者吾亦信之, 德信.
聖人在天下, 歙歙焉, 爲天下渾其心, 百姓皆注其耳目, 聖人皆孩之.

제50장
出生入死. 生之徒十有三, 死之徒十有三, 人之生, 動之死地十有三.
夫何故. 以其生生之厚.
蓋聞善攝生者, 陸行不遇兕虎, 入軍不被甲兵.
兕無所投其角, 虎無所措其爪, 兵無所容其刃.
夫何故. 以其無死地.

제51장
道生之, 德畜之, 物形之, 勢成之. 是以萬物莫不尊道而貴德.
道之尊, 德之貴, 夫莫之命而常自然.
故道生之, 德畜之, 長之育之, 亭之毒之, 養之覆之.
生而不有, 爲而不恃, 長而不宰, 是謂元德.

제52장
天下有始, 以爲天下母.
旣得其母, 以知其子, 旣知其子, 復守其母, 沒身不殆.

塞其兌, 閉其門, 終身不勤. 開其兌, 濟其事, 終身不救.
見小曰明, 守柔曰強. 用其光, 復歸其明, 無遺身殃. 是爲襲常.

제53장

使我介然有知, 行於大道. 唯施是畏. 大道甚夷, 而民好徑.
朝甚除, 田甚蕪, 倉甚虛, 服文綵, 帶利劍, 厭飮食, 財貨有餘. 是謂盜夸.
非道也哉.

제54장

善建者不拔, 善抱者不脫, 子孫以祭祀不輟.
修之於身, 其德乃眞, 修之於家, 其德乃餘,
修之於鄕, 其德乃長, 修之於國, 其德乃豊, 修之於天下, 其德乃普.
故以身觀身, 以家觀家, 以鄕觀鄕, 以國觀國, 以天下觀天下.
吾何以知天下然哉, 以此.

제55장

含德之厚, 比於赤子. 蜂蠆虺蛇不螫, 猛獸不據, 攫鳥不搏.
骨弱筋柔而握固, 未知牝牡之合而全作, 精之至也.
終日號而不嗄, 和之至也. 知和曰常, 知常曰明.
益生曰祥, 心使氣曰強. 物壯則老, 謂之不道. 不道早已.

제56장

知者不言, 言者不知.
塞其兌, 閉其門, 挫其銳, 解其分, 和其光, 同其塵, 是謂玄同.
故不可得而親, 不可得而疏, 不可得而利, 不可得而害,
不可得而貴, 不可得而賤. 故爲天下貴.

제57장

以正治國, 以奇用兵, 以無事取天下. 吾何以知其然哉. 以此.

天下多忌諱而民彌貧, 民多利器, 國家滋昏,
人多伎巧, 奇物滋起, 法物滋彰, 盜賊多有.
故聖人云, 我無爲而民自化, 我好靜而民自正,
我無事而民自富, 我無欲而民自樸.

제58장
其政悶悶, 其民淳淳. 其政察察, 其民缺缺.
禍兮福之所倚, 福兮禍之所伏. 孰知其極.
其無正, 正復爲奇, 善復爲妖. 人之迷, 其日固久.
是以聖人方而不割, 廉而不劌, 直而不肆, 光而不燿.

제59장
治人事天, 莫若嗇. 夫唯嗇, 是以早服. 早服謂之重積德.
重積德則無不克, 無不克則莫知其極, 莫知其極, 可以有國.
有國之母, 可以長久. 是謂深根固柢, 長生久視之道.

제60장
治大國, 若烹小鮮. 以道莅天下, 其鬼不神. 非其鬼不神, 其神不傷人.
非其神不傷人, 聖人亦不傷人. 夫兩不相傷, 故德交歸焉.

제61장
大國者下流, 天下之交, 天下之牝. 牝常以靜勝牡, 以靜爲下.
故大國以下小國, 則取小國, 小國以下大國, 則取大國.
故或下以取, 或下而取. 大國不過欲兼畜人, 小國不過欲入事人.
夫兩者各得其所欲, 大者宜爲下.

제62장
道者, 萬物之奧, 善人之寶, 不善人之所保.

美言可以市, 尊行可以加人. 人之不善, 何棄之有.
故立天下, 置三公, 雖有拱璧以先駟馬, 不如坐進此道.
古之所以貴此道者何. 不曰以求得, 有罪以免邪. 故爲天下貴.

제63장

爲無爲, 事無事, 味無味. 大小多少, 報怨以德. 圖難於其易, 爲大於其細.
天下難事, 必作於易, 天下大事, 必作於細.
是以聖人終不爲大, 故能成其大. 夫輕諾必寡信, 多易必多難.
是以聖人猶難之, 故終無難矣.

제64장

其安易持, 其未兆易謀, 其脆易泮, 其微易散. 爲之於未有, 治之於未亂.
合抱之木, 生於毫末, 九層之臺, 起於累土, 千里之行, 始於足下.
爲者敗之, 執者失之. 是以聖人無爲故無敗, 無執故無失.
民之從事, 常於幾成而敗之, 慎終如始, 則無敗事.
是以聖人欲不欲, 不貴難得之貨, 學不學, 復衆人之所過.
以輔萬物之自然, 而不敢爲.

제65장

古之善爲道者, 非以明民, 將以愚之. 民之難治, 以其智多.
故以智治國, 國之賊, 不以智治國, 國之福. 知此兩者, 亦稽式.
常知稽式, 是謂元德. 玄德深矣遠矣, 與物反矣, 然後乃至大順.

제66장

江海所以能爲百谷王者, 以其善下之, 故能爲百谷王.
是以欲上民, 必以言下之, 欲先民, 必以身後之.
是以聖人處上而民不重, 處前而民不害. 是以天下樂推而不厭.
以其不爭, 故天下莫能與之爭.

제67장

天下皆謂我大, 似不肖. 夫唯大, 故似不肖. 若肖, 久矣其細也夫.
我有三寶, 持而保之. 一曰慈, 二曰儉, 三曰不敢爲天下先.
慈故能勇, 儉故能廣, 不敢爲天下先, 故能成器長.
今舍慈且勇, 舍儉且廣, 舍後且先, 死矣.
夫慈以戰則勝, 以守則固. 天將救之, 以慈衛之.

제68장

善爲士者不武, 善戰者不怒, 善勝敵者不與, 善用人者爲之下.
是謂不爭之德, 是謂用人之力, 是謂配天古之極.

제69장

用兵有言, 吾不敢爲主而爲客, 不敢進寸而退尺.
是謂行無行, 攘無臂, 扔無敵, 執無兵.
禍莫大於輕敵, 輕敵幾喪吾寶. 故抗兵相加, 哀者勝矣.

제70장

吾言甚易知, 甚易行. 天下莫能知, 莫能行.
言有宗, 事有君. 夫唯無知, 是以不我知. 知我者希, 則我者貴.
是以聖人被褐懷玉.

제71장

知不知上, 不知知病. 夫唯病病, 是以不病.
聖人不病, 以其病病, 是以不病.

제72장

民不畏威, 則大威至. 無狎其所居, 無厭其所生, 夫唯不厭, 是以不厭.
是以聖人自知不自見, 自愛不自貴. 故去彼取此.

제73장

勇於敢則殺, 勇於不敢則活. 此兩者, 或利或害.
天之所惡, 孰知其故. 是以聖人猶難之.
天之道, 不爭而善勝, 不言而善應, 不召而自來, 繟然而善謀.
天網恢恢, 疏而不失.

제74장

民不畏死, 奈何以死懼之. 若使民常畏死而爲奇者, 吾得執而殺之, 孰敢.
常有司殺者殺. 夫代司殺者殺, 是謂代大匠斲.
夫代大匠斲者, 希有不傷其手矣.

제75장

民之饑, 以其上食稅之多, 是以饑. 民之難治, 以其上之有爲, 是以難治.
民之輕死, 以其上求生之厚, 是以輕死. 夫唯無以生爲者, 是賢於貴生.

제76장

人之生也柔弱, 其死也堅强. 萬物草木之生也柔脆, 其死也枯槁.
故堅强者死之徒, 柔弱者生之徒.
是以兵强則不勝, 木强則折. 强大處下, 柔弱處上.

제77장

天之道, 其猶張弓與.
高者抑之, 下者擧之. 有餘者損之, 不足者補之.
天之道, 損有餘而補不足, 人之道, 則不然, 損不足以奉有餘.
孰能有餘以奉天下. 唯有道者.
是以聖人爲而不恃, 功成而不處, 其不欲見賢.

제78장

天下莫柔弱於水, 而功堅强者莫之能勝. 以其無以易之.

弱之勝强, 柔之勝剛. 天下莫不知, 莫能行.
是以聖人云, 受國之垢, 是謂社稷主, 受國不祥, 是謂天下王. 正言若反.

제79장
和大怨, 必有餘怨, 安可以爲善. 是以聖人執左契, 而不責於人.
有德司契, 無德司徹. 天道無親, 常與善人.

제80장
小國寡民, 使有什伯之器而不用, 使民重死而不遠徙.
雖有舟輿, 無所乘之, 雖有甲兵, 無所陳之. 使民復結繩而用之.
甘其食, 美其服, 安其居, 樂其俗.
隣國相望, 鷄犬之聲相聞, 民至老死, 不相往來.

제81장
信言不美, 美言不信. 善者不辯, 辯者不善. 知者不博, 博者不知.
聖人不積, 旣以爲人己愈有, 旣以與人己愈多.
天之道, 利而不害, 聖人之道, 爲而不爭.

저자

송기원(宋基元)

1947년 전남 보성 출생.
중앙대학교 문예창작학과 졸업.
1974년 중앙일보 신춘문예에 단편 〈경외성서(經外聖書)〉, 동아일보 신춘문예에 시 〈회복기의 노래〉가 당선되면서 작품활동 시작.
소설집 《월행(月行)》, 《다시 월문리에서》, 《인도로 간 예수》, 장편소설 《너에게 가마 나에게 오라》, 《청산》, 시집 《그대 언 살이 터져 시가 빛날 때》, 《마음속 붉은 꽃잎》 등이 있다.

못난이 老子

초판 제1쇄 발행 2011년 8월 1일
　　　제2쇄 발행 2012년 4월 2일

저자　송기원
발행처　녹색평론사

주소　서울시 종로구 필운동 146-1번지 201호
전화　02-738-0663, 0666
팩스　02-737-6168
웹사이트　www.greenreview.co.kr
이메일　editor@greenreview.co.kr
출판등록　1991년 9월 17일 제6-36호

ISBN 978-89-90274-66-3 03150

값 12,000원